KB230913

남북한 방송보도에 관한 비교연구

-言語表現과 文體的 特性比較를 中心으로-

성균관대 2002박사 학위 논문

남북한 방송보도에 관한 비교연구

- 言語表現과 文體的 特性比較를 中心으로 -

김 상 준 지음

 한국학술정보[주]

머리말

    1945년 분단 이래 6·25 전쟁을 겪으면서 북한과 첨예하게 대립해 온 남한은 1988년 서울 올림픽을 성공적으로 끝낸 뒤, 북한 TV 프로그램을 부분적으로 소개하기 시작했다. 이때 남한의 시청자들은 북한 방송원들의 발음과 억양 등 말투에 대단한 흥미를 느끼기 시작했다. 이어서 각종 코미디 프로그램을 비롯해서 방송에서는 그들의 말투를 흉내 내는 사람들이 늘어나면서 시청자들에게 '재미'를 선사했었다.

    우리는 눈만 뜨면 '우리의 소원은 통일'을 열창한다. 분단된 민족의 구성원으로서 당연한 일일 것이다. 그러면서도 북한의 말투를 접하면 심한 이질감을 느꼈다. 그러나 이질감을 느끼는 실체가 무엇이고, 그 이질감을 극복하고 서로를 이해하는 바탕위에서 동질성을 회복하는 길이 무엇인가를 논의하는 데는 별로 노력을 기울이지 않았었다.

    북한의 방송이 남한에 소개되기 시작하면서 남과 북의 발음, 어휘, 표기, 거기다 심하게 달라진 억양과 발성에 대한 남한 학자들의 관심도 늘어나기 시작했다.

    북한의 방송이 남한에 소개되기 시작한 10여년 후인 2000년 6월 15일 남북관계사에 있어서 획기적인 사건으로 기록될 남북정상회담이 열렸다. 그리고 2000년 6월 '6·15 남북정상회담'이 열린지 7년이라는 세월이 지났다.

분단 역사상 처음으로 평양에서 열린 남북정상회담은 남과 북의 최고지도자인 김대중 대통령과 김정일 국방위원장이 직접 만나 한반도 냉전구도를 해체하고 평화와 통일을 지향하는 데 결정적 계기를 마련했다는 평가를 받기도 했다. 이러한 분위기 조성에 있어서 언론의 역할과 영향은 지대할 수밖에 없었다. 무엇보다 남북정상회담을 계기로 북한으로부터 생중계되는 방송을 통해 과거와는 다른 새로운 북한상을 전해 받을 수 있었기 때문이다.

당시 한국언론은 정상회담 보도에서 과거와 같은 냉전적 사고를 벗어나 비교적 공정한 보도를 통해 북한의 지도자, 정치·사회의 모습, 주민들의 삶 등을 보여주고자 노력했기 때문이다. 실제 정상회담이 진행된 3일 동안 각 방송사는 정규 방송보다는 회담과 관련된 프로그램을 압도적으로 많이 편성했다.

남북정상회담과 남북한 언론보도 과정에서 주목할 만한 점은 바로 북한의 언어사용, 즉 방송보도의 언어표현과 문체적인 특징이다. 김정일 위원장의 자유분방한 발언이 생중계를 통해 우리에게 가감 없이 전달돼 생동감 있는 북한언어 교과서 역할을 하면서 많은 관심을 불러일으켰다.

남한의 국민들은 김대통령의 평양 순안공항 도착에서부터 서울 도착에 이르기까지의 전 과정을 통해 북한의 일상적인 언어를 풍성하게 접할 수 있었다. 특히, 그동안 극히 제한적으로 북한방송을 접할 수밖에 없었던 국민들은 김정일 국방위원장의 거침없는 언어표현 등으로 과거에 볼 수 없었던, 살아 있는 북한의 언어에 관심을 기울였다.

분단 60년 가까운 세월에 걸쳐 북한의 언어, 특히 일상적인 언어를 지난 정상회담 생중계방송만큼이나 여과 없이 접할 수 있는 기회는 거의 전무했는데, 김정일 위원장을 비롯한 북한사람들이 표현하는 단어와 말들, 그리고 북한 방송언어는 예측했던 대로 남한의 언어사용과 많은 차이를 가지고 있었으며, 이를 접하는 언론학자나 언어학자들은 남북한간의 언어적 이질성의 심화에 대한 우려를 나타내기도 했다.

그동안 남한의 학계에서는 남북한 간의 각 분야에 걸친 이질성의 심화와 이의 극복방안에 대한 논의가 계속됐었다. 특히 언어적 이질성은 정치나 경제, 제도적 이질성과는 다른 차원에서 그 심각성이 많이 제기돼 왔는데, 이는 언어가 사람과 사회통합의 기초가 된다는 인식 때문이다. 언어의 이질성은 곧 커뮤니케이션을 통한 사회문화적 통합성을 해치는 원인이 된다는 것이다.

남과 북은 분단 이후 각각 고유한 언어정책에 입각해 언어사용을 사회적으로 표준화해왔다. 남한의 언어정책은 표준어 정책에 토대하고 있다. 반면에 북한은 문화어 정책에 토대하고 있는데, 문화어의 개념은 1972년 북한의 개정헌법 149조에서 "혁명의 수도인 평양을 중심지로 하고 평양말을 기준으로 하여 민족적 특성을 발전시켜 나가야" 하는 것으로 규정돼 있다.

북한은 문화어를 규정함으로써 이에 기반한 세부적인 언어정책을 수립하게 되는 계기를 마련했으며, 북한의 문화어 언어정책과 김일성의 교시를 뒷받침할 수 있는 언어사용에 따라 어휘뿐만 아니라 문장구성, 문체, 경어법, 한자어와 외래어 사용 등 언어의 모든 측면에서 차이를 유발시켰다.

이 논문은 필자의 오랜 관심이었던 남북한 언론, 특히 방송보도에 나타난 언어적 차이에 주목하고, 이에 따른 남북한 이질성의 확대와 이의 극복을 위한 언론의 역할을 모색하고자 한 연구를 종합한 것이다.

분단국가에서 언론은 다른 사회의 언론이 수행하는 사회적 역할 외에 분단의 극복과 통일을 매개하는 역할을 역사적으로 부여받을 수밖에 없다.

따라서 남북한 정상회담의 성과를 사장시키지 않고, 한반도의 평화와 분단 극복에 필요한 언론의 보도윤리와 방향을 합의하고, 이를 실천할 수 있는 남북한 언론계의 공감대를 형성하는 데 있어서 이 연구가 기여할 수 있기를 기대한다.

출판계가 어려운 상황임에도 불구하고, 대중성이 떨어질 수밖에 없는 전문도서 출판에 주력하고 있는 한국학술정보의 채종준 대표와 사원 여러분에게 고마운 말씀을 드린다.

2007년 6월

저자 김상준

차 례

I. 서 론

1. 문제제기

2000년 6월에 열렸던 '6·15 남북 정상회담'은 남북관계사에 있어서 획기적인 사건이었다. 분단 역사상 처음으로 열린 평양에서의 남북 정상회담은 남과 북의 최고지도자인 김대중 대통령과 김정일 국방위원장이 직접 만나 한반도 냉전구도를 해체하고 평화와 통일을 지향하는 데 결정적 계기를 마련했다. 게다가 남북 정상회담은 한반도의 긴장완화를 촉진하고 남북경협과 다방면에 걸친 교류·협력을 본격화하여 국민들 사이에 깊게 뿌리내린 냉전적 대결의식을 완화함으로써 민족 간 화해의 분위기를 조성하는 데 기여했다.

이러한 분위기 조성에 있어서 언론의 역할과 영향은 지대할 수밖에 없었다. 무엇보다 남북 정상회담을 계기로 북한으로부터 생중계되는 방송을 통해 과거와는 다른 새로운 북한상을 전해 받을 수 있었기 때문이다. 60년 가까운 분단의 세월을 거치면서 북한에 대한 우리들의 상(像)은 사실에 바탕을 둔 것이라기보다는 우리 언론이 전해준 부분적인 정보에 의해 왜곡된 것이라는 진실이 드러났다고 해도 과언이 아니다. 자유로운 왕래나 편지교환이 불가능한 현실에서, 신문이나 방송, 특히 텔레비전이 북한의 모습을 형상화하는 거의 유일한 통로였기 때문일 것이다. 우리는 북한에 대한 부분적인 정보, 그것도 왜곡된 정보에 기초해 북한의 모습을 허구적으로 '상상'하고 있었던 것이다.

그런데 생방송으로 중계된 남북 정상회담 보도를 통해서 북한의 실상을 포괄적으로 접근할 수 있는 계기가 마련되었다. 그것은 한국 언론이 정상회담 보도에서 과거와 같은 냉전적 사고를 벗어나 공정한 보도를 통해 북한의 지도자, 정치·사회의 모습, 주민들의 삶 등을 보여주고자 노력했기 때문이다. 실제 정상회담이 진행된 3일 동안 각 방송사는 정규방송보다는 회담과 관련된 프로그램을 압도적으로 많이 편성했다.

이와 같은 남북 정상회담 관련 보도나 특집프로그램으로 인해 남한의 수용자들은 그동안 통제되거나 가공된 정보만을 통해 형성된 북한사회의 이미지와, 방송을 통해 실제적으로 보이는 모습 간의 괴리로 인해 '이미지 충격(image shock)'을 경험하게 되었다. 생중계 방송을 통해서 형성된 가장 큰 이미지 충격은 김정일 국방위원장과 관련된 것이었다. 남북 정상회담을 전후하여 방송 3사의 시청자가 김정일 위원장에 대해 갖는 신뢰도를 조사한 결과에 따르면, 정상회담 이전보다 그의 정치적 지도력은 43.5%, 신뢰도는 35.1%가 증가한 것으로 나타났다. 또한 북한사회의 이미지에 있어서도 정상회담 전의 부정적 입장이 63.1%에서 11.7%로 감소한 반면, 긍정적 입장은 회담 전에 11.4%에서 회담 이후에는 46.5%로 증가한 것으로 나타났다(KBS 남북교류협력기획단, 2001: 1). 이처럼 그동안 베일에 가려져 있던 김정일 국방위원장과 북한사회의 모습이 생중계를 통해 전해지면서 기존의 부정적인 이미지는 갑자기 긍정적인 이미지로 변화되었던 것이다.

그리고 남북 정상회담 당시 우리 언론에 비친 김정일 위원장에 대한 평가도 상당히 긍정적이었다. 당시 한국 언론들이 보도한 평가 기사의 경향을 정리하면 크게 세 가지로 요약할 수 있다. 첫째, 당당하고 자신감이 넘치는 태도이다. 즉 김정일 위원장은 파격적인 행동과 당당하고 자신감 있는 태도로 일관하여 당당한 지도자의 이미지를 전 세계 언론에 공개했으며, 공항에서의 전격적인 영접과 자신에 찬 표정, 활기찬 몸짓 등은 기존의 이미지를 불식시키기에 충분했다는 것이다. 둘째, 예의가 바르다는 점이다. 즉 김정일 위원장이 연장자인 김대통령 숙소에 찾아와 정중하게 예의를 표했으며, 상대를 자연스럽게 배려하는 사람으로 보도하고 있어 자신감이 넘칠 뿐만 아니라 상대에게 배려할 줄 아는 인물로 평가되었다. 셋째, 유연하고 화기애애한 인간적인 면모이다. 즉 폐쇄사회의 지도자답지 않게 거침없는 발언과 농담으로 파격적인 모습을 보여주었고, 유머를 섞어 회담분위기를 압도했다는 것이다(KBS 정책기획실, 2000).

언론보도를 통해 나타난 남북 정상회담에서의 예상치 못한 장면과 북한사회 및 김정일 국방위원장의 모습은 우리 국민으로 하여금 북한 동포들에 대해 민족적 동질감을 느끼며 감동할 수 있는 계기를 마련했다. 특히 북한의 언론보도를 직접 경험할 수 없었던 대부분의 국민들이 남북 정상회담 기간에 접한 북한의 보도는 북한사회뿐 아니라 북한언론을 들여다볼 수 있는 기회를 제공했다.

그런데 남북 정상회담과 남북한 언론보도 과정에서 한 가지 주목할 만한 점이 바로 북한의 언어사용, 즉 방송보도의 언어표현과 문체적인 특징이다. 김정일 위원장의 자유분방한 발언이 생중계를 통해 우리에게 가감 없이 전달돼 생동감 있는 북한언어 교과서 역할을 하면서 많은 관심을 불러일으켰다. 우리 국민들은 김대통령의 평양 순안공항 도착에서부터 서울 도착에 이르기까지의 전 과정을 통해 북한의 일상적인 언어를 풍성하게 접할 수 있었다. 특히 그동안 극히 제한적으로 북한방송을 접할 수밖에 없었던 국민들은 김정일 국방위원장의 거침없는 언어표현 등으로 과거에 볼 수 없었던 살아 있는 북한의 언어에 관심을 기울였다. 사실 분단 60년 가까운 세월에 걸쳐 북한의 언어, 특히 일상적인 언어를 지난 정상회담 생중계 방송만큼이나 여과 없이 접할 수 있는 기회는 거의 전무했는데, 김정일 위원장을 비롯한 북한사람들이 표현하는 단어와 말들, 그리고 북한방송언어는 예측했던 대로 남한의 언어사용과 많은 차이를 가지고 있었으며, 이를 접하는 언론학자나 언어학자들은 남북한 간의 언어적 이질성의 심화에 대한 우려를 나타내기도 하였다.

그동안 남한의 학계에서는 남북한 간의 각 분야에 걸친 이질성의 심화와 이의 극복방안에 대한 논의가 많이 이루어졌다. 특히 언어적 이질성은 정치나 경제, 제도적 이질성과는 다른 차원에서 그 심각성이 많이 제기돼 왔는데, 이는 언어가 사람과 사회통합의 기초가 된다는 인식 때문이다. 언어의 이질성은 곧 커뮤니케이션을 통한 사회문화적 통합성을 해치는 원인이 된다는 것이다.

남과 북은 분단 이후 각각 고유한 언어정책에 입각해 언어사용을 사회적으로 표준화해 왔다. 남한의 언어정책은 '표준어' 정책에, 북한은 '문화어' 정책에 토대하고 있다(유선영, 2000: 73). 북한의 '문화어' 개념은 1972년 북한의 개정헌법 149조에서 "혁명의 수도인 평양을 중심지로 하고 평양말을 기준으로 하여 민족적 특성을 발전시켜 나가야" 하는 것으로 규정되어 있다. 이로 인해 정통민족어로 한반도에 하나의 표준언어만이 존재하던 것이 공식적으로 둘로 갈라지게 된 것이다. 방언이던 '평양말'을 '문화어'로 격상하여 부름으로써 평양말을 북한의 표준어로 삼은 것이다. 여기서 문화어로서의 평양말은 평양방언과는 다른 것이다. 북한은 문화어를 규정함으로써 이에 기반을 둔 세부적인 언어정책을 수립하게 되는 계기를 마련했으며, 북한의 문화어 언어정책과 김일성의 교시를 뒷받침할 수 있는 언어사용에 따라 어휘뿐만 아니라 문장구성, 문체, 경어법, 한자어와 외래어 사용 등 언어의 모든 측면에서 차이를 유발시켰다.

남북 정상회담을 계기로 경험하고 있는 남북한 언어의 이질성에 대한 관심과 우려는 이질성의 극복방안을 연구하도록 하는 환경조성에 일조를 하고 있다. 하지만 남북한 언어의 이질성을 단순히 언어규범적 차원의 문제로만 국한시키면서 동시에 그보다 더 높은 차원에서 논의해야 하는 언어문화적인 차원의 문제는 등한시하는 오류를 낳고 있다. 언어는 규칙이 있어야 하므로 규범의 문제는 매우 중요하다. 그러나 언어는 규범의 문제에 그치지 않고 정체성, 차별성, 생산성 등 많은 요소를 지니고 있으며, 언어를 삶의 한 형식이나 사회활동의 한 현상으로 본다면 언어문화적인 연구도 소홀히 해서는 안 될 것이다. 즉 남북한 언어의 이질성을 검토하기 위해서는 분단 이후 남북한 정치나 사회체제, 문화정책이나 언어정책 및 언론정책 등과의 종합적인 연구와 검토가 필요함에도 불구하고 북한사회에 대한 정보의 제한이나 연구조건의 한계로 인해 그동안 산발적이고 분절적인 연구로 만족해야만 했다. 또 남북한 언론의 차이에 대한 연구들이 언어가 가진 힘을 인정하였지만 실제로 언어의 차이가 언론의 차이와 어떻게 상관되는지를 구체적으로 분석한 연구는 드물었다. 예를 들어 북한에서 김일성이라는 한 개인에 대한 절대적인 복종이 가능했던 것은 전통적 권위주의, 가부장주의, 가족주의, 그리고 집합주의와 같은 문화적 특성들에 기인하지만, 동시에 이는 '수령을 절대적 존재로 규정하는 언어의 반복적 사용에 의해 고착되기도 한다.' (유선영, 2000: 20)는 사실도 주목해야 한다.

남북 정상회담에서 보인 김정일 위원장의 발언이나 언론보도를 통해 나타난 언어적 이질성을 언론학적인 관점에서 연구한다면, 가장 먼저 북한의 언론정책과 언어정책을 검토하는 것이 필요하다. 즉 분단 이후 북한의 정치·사회체제가 의도하고 요구했던 언어정책이 북한사회의 언어사용에 어떠한 결과를 가져왔는지와 언어정책의 집단적 확산 매개자로서 북한언론의 보도언어가 어떻게 상응하는지를 우선적으로 검토할 필요가 있다.

특히 언론의 메시지인 언어문화를 주된 연구대상으로 삼는 것은 한 사회에서의 언론이 형성하고 있는 담론과 아젠다가 차지하고 있는 지배적이며 권력적인 기능 때문이다. 한 사회에서 언론은 지배적인 말과 글을 생산한다. 따라서 언론은 사회에서 지배적인 언어를 확산시킴과 동시에 언어를 통한 대중 지배를 효과적으로 실현한다.

언론의 메시지인 말과 글은 사회구성원의 자아의식, 정체성, 주체성을 구성하며 언어의 쓰임새, 용어, 의미를 생산하고 재생산하는 사회적 제도이기 때문에 언론의 언어를 분석하는 것은 매우 중요한 연구과제가 된다.

우리는 분단 반세기 만에 이루어진 남북 정상회담과 이를 보도하는 언론을 통해 남북한 미디어 언어를 비교하고 그 이질성을 확인하는 작업을 통해 북한 언론언어의 생산과 확산에 대한 실체를 구체적으로 확인할 수 있는 기회를 가지게 되었다. 그리고 남북한 언어의 이질성을 직접적으로 드러내는 언어사용의 사례를 살펴봄으로써 이질성의 극복과 동질성의 회복방안을 검토하는 데 실제적인 자료를 축적할 수 있게 되었다.

특히 언어의 이질성을 규범의 틀에서만 보지 않고 문화적인 차원에서 보아야 한다는 주장을 생각하면서 북한 뉴스를 본다면 이해가 훨씬 쉬울 것이다.[1]

북한언론은 김일성·김정일에 대한 보도를 할 때는 절대권력자의 신격화라는 철저한 원칙을 지키면서 신화적인 은유[2]를 즐겨 사용하고 있다. 남한의 국민들에게 비친 김정일의 모습은 앞에서 소개한

---

[1] 김대중 대통령의 평양도착 당일인 6월 13일 조선중앙텔레비죤은 23분 분량의 기획기사성 뉴스를 신속하게 제작하여 오후 5시부터 모두 다섯 차례 방송하는 기동성을 보였다. 기사 녹취록은 <표 19>에 수록.

[2] 신화(myth)는 통상적으로 믿을 수 없는 이야기를 가리키는 말이지만 잘못된 관념이나 사상이 담긴 담론을 비꼬는 말로도 쓰인다. 그러나 기호학에서는 그와는 정반대의 뜻으로 신화라는 말을 사용한다. 많은 신화학자들은 사람들이 눈으로 직접 볼 수도 없고 말로 잘 표현할 수도 없는 어떤 불가해한 것이나 현상을 어떻게든 설명하려고 만든 이야기를 신화라고 불러왔다. 신화학자들은 이러한 신화를 억지 설명이라고 이해하는 게 아니라 세계를 이해하는 기본 틀로 이해한다. 바르트는 신화를 담론에 채용되는 '특수한 언술'이라고 정의한다. 신화에 대한 좀 더 구체적인 정의는 '기의들의 고리'이다. 이 정의에 근거해 볼 때 신화들은 우리 주변에서 무수히 만들어지고 있다. (김경용, 1998: 321)

것처럼 당당하고 자신감이 넘치는 태도, 예의가 바르고 상대에게 배려할 줄 아는 인물, 유연하고 화기애애한 인간적인 면모, 거침없는 발언과 농담으로 파격적인 모습을 보여준 것으로 인상지어졌으나, 북한언론은 김정일의 그러한 모습을 살아 있는 신의 모습 그대로 묘사하고 있음을 알 수 있다.

신화의 세계는 '현실보다 더 현실적인 세계', 다시 말하면 과현실적인 세계(hyperreal world)가 된다. 그리고 메타언어3)는 과현실적 세계를 영속화시키는 주술을 되풀이한다(김경용, 1998: 238). 그러나 신화에 동원된 모든 기호체계는 자의성에 의해 만들어진 체제이며, 동서고금을 통해 권력자의 신화는 다른 신화를 제압하는 힘을 가지고 있다는 것은 하나의 진리일 뿐만 아니라 그 권력이라는 것이 임의적이고 자의적인 권력에 불과하다는 것을 역사는 증명하고 있다.

앞으로 확대될 남북한 간 교류와 언젠가는 다가올 통일에 대비하여 남북한 간 언어적 이질성을 언론보도 특히 방송보도를 통해 분석해 냄으로써 북한방송보도와 언어사용의 특징과 남한 방송보도와의 차이를 제시하는 작업은 상호 간 기표(signifier)와 기의(sinified), 즉 표현 속에 담긴 언어문화적인 의미를 해독하여 이해의 폭을 넓히는 계기가 될 것이다.

---

3) 메타언어(meta language)는 '언어를 위한 언어', 즉 언어를 의미 있게 체계적으로 사용하기 위해 필요한 언어를 메타언어라고 하며, 이론을 세우는 언어이고, 분석을 하는 언어이며, 비판을 위한 언어이다.

2. 연구목적

방송보도와 신문보도가 다른 점 중 하나는 인간의 목소리 즉 구두매체를 매개로 한다는 것이고, 다른 하나는 문자매체라는 점이다. 따라서 방송보도의 특성은 구두매체에 의한 커뮤니케이션의 장점과 한계, 문화적 의미에 대한 이해를 통해 파악할 수 있다. 맥루한의 입장에서 보면 구두매체, 즉 말은 감각의 총체적 발현과 몰입으로 특징지을 수 있다. 구두매체는 개인적이며 인간적이고, 상호 교환적이며 전 감각적이다.

또한 음성언어는 문자매체인 글보다 논리적으로 표현하기가 어려우며, 덜 분석적이지만 인간의 기억능력을 최대한 활성화시키기 때문에 총체적이면서 맥락 지향적이다. 이 말을 방송보도 문장의 특성과 원칙에 적용해 보면 몇 가지 답이 나온다.

방송보도 언어는 신문의 보도언어보다 더 인간적이기 때문에 그 사회의 문화적 가치와 취향, 정서에 부합해야 하는 제약을 더 받는다. 그리고 긴 문장은 기억에 유해하고, 장황한 수식어 사용은 이해에 혼란을 초래한다. 또한 기본적으로 일상회화에서 사용하는 어법과 순서, 어휘를 사용해야 한다. 벨은 방송언어가 일상생활 속의 대화보다 설득을 위해 더욱 효과적인 언어라고 말한다. 방송언어는 이미 대중적인 언어로서의 힘을 갖기 때문에 방송을 통해 전달되는 언어가 그 사회의 언어를 일반화시킨다고 해도 과언이 아니다(Bell, 1991: 3~4).

세계 어느 나라나 방송 초창기의 방송문장은 신문에서 많은 영향을 받았으나 현대에 이르러 방송의 영향력이 커지면서 신문과 통신

등 활자매체의 언어표현에 방송의 영향이 많이 미치고 있음을 발견
할 수 있다. 따라서 방송언어의 대표적인 형태인 남북한 보도방송
언어의 변천과정과 이질화의 실상을 알아보고, 미래의 모습을 예측
하면서 남북한 언어의 동질성 회복의 바람직한 방향을 제시하는 일
은 매우 뜻 깊은 작업이 될 것이다.

우리는 북한의 아나운서들이 하는 뉴스를 보고 이질감을 많이 느
낀다. 북한 아나운서들의 뉴스에서 느끼는 이질감은 발성과 억양, 인
토네이션의 차이에서 오는 것일 뿐만 아니라 그들의 지도자에 대한
우상화에 따른 경어법, 즉 철저한 언어서열화에 의한 절대권력자의
신격화 등도 결정적인 요인으로 작용하고 있다. 따라서 결과적으로
그러한 요인이 제거되면 동질성 회복은 빨라질 것이다. 그렇지만 이
런 요인들은 이념과 체제, 주체사상 등 이데올로기에 따른 근본적인
문제들이 혼재해 있기 때문에 쉽게 접근하거나 제거하기 어려운 문
제들일 것이다.

독일의 경우에도 통일 이전 동서독의 언어는 겉으로 보기에 비슷
한 것처럼 보이는 언어가 그 내포된 의미에 많은 차이를 보이면서
괴리가 발생하는 일이 많았다. 문법이나 어휘의 측면에서 봤을 때는
의사소통에는 전혀 지장이 없을 정도로 정통의 독일어와 다를 것이
없다. 하지만 반대의 입장에서 살펴보면 언어 자체가 가질 수 있는
표현력에 대한 가능성의 부분에 대해서는 많은 개발을 이뤄내지 못
했다고 본다.

따라서 언어의 분단과 이질감은 통일독일이 직면한 사회적 문제의
하나였다. 베를린 벽이 무너지던 1989년 동독과 서독은 40년 분단의
세월 동안 그들의 의사소통이 얼마나 다른 방법으로 발달되고 있었
는지를 느낄 수 있었다. 어떠한 경우에는 미미한 단어의 사용에서 차
이를 찾을 수 있었지만, 대부분의 경우에는 한 가지의 상황을 두 개
의 다른 견해로 받아들이고 이해하는 데서 문제가 발생하기도 했다.

　우리의 경우는 독일보다 더욱 오랜 세월을 분단 상태가 유지되고
있을 뿐만 아니라 동족끼리 전쟁을 치른 특수성으로 인해 더욱 이질
성이 심화되고 있는 것이다. 같은 말이지만 체제의 차이에 따른 언
어의 이질화가 심화되고 있다. 예를 들어 '동지'란 말의 경우, 우리
는 '서로 뜻이 같은 사람'을 의미하는데 북한에서는 '로동계급의 혁
명위업을 이룩하기 위한 투쟁 대오에서 같은 뜻을 가지고 싸우는 혁
명가'를 의미한다. 또 '변절자'라는 말은 우리에게는 '절개가 변한
사람'을 의미하는데 북한에서는 '혁명적 지조를 저버리고 조국·인민
을 반하여 반혁명이나 반동으로 넘어간 자'를 의미한다.4)

　그동안 북한이 전근대적 인식론의 토대 위에서 사회주의 체제를
절대적 권위주의 체제로 정착시켜 가는 동안 남한 언론은 다른 길을
걸어왔다. 따라서 분단 60년 가까운 세월에 걸쳐 남북한은 서로 다

---

4) 남북한 언어의 의미 차이

	남 한	북 한
승 리	겨루어 이김	혁명투쟁·건설사업에서 이기는 것.
자 질	타고난 성품과 바탕	가지고 있는 정치적·실무적 능력수준
선 동	여러 사람을 부추기어 일을 일으키게 함	혁명적 사업을 잘 수행하도록 대중에게 호소하여 그들의 혁명적 기세를 돋구어주며 당 정책관철로 직접 불러일으키는 정치사상 사업의 한 형태
세 포	생물체를 조성하는 기본적 단위	당원들을 교양하고 당원들의 사상을 단련하며 그들의 일상생활을 지도하는 기본조직
어버이	아버지와 어머니	'인민대중에게 가장 고귀한 정치적 생명을 안겨주시고 친부모도 미치지 못할 뜨거운 사랑과 두터운 배려를 베풀어주시는 분'을 친근하게 높이어 이르는 말
독 재	주권자가 마음대로 정무를 처단함	프롤레타리아 독재는 소수 착취 계급에 대한 독재인 동시에 광범한 인민대중에 대한 민주주의이며 부르주아 독재는 광범한 피착취 근로 대중에 대한 독재인 동시에 극소수 착취 계급에 대한 민주주의이다.
일 꾼	삯을 받고 육체노동을 하는 사람	혁명·건설을 위하여 일정한 부문에서 사업하는 사람(북한 표기 → 일군)
풍 자	무엇에 빗대어 재치 있게 경계하거나 비판함	미 제국주의와 계급적 원수들의 반동적 본질과 죄행을 폭로·규탄하는 데 이용하는 비웃음을 통한 비판

른 인식론·관점·패러다임으로 세계를 보면서 관찰하고, 이해하고 해석해 왔던 것이다. 예를 들어 북한의 주정주의적, 문학적, 직설적, 그래픽적, 인간중심적 보도는 남한의 주지주의적, 객관주의적, 추상적, 중립적, 일반적 범주에 의한 사건중심의 보도와 근본적으로 다르다. 그것은 한 사회가 세계에 대한 앎을 얻는 인식론, 그리고 인간과 관계 맺는 방식이 근본적으로 다르다는 의미이다.

물론 이 두 가지 앎의 형태 즉 '과학적 객관성'에 가치를 부여하는 경향과 '대상에 대한 상상적 참여'에 가치를 부여하고 추구하는 경향은 서로 배타적이거나 완전히 구분되지 않는다. 하지만 두 형태 중 어느 것이 더 지배적이냐에 따라 그 사회의 뉴스의 성격이 결정되는 것이다. 즉 '앎(acquaintance with)'의 인식이 지배적인 사회에서는 뉴스가 이성보다는 감성에 호소하고 스타일 면에서는 문학적 성격을 갖게 된다. 서구에서는 역사적으로 대중지의 등장과 함께 이러한 경향이 두드러졌다(Whitby & Gary, 1980: 유선영, 2000: 151 재인용).

이 두 가지 인식 틀을 남북한 언론에 적용하면, 남한 언론은 대상에 대한 과학적 지식을 추종한다면 북한언론은 감성적으로 느껴서 알게되는 앎을 지향한다고 할 수 있다. 그런 맥락에서 남한 언론은 상대적으로 더 근대화되었다고 본다면, 북한언론은 전근대와 근대의 이행기적 상태에 있다고 말할 수 있다. 즉 사실주의적 근대성과 그 사실을 감성적으로 느끼고 이해함으로써 비로소 안다고 말하게 되는 전근대성이 혼재된 상태로서 근대성과 전근대성의 혼성물(hybrid)이라고 할 수 있는 것이다. 따라서 남북한 언론은 어떤 하나의 잣대에 의해서 명쾌하게 평가될 수가 없다. 왜냐하면 각각의 언론은 각기 다른 인식론과 다른 문화적 가치체제에 의해 형성되고 유지되었으며, 나름의 언론양식을 발전시켜 왔기 때문이다.

다양한 의견이 존재하는 남한 언론과는 달리 북한언론들은 노동당의 지도아래 통일된 하나의 의견만을 내놓는데, 이러한 경향은 6·15

정상회담 보도에서도 계속됐다. 그리고 당의 정책을 인민들에게 체계적으로 해설·선전하고 교양하는 역할을 수행했다.

지금까지 한국의 방송보도 언어에 대한 연구는 언어의 오용사례 등 표현상의 문제점에 대한 비판이 많았으나, 1927년 방송개시 이후 80년 가까운 세월에 걸쳐 우리의 방송언어가 어떻게 변천해 왔는지, 남북한 방송언어는 얼마나 이질화됐는지 등의 커뮤니케이션 행위의 형식에 대한 연구는 별로 다루어지지 않고 있다. 따라서 본 논문은 김대중 대통령의 방북을 계기로 이루어진 남북한 방송의 보도내용을 통해 남북한 언어사용에 있어서의 차이를 연구하고자 한다.

남북 정상회담을 계기로 확산되고 있는 남북 간 교류와 협력의 분위기를 긍정적인 방향에서 유지시키고 더 발전된 단계로 나아가기 위해서 남북한은 서로에 대한 이해를 확장시켜야 한다. 서로에 대한 이해를 통해 민족적 동질성을 확보하고 상호포용의 계기를 마련할 수 있을 것이다. 이때 무엇보다 시급한 것은 그동안 이질화가 진행된 언어적 접근과 동질성 회복일 것이다.

따라서 본 논문은 남북한 방송언어 연구와 비교를 통해 남북한의 언어적 차이를 발견하고 이해함으로써 남북한 방송언어의 이질성을 극복할 수 있는 방안을 제언하고자 한다. 이를 위해 본 논문은 우선 남북한 언론의 제도와 이념적 차이를 먼저 검토하고, 남북한 언론의 제도나 이념적 차이가 방송언어에 어떻게 내재해 있는가를 살펴본 후 마지막으로 남북한 방송언어의 이질성을 극복할 수 있는 방안을 제시하고자 한다.

Ⅱ. 기존연구 및 문헌고찰

1. 정치체제와 관련한 언론과 미디어 언어

사회언어학자들은 언어를 사회 내부에서의 독립적인 것으로 파악하기보다는 사회의 정치체제와 연관시켜 사고한다. 특히 정치적 전환기에 있는 사회에서의 언어에 대한 관심은 독특한 언어이론을 탄생시키는 계기를 마련해 왔다. 이들 대부분의 언어이론은 정치체제의 구축과 유지과정에서 언어가 어떠한 헤게모니적 기능을 수행하는지를 이해하는 데 도움을 주는 것들이었다.

전체주의적 정치체제에서는 물론이거니와 자유주의 정치체제에서도 언어사용의 사회적 계획성이 중요시된다. 다양한 이념과 가치를 소유한 개별적인 구성원들을 전체 사회적인 하나의 이념이나 사상 및 정서하에 통합시키고자 하는 속성이 전체주의 정치체제에서보다 더 강하다.

언론은 정치체제와 불가분의 관계가 있기 때문에 언론에 대한 대표적인 이론인 언론의 4이론에서도 언론유형의 특징을 크게 4가지로 구분하고 있다. 시버트(Sibert) 등에 의하면 커뮤니케이션의 매스미디어와 그것이 속해 있는 조직사회의 관계에 관한 어떤 이론도 그것이 안고 있는 인간 및 국가에 관한 기본적인 철학적 가설에 따라 결정되므로 인간의 본질, 즉 지식 및 진리의 본질을 고찰해야 한다고 주장하고 있다.

권위주의 이론(the Authoritarian Theory)과 자유주의 이론(the Libertarian Theory), 공산주의 이론(the Soviet Communist Theory), 그리고 사회적 책임이론(the Social Responsibility Theory)이 이러한 분류방식에 속한다(강대인, 1991).

권위주의 이론은 역사적으로 가장 오래되였으며 후기 르네상스의 권위주의적 풍토 속에서 출현했다. 플라톤과 마키아벨리에 이르는 권위주의적 정치의 사상적 흐름은 20세기의 파시즘적 권위주의에 영향을 주었다. 진리는 소수의 권력중추의 수중에 집중되어 있다고 보면서 언론은 위에서 아래로 작용하므로 매스미디어는 국가를 지지하고 국가는 대중을 지배한다. 따라서 미디어의 성격은 교육적, 명령적, 선전적이며 미디어의 자유는 국가 지도력이 허용하는 범위 내에서만 가능하다는 것이 이 사상의 핵심이다. 자유주의 이론은 17세기에 생성되였으며, 계몽사상에 기초를 두고 있다. 미디어는 정부와 국민 사이의 정보 중개자로서 봉사해야 하며 국민을 위한 토론의 '광장'으로서의 기능을 해야 한다고 주장한다.

공산주의 이론은 20세기 초에 생성되였으며 마르크스, 레닌, 스탈린 및 소비에트 공산당의 독재체제에 기초를 두고 있다. 이 이론은 미디어의 기능이 사회주의 체제의 영속화와 혹대화에 기여하는 국가의 한 기관으로서 존재한다고 주장한다. 즉 언론은 사회정책을 전달하는 정부의 도구라고 본다.

사회적 책임이론의 사상적 기초는 20세기 중엽 미국에서 성립된 언론자유위원회(Commission on Freedom of the Press)와 영국에서 결성된 왕립 언론위원회(Royal Commission on the Press)의 보고서로 볼 수 있다. 이들 보고서는 커뮤니케이션 혁명 및 계몽사상의 철학에 기초를 두고 있으며 미디어에 대해 도덕적이고 윤리적인 제한을 많이 강조한다. 즉 미디어는 사회적 책임의무를 져야 하며 그렇지 못하면 누군가가 미디어의 행동을 감시해야 한다는 논리를 펴고 있다.

언어를 지배하거나 지배적인 언어담론을 통해 사회에서의 헤게모니를 점유하려는 언어투쟁의 사례는 프랑스 혁명이나 중국의 문화혁명 과정에서도 여실히 드러난다. 1789년 대부분의 프랑스인이 불어를 말할 수 없었고, 소수의 사람들만이 불어를 읽을 수 있었기 때문에 국회의 법령을 민중에게 보다 친숙하게 만드는 문제가 정치적으로 제기됐는데, 이는 부르주아 계급이 자신들의 계몽사상과 새로운 사회적 가치를 민중에게 확산시키는 데 있어서 언어의 중요성을 인식한 결과였다. 또 1790년 이후 그레그와르(Gregoire)사제[1]는 그동안 공식 문건에서 사용돼 오던 방언을 반대하며 불어를 사용하도록 하는 운동을 촉발시켰다. 또 초등교육이 불어로 행해져야 한다는 엘리트 계급의 목소리가 높아지면서 방언을 말하는 사람을 '반혁명적인 사람'으로 낙인찍어야 한다는 주장까지 제기됐다(이병혁, 1986: 67 참조).

모택동은 사회주의 혁명이 완수되려면 경제구조는 물론이고 그에 조응하는 사상이 개조되어 모든 분야에서 진정한 프롤레타리아 독재가 이루어져야 한다면서, 당시 중국이 사회주의 체제를 부정하는 자본주의적 사상이 잔존함으로써 당과 정부의 내부에는 자본주의적 수정주의 노선을 따르는 자들과 관료주의자들 그리고 인민대중으로 하여금 자본주의적 생활태도를 동경하게 하는 문화적 현상이 급속히 팽배하고 있다고 주장했다(조영명, 1985: 7). 이에 따라 모택동은 1963년부터 인민공사를 중심으로 사회주의 교육운동 즉 사청운동(정치, 경제, 조직, 사상을 깨끗하게 함)을 전개했는데, 사청운동 중 사상을 깨끗이 하는 운동의 토대가 언어와 매체의 지배였음은 의심할 여지가 없다.

사회에서 언어를 둘러싼 대립과 갈등은 언어의 역사적, 정치적, 이데올로기적 위치의 상대적 중요성을 반증하는 것이다. 폴 라파르그(Paul Lafargue)[2]는 '대혁명 전후의 불어'라는 논문에서 언어, 특히

---

1) Henri Grégoire(1750~1831), 프랑스의 가톨릭 신학자. 1791년 블르와 (Blois)주교가 되었으며 정교조약체결 후에는 성직을 사퇴하고 문학적 저작에 전념하였다. 주요저서에 ≪Mémoires≫가 있다.
2) Paul Lafargue(1842~1911), 프랑스의 사회주의 운동가. 학생시절부터 사회주의 운동을 하여 대학에서 쫓겨나 런던으로 이주했다. 여기서 마르크스를 알게 되어 1869년 마르크스의 둘째 딸과 결혼했다. 파리 코뮌 시대

어휘에 관한 성찰을 보여주고 있는데, 그는 '언어와 그 환경'이라는 제목의 글에서 식물이 기후학적 환경으로부터 분리될 수 없는 것과 마찬가지로 언어는 사회적 환경으로부터 절대 분리될 수 없다고 했다. 또 '혁명 전의 언어'에서는 불어 어휘의 변화에 초점을 두면서 혁명 전과 후의 언어를 비교함으로써 혁신파와 보수파 간의 언어투쟁의 첨예성을 보여주었다. 이에 따르면 혁명 전 언어는 귀족정치의 언어였으며, 혁명 후 언어는 부르주아지의 언어로 구별된다. 이렇게 언어의 변화는 두 사회집단을 서로 다른 계급으로 분리시켰다. 마지막으로 '혁명 후의 언어'에서는 몇 가지 새로운 사실을 제시하고 있는데, 첫째, 귀족정치가 언어혁명을 먼저 시작했는데, 귀족정치는 민중의 지지를 얻어 부르주아지를 격파할 필요성을 느꼈으며, 체면 차리지 않고 궁정의 어법을 버리면서 파리 중앙시장의 아낙네들의 언어를 채택했다는 것이다(이병혁, 1986: 77). 귀족계급은 시의 귀족과 길드3)의 우두머리에 대항하여 일반 서민과 수공업 노동자의 편을 자주 들어주었는데, 이는 언어투쟁 과정에서 귀족계급이 서민언어에 의존했던 것과 직접적인 연관성을 갖는다. 귀족계급에 의한 문학적 혁명은 신문, 팸플릿, 소책자, 전단 등을 확산시키는 결과를 가져왔다. 둘째, 언어가 귀족정치에 불리하게 영향을 미쳤다는 사실이다. 열정적이면서도 거친 부르주아지의 신문이나 팸플릿의 언어는 사람들의 마음을 빼앗고 흥분시켰으며, 새로운 수사법으로 포장된 문장들은 언어를 무기로 삼아왔던 귀족계급을 가차 없이 깎아내리면서 충격을 가하게 되었다. 혁명과정에서 이데올로기의 과장은 어휘의

에는 대단한 활약을 했으나 실패한 후에 스페인에 망명했다. 마르크스, 엥겔스의 저작을 불역하는 등 마르크스주의를 프랑스에 보급하는 데 큰 몫을 하였다. 주저로는 ≪역사에 있어서의 관념론과 유물론≫(1895), ≪소유권, 그 기원과 발전≫(1895) 등이 있다.

3) guild: 중세유럽의 동업자조합. 서유럽의 길드는 일반적으로 중세도시가 성립, 발전되는 과정에서 중요한 역할을 한 상공업자의 동업자조직이다.

과장을 초래했으며 다양한 조직들의 웅변은 조리가 맞지 않는 표현
들을 남발했다. 잡다한 정파들은 자신들의 이데올로기를 선동적 언
어로 포장해 전달하는 작가들과 결합했으며, 기자들은 민중의 마음
을 사로잡기 위해 독자의 언어와 취향에 따를 수 있는 표현을 사용
했다. 셋째, 혁명이 언어에 창조적 업적을 남겼다는 점이다. 대혁명
기간 중 상당한 양의 낱말과 어법에 대한 대단위 축출운동이 전개됐
으며, 부르주아 언어의 탄생을 공식적으로 인정했다. 동시에 새로운
정치계급은 여론의 힘을 빌려 행정부를 지탱하기 위해 민중을 상대
로 하는 새로운 언어를 필요로 하게 되었는데, 이 새로운 언어는 정
치영역으로부터 순수한 문학적 영역에까지 침투하게 됐다(이병혁,
1986: 79 인용 및 참조). 부르주아지들은 자기들의 사회적 환경에서
자연스럽게 말하고 썼던 언어를 사용하였는데, 당시의 기자와 웅변
가들은 이와 같은 언어를 통해 사람들을 자신의 편으로 끌어들이는
역할을 하게 되었다.

　소련에서의 언어전쟁 또한 정치체제와 언어의 상관성을 이해하는
데 도움이 된다. 소련에서는 1928년과 1952년 사이에 언어전쟁이 진
행되었는데, 중심인물은 마르4)와 폴리바노프5) 그리고 스탈린이었다.

---

4) Nikolai Yakovlevich Marr(1864~1934), 소련의 언어학자·고고학자. 페테
　르스부르크 대학을 졸업한 후 레닌그라드대학 교수, 소련 과학 아카데미
　회원이 되었다. 카프카즈 제언어의 연구에 업적을 올렸으나 점차 언어발
　생 일원론·언어 상부구조론을 골자로 하는 비과학적 언어이론으로 기
　울어져 갔다. 그의 독자적인 언어이론은 서유럽의 전통적 언어학과 양립
　되었고 많은 언어학자들로부터 지지를 받지 못하였으나 이른바 마르크
　스주의 언어학으로서 또는 소련의 이용학설로서 그의 사후에도 지배적
　지위를 확보하고 반대학자들을 억압하여 소련 언어학의 발달을 저해하
　는 결과를 가져왔다. 그러나 그의 학설은 1950년 스탈린의 '마르크스주
　의와 언어학의 제 문제'에 의하여 비판을 받게 되었는데 이로 말미암아
　소련학계에서조차도 인정을 받지 못하는 존재로 전락하고 말았다.
5) Evgenii Dimitrievich Polivanov(1891~1938), 소련의 언어학자·음성학자.
　레닌그라드대학 언어학 교수. 한국어, 일본어, 중국어, 투르쿠 언어의 연

소련에서의 언어전쟁은 민족성 문제와 관련되는 국가문제로 귀결되었다. 언어를 상부구조로 보고 초국가적 커뮤니케이션의 수단으로 삼으려는 마르의 이론은 민족성을 길들여 사회주의의 승리를 쟁취하고자 했던 스탈린에 의해 부각되었다. 스탈린은 제2차 대전 이후 언어의 다양성을 존중하면서도 전체 인민을 통합하고자 하는 언어정책에 관심을 보였다. 스탈린은 언어가 언어 자체를 위해 존재할 가능성을 완전히 부정했다.

마르나 폴리바노프, 스탈린에게 영향을 미친 마르크스주의적 요소를 정리하면 다음과 같다.

첫째, 언어와 의식의 긴밀한 통합성이다. '독일 이데올로기'에서는 '언어는 의식만큼 오래되었으며, 실재적, 실천적 의식이며, 타인들을 위해 존재하며, 또한 나 자신을 위해 존재하며, 의식과 마찬가지로 타인들과의 거래의 필요성 및 그 욕구와 더불어서만 나타난다(K. Marx & F. Engels, 1976: 28).'고 기술하고 있다. 이 말처럼 언어에 선행하는 의식의 존재가 배제되며, 발화자의 의식과 수신자의 의식을 언어 행위를 뛰어넘어 부가하려는 의사소통의 도식은 배제된다. 따라서 의식과 언어의 통합체라는 개념은 모든 자율적인 의식을 부정한다.

둘째, 사고가 외부세계의 반영임에 따라 언어는 최종적으로 외부세계와 객관적 실재에 대한 지식이다.

셋째, 언어는 상호작용의 욕구에서 비롯되는 것이지만 상호작용은 관념의 단순한 의사소통으로 환원되지 않는다. 언어는 사회현상들의 총체적 복합체이기 때문이다.

구가 깊었는데 특히 음성·음운 등의 연구에 힘썼다. 주저에 '동양학 대학용 언어학 입문 Vvedeniye v yazy koznaniye dlya vostokovednykh vuzov'(1928), '일반언어학 논문집 Stat'i po obshchemu yazykoznaniyu' 등이 있다.

이와 같은 언어관에 기초한 스탈린이 권력쟁취 후 우선적으로 해결하고자 했던 문제가 언어계획이었다. 스탈린은 러시아어를 소련 전체의 보편어로 보급하는 것이 관심사였다. 또 언어학적 사실에 대한 도덕적 담화를 강조하기도 했는데, 이의 문제는 '어떤 언어를 가르쳐야만 하는가?' 하는 것이었다. 스탈린의 경우 언어를 이해하는 독특한 관점이 하나 발견되는데, 그것은 언어를 상부구조가 아닌 생산수단 또는 도구로 파악한다는 점이다. 언어가 생산수단이 될 수 있다는 것은 언어가 노동과 생산활동에 직접적으로 연관되어 있으며, 모든 인간활동에도 연관되어 있는바 노동과 인간활동의 지향과 자극이 언어를 통해 주어질 수 있기 때문이다.

언어는 사회생활, 즉 사회성원 간 의사소통에 있어 기본적이자 필수적 수단이라는 점에서 사회생활과 분리될 수 없다. 이와 같은 생각은 세 가지의 언어개념을 발생시켰는데, 언어를 통한 현실에 대한 이미지 창조관, 언어에 의한 개관적 실재의 반영관, 주체와 그 주변세계를 매개해 주는 언어관, 이 세 가지이다. 창조관의 경우 언어는 인간세계나 삶의 현실을 만들어낸다. 반영관의 경우, 기호와 의미로 이루어진 언어는 실재를 반영한다. 매개관의 경우, 언어는 사회적이자 개인적인 것, 그리고 창조적인 것과의 사이의 매개체이다. 언어는 객체가 아니듯이 더 이상 기초토대도 아니며 매개작용인 것이다. 또한 사회언어학적 관점은 매개관적 관점에 크게 의존하고 있다. 언어는 사회적 산물이자 도구이며 사회적 생산자인데, 다양한 형태의 의사소통을 유발하며, 이데올로기의 매체이면서 이데올로기가 기호로 응고되어 변형되는 터전이 된다.

전체주의적 정치체제의 사회에서는 사회구성원들의 의식의 변화 또는 개조를 통한 혁명사상의 유지 및 강화라는 목표를 언어정책에 반영한다. 이데올로기의 변화는 그 이데올로기의 변화가 반영되고 실천되는 바로서의 언어변화를 통해 인간의식과 행동에 변화를 일으킨다는 가설에 충실하게 의존하고 있는 것이다.

그동안 공산주의 국가가 공산주의 이데올로기에 따라 새로운 어휘를 만들고 이를 사용하게 함으로써 새로운 형의 인간을 만들고자 했던 사회적 계획은 언어가 인간의식 더 나아가 정치체제와 유기적인 통합성을 가지고 있음을 보여주는 것이다.

정치체제의 차이는 언론체제의 차이를 동반한다. 정치체제의 유지와 견고화는 언론을 통한 대중들의 의식과 가치의 통합을 바탕으로 이루어지기 때문에 언론체제나 제도가 정치체제의 안정성에 가장 핵심적인 축이 된다.

전체주의적 정치체제와 자유주의적 정치체제를 지탱해 주는 언론체제는 권위주의 언론체제와 자유주의 언론체제이다. 권위주의와 자유주의 언론체제는 각각 고유한 정치나 사회이론 및 철학에 바탕을 두고 있는데, 이 둘의 언론체제는 극히 대립적인 이념과 형태를 띠게 된다.

전체주의 언론체제는 마르크스의 비판사상을 변형해 혁명이론과 결부시킨 레닌에 의해 구축되었다. 레닌은 마르크스의 여러 개념들을 러시아의 사회적 상황에 맞게 계승·발전시켰다. 소비에트 연방과 계획경제하의 국가들은 모두 마르크스·레닌주의를 공식적인 이데올로기로 받아들였으며, 언론의 역할에 대한 분석을 세밀하게 강령화했다(강상현·윤영철, 1991: 154).

레닌이 마르크스보다 더 언론에 관심을 보이기 시작한 것은 대중정치에 대한 비판에서 비롯된다. 그는 대중정치 운동을 비난하고 마르크스의 '전위세력'과 형식적으로 유사한 소규모의 지도요원에 의해 철저히 통제된 공산당 기구를 통해 노동자들을 지도해 나가야 한다는 입장을 취했다. 저술가이자 웅변가이기도 했던 레닌은 자신의 볼셰비키 당이 당 내부의 마르크스주의 반대파를 척결하고 자본주의자들을 분쇄하려면 언론의 역할이 매우 중요하다고 보았다.

이러한 생각에서 레닌은 계급의식을 고취시키는 것이 필수적이라고 본 마르크스의 입장을 따르고 있었지만 이를 뛰어넘는 언론의 역할에 관한 확고한 이론을 발전시키는 데 노력했다.

레닌은 집단적 선전자, 집단적 선동가, 그리고 집단적 조직가라는 것을 언론의 세 가지 역할로 인식했다. 모스크바 국립대학의 저널리즘 학부와 사회주의 국가의 모든 저널리즘 학교 및 연구소에서의 사회주의 언론인 훈련과정에는 선전, 선동 및 조직에 관한 교육이 포함되어 있었다. 레닌은 언론을 상부구조의 한 요소로 보았으며, 언론과 언론인은 사회를 계도해 나갈 사람들을 훈련시키는 데에도 핵심적인 역할을 담당하는 것으로 파악했다.

레닌이 내세운 언론활동의 세 가지 목적은 그가 처음 주창했던 것이 아니다. 언론활동의 세 가지 목적은 빌헬름 리프크네히트(Wilhelm Liebknecht)[6]에게서 비롯된 것인데, 리프크네히트는 사회주의 혁명에 이바지할 수 있는 언론기관은 "알게 하고(studieren), 선전하며(propagandieren), 조직하는(organizieren)" 것이어야 한다고 주창했다(강상현·윤영철, 1991: 160).

전체주의 언론체제에서 주장하는 언론의 세 가지 역할은 언론의 언어사용과 긴밀하게 관련성을 갖는다. 마르크스나 레닌뿐만 아니라 전체주의 정치권력 집단이 혁명적 언어관을 주창하고 나선 것도 이와 무관하지 않다.

파워 엘리트의 사상을 사회화시키는 도구적 언론관에 기초하고 있

---

6) 독일의 사회주의자, 명문출신으로 3월 혁명(1848) 때 독일에서 혁명운동을 했고, 혁명에 실패한 뒤에도 스위스와 프랑스에서 혁명파의 잔당을 모아 활동을 계속했기 때문에 프랑스에서 추방되어 런던으로 옮겨가 거기서 13년간이나 망명생활을 했다. 그 사이 마르크스의 지도를 받았으며, 1861년 사면을 받아 독일로 돌아가자 노동자 베벨과 결탁해 민주주의적 노동자 조직을 사회주의적 조직으로 발전시켜 라살파(派))의 운동과 대항하면서 1869년 사회민주 노동자당을 결성하고, 보불전쟁에 대해서는 용감하게 반대하다 투옥됐다.

는 전체주의 언론체제는 언론의 도구성(알게 하고, 선전하며, 조직하는 것)을 강조하는 것이며, 언어 또한 이를 뒷받침하는 도구적 언어관에 기초한다. 따라서 전체주의 언론은 언론의 도구적 기능을 벗어나는 언어를 통제하며, 도구적 기능을 강화하는 언어를 개발하며 유통시킨다.

반면 자유주의 언론체제는 언론의 세 가지 역할을 가장 중요하게 인식한다. 자유주의 언론체제에서는 언론이 정보를 제공하고(inform), 오락을 제공하며(entertain), 권력층에 대한 파수견(watchdog)으로 기능한다. 그리고 이 세 가지 기능은 가장 상위의 가치인 민주주의를 위해 복무하는 데 필수적인 것들로 인식된다. 언론은 시민들로 하여금 합당한 민주적 의사결정을 할 수 있게 하는 정보를 제공한다는 가정에 근거하고 있는 것이다.

자유주의 체제에 있어서 물질적·정신적 상품의 유통의 주요 담당자는 언론이다. 그리고 물질적·정신적 상품의 자유로운 유통(free flow)은 사회 내의 민주주의적 의사소통을 매개하는 사상의 자유시장(free market of idea)을 형성해 환경의 감시, 외부환경에 대한 평가와 진단, 비판과 반비판을 가능하게 한다.

즉 자유주의 언론체제를 떠받치고 있는 언론관은 진리창조를 위해서 기능하는 목적적 언론관이다. 목적적 언론관에 기초하고 있는 자유주의 언론체제에서 언어는 커뮤니케이션 그 자체의 목적을 위해 존재하는 것이 된다. 따라서 자유주의 언론체제에서 언어는 권위주의 체제에 비해 중요한 통제의 대상이 되지 않는다.

2. 남북한 언론제도와 방송이론

남한의 언론과 북한의 언론은 서로 비교할 만한 기준점이나 시금석이 없기 때문에 비교될 수 없다는 의견이 제기되기도 한다. 즉 남한 언론은 신문의 경우 사기업으로서 존재하지만 북한의 언론, 특히 그중에서도 가장 많이 비교 분석되는 '로동신문'은 '조선로동당'의 기관지이므로 동일한 잣대로 비교될 수 없다는 것이다.

하지만 무엇보다도 중요한 차이는 두 체제의 언론이 서로 다른 오리엔테이션을 가지고, 서로 다른 사회적 맥락 안에서, 서로 다른 제도의 규정을 받으며 오늘에 이르렀다는 사실이다. 그런 점에서 두 체제의 언론을 자유민주주의 객관주의 언론과, 사회주의 혁명의 완수를 위한, 그리고 주체이념을 받들어 인민대중을 혁명으로 이끄는 선전·선동자로서의 언론, 즉 서로 다른 차원에 속하는 것으로 이해하는 것이 우선 필요하다.

그러나 양 체제의 이러한 기본적인 언론이념과 기능은 적대적 관계로 대치해 있는 서로에게 동일하게 적용되지 않았다. 남한의 경우 객관주의를 표방하면서도 보도하거나 비판할 대상이 북한인 경우에는 객관성보다 이념적인 판단이 우선한 경우가 많았고, 그 결과 북한에 대해서는 흑백논리에 입각한 편향되고 왜곡된 보도를 양산했다는 비판을 받기도 했다. 즉 이데올로기적 편향성을 자제하지 않은 채 남북관계를 다루었고, 안보상업주의에 입각하여 선정주의적 보도를 한 경우도 있었으며, 국민 또한 반공주의와 흥미본위로 북한 뉴스를 접했다는 비판도 있다.

자유주의 언론이념은 사회적 환경감시를 제일 중요한 목적으로 삼고 있으며, 여기서 감시대상은 정부, 기업, 군사, 행정 등 주요 의사결정 기구들이다. 이들 의사결정 기구들이 자신의 직무를 법과 상식에 따라 수행하고 있는지를 감시하는 것이며, 잘한 일은 당연한 것이 되고, 잘못된 것은 보도해야 할 중대사안으로 간주되므로 부정적 뉴스(bad news)들이 양산된다.

북한의 경우도 주체이념에 따라 사회주의를 완성한다는 대의명분에 따라 '미국의 신식민지로 전락'한 남한의 모순과 비리를 폭로하고 비난하는 부정적 보도를 계속해 왔다. 그것은 사회주의 언론이 체재 내의 사안들에 대해서는 긍정적 모범을 선정하여 적극 찬양하는 식의 긍정보도를 원칙으로 하는 것과 정면 배치되는 것이다.

자유주의(Liberalism)는 19세기 초 스페인어에서 입헌정부를 옹호한 자유당(Liberales)이라는 정당 이름에서 유래되었다. 후에 'liberal'이라는 말이 권위주의에 반대하여 자유를 옹호하는 정부·정당·정책·정견 등을 가리키는 말로서 다른 여러 나라에서도 사용하게 되었다(김희경, 1996).

공산주의 이론은 변증법적 유물사관에 기초하고 있으며, 그것의 핵심은 프롤레타리아 독재이론이다. 공산주의 언론의 이념이나 제도, 나아가서는 혁명적 당에 관한 교리 역시 이러한 프롤레타리아 독재이론으로부터 파생된 것이다(KBS 남북교류협력 기획단, 2001: 3).

이 이론은 마르크스(Karl Marx)와 엥겔스(Friedrich Engels)에 의해 창안되었다. 이러한 변증법적 유물사관을 더욱 발전시킨 정치가 레닌(Nikolai Lenin)은 그의 이론 속에서 이데올로기와 조직, 강제와 설득을 중요시한다. 강제는 정치권력을 획득하기 위해서 필요하며, 설득은 대중에게 당의 정책을 정당화하고 당정책의 전략과 전술을 설명하여 대중의 마음을 사로잡기 위해 필요한 것이다. 특히 설득은 공산주의의 선전·선동 개념의 토대가 되고 있다. 레닌은 설득을 위한 선전·선동 개념을 조직화했으며, 그러한 조직을 공산당의 가장 중요한 수단으로 정립했다. 레닌에 의하면, 선전·선동은 공산주의를 확산시키고, 국민에게 당의 정책을 설명하며, 당의 정책을 주입시키는 과제를 안고 있는 것이다(박유봉, 1984: 5~7).

이와 같은 공산주의 이론에 토대를 둔 공산주의 언론이념은 언론을 선전·선동을 위한 하나의 수단과 도구, 장치, 무기 등의 개념으로 파악한다. 자유주의 언론이념이 언론을 봉사조직으로 파악하여 정보제공, 환경감시, 사회교육, 문화전승, 오락제공 등의 기능과 연관되는 것에 비해, 공산주의 언론은 레닌의 주장과 같이 '집단적 선전자, 집단적 선동자, 집단적 조직자'의 기능과 연관된다.

자유주의 언론과 공산주의 언론 간의 이러한 차이에 따라 뉴스가치(news value)에 대한 인식도 크게 구별된다. 자유주의 언론이론에서 뉴스란 사실에 대한 객관적인 보도로서 중요성과 흥미성을 동시에 추구한다. 여기서 말하는 중요성이란 시의성, 저명성, 영향성, 근접성을 포함하는 포괄적인 개념이 된다. 그러나 공산주의 이론은 뉴스를 일종의 '사회적 과정'으로 파악하며 국가의 기본방향이나 정부정책, 그리고 당의 노선과 얼마나 많은 관계가 있는가가 뉴스를 결정짓는 가장 중요한 기준이 된다. 이러한 이유로 인해 시의성과 근접성과 같은 중요성 척도나 인간적 흥미성 등은 뉴스를 결정하는 데 전혀 고려대상이 되지 못한다.

이러한 원칙은 같은 공산주의 국가인 중국과 북한의 방송에도 대동소이하게 적용되고 있다. 중국의 동포방송인인 북경 국제방송 김태근이 소개한 중국 공산당이 세운 보도선택의 기준에서 그는 자본주의 국가의 방송과 사회주의 국가의 방송 사이에는 본질적인 차이가 있다고 전제하고 자본주의 방송을 다음과 같이 비판하고 있다(김태근, 2000: 30). 김태근에 따르면 자본주의 국가의 보도선택의 기준은 ≪사회적으로 새롭고 신기하며 재미있고 알고 싶은 것이어야 한다.≫고 규정하고 있기 때문에 자본주의 국가의 보도방송에서는 썩고 자극적인 것, 즉 살인, 약탈, 도박, 협잡, 강간 등 범죄사실과 사건이 주류를 이루고 있으며, 보도에서 취미·오락적인 것이 강조되어 거짓과 날조를 초래한다.

반면에 사회주의 방송의 보도는 '방송은 당의 후설[7]', 또는 '국가의 대변인'이므로 보도방송에서의 선택의 기준은 '사회적으로 적극적 의의가 있고 교양적 가치가 있는 광범한 대중이 알고 싶어 하는 새롭고 진실한 사실, 사건'이어야 하며, 바로 이러한 원칙에 따라 취재하고 기사화해서 전파에 실려 보낸다고 소개하고 있다. 이것은 사회주의 언론이 체제선전을 주로 하는 긍정적 보도양태를 그대로 반영하면서 자유주의 언론이 비판적인 기능을 위해 부정적인 기사를 양산하고 있는 것에 대한 비판을 하고 있는 것이다.

다음은 북한의 예로 선전·선동 매체로서의 방송에서 방송원들에게 강조하는 보도의 극단적인 긍정보도의 원칙이 될 것이다.

"우리 방송은 위대한 김일성주의를 실현하는 가장 예리한 사상적 무기이다.

우리 방송의 혁명적 본질은 방송으로 하여금 현실의 관조자나 비관적 전달자가 아니라 대중을 혁명과 건설투쟁에로 불러일으키는 돌격의 나팔수로, 시대의 앞장에서 전진하는 사상적 기수로, 적과의 투쟁에서 예리한 공격무기로 될 것을 요구한다.

이러한 요구는 방송원의 말에서 높은 격조와 전투적 기백이 발양될 때 실현될 수 있다.

전투적 기백이 없는 방송화술은 혁명하고 투쟁하는 시대의 요구에

[7] 후설(喉舌)은 '목구멍과 혀'로서 목구멍과 혀가 말은 하는 데서 매우 중요한 데라는 뜻에서 '임금의 명령이나 정부의 중대한 언론'을 비겨 이르는 말. 봉건사회에서 '승지의 직책을 맡은 신하. 후설지신(喉舌之臣)' (사회과학출판사, 1992). 남한의 사전에서는 '목구멍과 혀를 이르는 말' 정도로 풀이하고 있다(두산동아, 1999).

따라갈 수 없으며 인민들에게 투쟁의식을 고취할 수 없다.

우리 방송은 또한 사회정치적 분위기를 조성하고 대중을 위대한 수령님의 교시와 친애하는 지도자동지의 말씀, 그 구현인 당정책관 철에로 한결같이 떨쳐나서도록 조직동원하는데서 중요한 역할을 담당하고 있다. 방송이 앞장에 서서 나팔을 불고 북소리를 울려야 온 나라가 떠들썩하고 근로자들의 생활이 더욱 생기발랄해질수 있으며 온 사회에 전투적 기상이 넘쳐나게 할수 있다. 사실상 나라의 전투적 분위기를 조성하는데서 방송의 힘을 따를 다른 선전수단은 없다 (박재용·김영황, 1988: 103~104)."8)

이상의 방송보도에 대한 지침은 체제의 선전·선동을 위한 극단적인 긍정보도를 위한 원칙의 제시라고 할 수 있다. 반대로 체제의 반대세력에 대한 비판은 무자비하게 하도록 주문하고 있는 극단적 비판보도의 원칙을 주장하는 예를 들어본다.

"<폭로기사>는 자본주의 사회의 반동적 본질과 부패상, 지배계급의 반인민적 시책이 빚어낸 사회적 모순과 생활상을 그대로 세상에 공개하는 방송편집물9)이다.

<폭로기사>는 주로 미제와 남조선괴뢰도당의 반동적, 반인민적 시책에 의하여 불행과 고통을 당하고 있는 남조선인민들을 교양하고 각성시키기 위한 선전물로서 대남방송에서 광범히 편집하고 있다.

---

8) '방송원화술'은 저자들 외에 '리상벽·김수희·신덕홍' 등이 참가했음. 북한 원전의 인용은 특별한 경우를 제외하고 원전의 표기를 그대로 인용하여 북한 문화어의 특성을 알아볼 수 있도록 한다.
9) 방송의 목적과 성격에 따라 보도적, 해설적, 정론적 또는 예술적 형식 등으로 다양하게 편집하여 라디오나 텔레비전 방송을 통해 내보내는 것으로 방송선전의 기본 자료이며 구성요소이다(한국교열기자협회, 한국언론재단, 2001).

<폭로기사>는 방송에서만 쓰이는 글이지만 세상에 출현한 력사가 오래고 따라서 체계와 내용이 일정한 기사론적 체모를 갖추게 되였으며 그 생활력은 매우 크다.

<폭로기사>의 특성은 사실적 자료를 구체적으로 까밝히는 것으로서 그를 실지 체험하고 있는 남조선인민들의 인식교양에 힘있게 이바지하는데 있다. 론평, 단평도 역시 흡사한데가 있기는 하나 <폭로기사>는 분석, 평가를 위주로 하지 않고 적들의 반동적 본질, 그가 빚어낸 후과[10]를 발가놓는데 있다. 때문에 <폭로기사>는 말그대로 남조선인민들의 보고도 알수 없었거나 볼수도 없게 숨어있었던 사실자료를 들추어내어 폭로함으로써 그들의 눈을 틔워주고 정치적으로 각성시키자는데 목적을 두고 있다.

방송은 특정한 대상만 듣는 것이 아니기 때문에 항상 적들도 듣는다는 것을 고려하고 있다. 그러므로 <폭로기사>에서는 놈들이 이 사실자료 앞에서 옴짝달싹 못하게 날카롭게 까밝히며 예리하게 분석함으로써 간담이 서늘케 하도록 전개하기도 한다.(박재용·김영황, 1988: 293~294)"

위의 인용문은 자본주의 사회를 비판하는 방송보도를 폭로기사로 부르면서 강한 비판을 하도록 유도하는 내용이다. 언어를 혁명의 무기라는 전제 아래 방송을 통한 폭로기사를 강조하고 있는 이 부분은 언어의 힘은 강하다는 고전적인 언어관을 잘 나타내 주고 있다. 고전적인 언어관은 말은 인간이 외면적으로 보여줄 수 있는 어떤 형태의 비언어적인 기호보다 더 많은 것을 나타낼 수 있으며, 자신의 의도를 더 강하게 표현할 수 있는 좋은 수단이 된다는 것이다(Kress, 1989: 신은경, 1995: 130 재인용).

---

10) 뒤에 나타나는 좋지 못한 결과나 영향(사회과학출판사, 1992)

1) 남한 방송언론의 기능

(1) 보도의 기본적 기능으로서의 방송보도

자유주의 언론모델에서 언론의 기능은 일반적으로 4가지로 구분된다. 환경감시기능, 사회부분 간 상관기능, 세대 간 문화전수 기능, 그리고 오락기능이다. 그러나 이론적으로 이 4가지 기능들은 의도적으로나, 목적지향적으로 생산되지는 않는다. 다만 사회에서 일어나는 사실들이나 사건들을 정확하고 신속하게 전달하면 필연적으로 따르게 되는 기능들이다. 즉 사회적으로 발생한 사실들이란 그 자체로 자유롭게, 정확하게, 신속하게 사회구성원들 사이에 유통되기만 하면 되는 것이다. 언론이 자유로워야 하는 이유는 어떤 정보든지 다양하게 생산되고 유통되게 하기 위함이다.

하지만 당기관지로서, 선전·선동기능을 제일로 간주하는 북한 언론에서는 모든 정보가 그 자체로 사회적 효용성을 갖고 있다고 보지 않고, 가치가 있는 사실과 가치 없는 사실들로 확연히 구분되며, 알릴 필요가 있는 것과 알릴 필요가 없는 것은 당이 판단하는 것이다. 그런 점에서 국민의 알 권리를 내세워 보도의 자유를 주장하는 것은 북한의 입장에선 매우 비논리적인 것이 될 수밖에 없다.

흥미로운 것은 남한에서 스트레이트 정보제공을 위한 뉴스와, 의견을 말하거나 설득을 위한 사설이나 칼럼의 일반적인 기능과는 정반대로 북한에서의 보도는 선동기능을, 사설과 논설은 선전기능을 한다고 구분하는 점이다. 이 점에서 남한의 뉴스와 사설개념과는 전혀 다르다는 것을 알 수 있다. 왜냐하면 북한의 보도는 앞에서 예를 들었듯이 당정책이 실현되는 과정에서 전 인민이 본받고 따라야 할 모범적인 사례를 꼽아 찬양, 고무하는 긍정적 뉴스들을 주로 다루기 때문에 선동기능을 하며, 사설이나 논설은 김일성, 김정일 부자의 교시나 담화, 당정책 및 강령을 다루기 때문에 선전기능을 주로 담당하게 되는 것이다.

(2) 사회부분 간 연계 기능으로서의 방송보도

당과 대중을 연계하는 고리로서 북한언론의 역할은 자유민주주의 언론모델에서도 국가와 시민사회를 연결하는 고리로서 언론을 파악하기 때문에 유사한 면이 있다. 하지만 북한 언론의 조직자적 기능에서 보듯 북한 언론인들은 보다 적극적으로 당정책 선전과 대중의 선동에 개입한다. 그들은 다만 사실을 제공하는 데 그치지 않고 문제를 함께 고민하며, 대안을 제시하고, 이를 정책에 반영하도록 노력한다.

남한의 언론인이 국가와 시민사회와의 사이에서 일정 거리를 유지하면서 객관적 사실과 정보로써 '고리' 역할을 하는 데 비해, 북한 언론인은 자신이 취득한 사실과 사건들을 현실화하고 행동으로 옮기는 역할까지 하는 것이다. 이런 점에서 마르크스·레닌주의, 사회주의, 그리고 북한의 언론인은 그람시(Gramsci)가 주창한 '유기적 지식인'에 가깝다. 유기적 지식인이란 엘리트 사상을 가진 웅변력이 뛰어난 특정계층이나 계급 소속성을 가진 전통적 지식인임을 탈피한 새로운 유기적 지식인으로서의 자질을 갖춘 언론인을 말한다. 이들은 일종의 대안 언론인들로서 사회변혁의 중심세력으로서 기층계급들과 연대하여 역사적 블록을 형성시키는 능력을 가지고 있어야 한다는 것이다(방정배, 1995: 243).

(3) 비판적 보도 기능으로서의 방송보도

남한 언론에서 체제 내부에 대한 뉴스가치가 높은 '부정적(否定的)' 뉴스의 의미와 북한언론에서의 부정적 뉴스라고 할 때 '부정적'이라는 말의 의미는 다르다. 남한의 언론은 사회환경감시기능(surveillance function)을 제일로 간주하기 때문에 결국 부정적 뉴스란 '감시'의 결과 포착된 문제들, 일탈들, 비정상들이며, 이는 어떤 식으로 해결 가능한 문제들일 수도 있다. 어떤 사회이거나 그 사회는 반드시 어떤 문제를 안고 있기 때문에 언론은 이 문제들을 감시하고 드러냄으로써 사회가 집합적으로 이 문제들을 해결하는 데 노력을 경주하도록 촉구한다.

그래서 자유주의 언론은 문제를 추적하여 해결함으로써 한 사회가 정상을 회복하고 유지되도록 기여한다. 이것이 자유주의 언론이 알게 모르게 수행하는 사회통합 기능인 것이다. 만약 문제를 드러내지 않게 되면 그 문제는 결국 치유할 수 없는 상태에 도달하게 되고, 결국은 사회의 균형과 조화를 깨뜨릴 것이라고 믿기 때문이다. 그러므로 여기서 말하는 부정성이란 사회적으로 발생할 수 있는 문제, 갈등, 범죄와 비리 등을 가리키는 것으로서 해결 가능한 '나쁜 사실들(bad news)'이라는 의미이다.

하지만 부정적인 북한 뉴스라고 할 때의 부정성은 냉전적인 사고 방식에서 나왔던 보도자세로서 북한의 존재 자체를 폄하하고, 부인하고, 왜곡하는 부정, 즉 말 그대로 부정(negation)이다. 이 부정으로서의 부정은 현존하는 체제와 그로 인해 빚어지는 제반 현실 자체를 부인하는 것이기 때문에 언론 본연의 자세라는 측면에서는 문제가 될 수도 있다. 반공주의나 냉전주의적 보도는 이러한 부정의 논리에 바탕을 두었다. 즉 북한은 과거 냉전적인 사고 아래서는 자유주의나 객관주의를 표방하는 언론에서도 예외적인 취급을 받아 왔었다.

(4) 불편부당의 원칙에 근거한 방송보도

북한언론과 대비해서 남한 언론의 존재방식을 한마디로 규정한다면 주지주의라고 할 수 있다. 물론 주지주의는 객관주의와 동전의 양면과도 같은 관계에 있다. 주지주의가 하나의 사회적 제도(social institution)로서 언론이 추구하는 것이 궁극적으로는 진리(truth), 지식, 정보, 사실이라면 객관주의는 그러한 진리와 지식을 성취하는 방법을 가리키기 때문이다. 즉 모든 것이 다 진리와 지식이 되는 것이 아니고 객관적인 방법을 통해 획득된 것만이 진리로 받아들여지는 것이다(유선영, 2000: 119).

역사적으로나 문명사적으로 진리와 지식에 대한 추구가 집합적, 제도적(학교와 대학)으로 일어난 것은 근대 서구에서부터이다. 즉 인간이 이성을 가진 존재로서 자신의 감각과 경험에 의해 '확실한 앎'에 도달할 수 있다는 신념체계가 발생하고, 이에 따라 감각적으로 경험할 수 있는 사실과 지식에 대한 추구가 제도화된 것이 르네상스기를 거친 16세기 이후인 것이다. 진리는 참과 거짓의 판단을 요구하는 주장이나 명제와 관련되어 있다. 어떤 명제가 옳으냐 그르냐의 문제에 대한 천착은 인류가 현재보다 나은 정의, 자유, 평등, 행복, 복지, 윤리를 추구하던 시대의 보편적 '물음'이기도 하다. 또한 동시에 자연과 자신의 주변환경을 통제하고 정복하기 위해서도 진리와 사실은 필요했다(Carey, 1982: 유선영, 2000: 122 재인용).

한 사회가 주지주의를 특징으로 하는 근대로 이행한다 함은 바로 그러한 인식론의 변화를 수반하는 것이다. 한국에서 이러한 서구적 의미의 관찰 가능하고 경험 가능한 사실, 진리에 대한 추구가 일어난 것은 서구사상과 사조가 과학문명과 함께 도입되었던 개화기부터이다. 1880년대 한성순보나 1890년대 독립신문 등 신문들이 실제에 기반을 둔 '사실'의 중요성을 자각하기 시작한 것이 이 무렵이며 언론에서 사실추구가 일어난 것은 1920년대 중반 무렵부터이다.

객관주의는 세계에 대한 과학주의적 접근과 실천을 구체화하는 지배적 형식이다. 진리에 도달하는 유일한 통로로서의 과학주의의 위상은 17세기 합리주의 시대, 그리고 18세기 경험주의 시대를 통과하면서 근대의 지배적 인식론으로 고착되었다.

객관주의는 엄밀한 의미에서 언론에 과학주의를 도입한 것이다. 객관주의는 이성주의에 기초해 있으며, 그런 점에서 객관주의의 기원은 데카르트까지 거슬러 올라간다. 데카르트는 인간을 그 자신의 세계상과 자발적 동기를 소유한 주체로 보았으며, 이러한 자기 규정적 정체성을 따라가게 되면서 세계의 객관화가 일어났다고 설명한다. 결국 세계는 중립적이면서 개연적인 사실의 영역으로 간주되었으며, 인간은 오직 관찰자로만 세계에 관여할 뿐이다. 현실은 아무것도 표출하고 있지 않으며, 다만 중립적이고 개연적이며 상호 연관된 일련의 사건들뿐인 것으로 간주되었다.

자유주의 언론모델의 발전 역사를 보면 그것은 '무당파성(無黨派性)'을 지향하는 변화과정이었다고 할 수 있다. 이러한 무당파성을 지향하게 된 배경에는 여러 가지 요인들이 있다. 그러나 가장 일반적인 요인은 대중적 시장확대를 위한 상업주의와 20세기 초반의 어두운 역사, 즉 나치즘과 파시즘에 원인이 있는 것으로 거론된다.

역사적으로 객관주의 저널리즘의 관행은 19세기에 발아하여 구체화된 것으로 보고 있다.[11] 그것은 서구의 국제통신사들이 이데올로기에 관계없이 모든 계층에게 받아들여질 수 있는 국제뉴스를 생산하

---

11) 19세기에 언론은 문학과 예술에서의 사실주의 사조에 영향을 받았으며 이는 언론이 종래의 이야기, 소문, 편지, 투고 등에 의존해 오던 관행에서 일보 전진하여 실재하고 관찰되는 사실을 수집하고 전달하는 방향으로 가닥을 잡아갔음을 뜻한다. 그러나 이러한 사실지향성이 뉴스보도로 구체화된 것은 역피라미드 방식이 자리 잡으면서부터였고 이때가 19세기 중반 무렵이다(Stephens, 1988: 252~270).

기 위해 의견의 배제, 균형, 정확성의 3요소를 중시하면서부터 확립된 것으로 보며, 그 동인은 상업주의였던 것으로 평가된다(Hemanus 1986: 175). 마찬가지로 19세기 중반 이후 신문이 대중화되면서 광범한 노동계층, 여성층을 독자군으로 끌어들이기 위해 정파적 언론 대신에 객관주의 보도관행을 확립시켜 갔다. 또한 유럽에서는 1930년대 파시즘과 나치즘에서 보듯 미디어가 대중을 선동하고 특정 사상을 선전하는 위력을 보인 데 위기감을 느껴 공정하고 중립적인 언론을 요구하는 목소리가 커져 갔다.

다인종 사회인 미국에서도 사회적 합의를 창출하는 데 미디어의 필요성이 크다는 것을 자각했고 그에 따라 민주적 절차를 유지하는 데 과학적이고 객관적인 지식과 데이터의 중요성을 강조하기 시작했다. 미국적 자유와 다원주의적 토양 위에서 객관주의 저널리즘은 더욱 확고한 것으로 정착된 것이다(Streeter, 1989: 92).

이 세상의 사물과 대상들을 문자를 통해 표상하는 것은 이 대상들을 범주에 따라 분류, 서술하는 것이기 때문에 자연히 일상의 공유언어와 경험으로부터 멀어진다. 이를테면 정부정책에 대한 보도는 관료들의 공식적 언어, 관공서의 문법에 따라 일상적인 대화에서 사용하는 언어와는 다른 어휘, 문법을 사용하게 되는 것이다. 언어가 공식화된다는 것은 일상의 구체성을 추상화시키거나 생략하는 대신 일반적이고 중립적이며 무색무취한 언어를 사용한다는 것이고, 이러한 과정을 통해 언론의 보도는 대중들의 일상, 인간적 맥락, 자연으로부터 멀어진다. 이것이 문자언어의 추상화 과정이다. 남한은 1960년대 이후 이러한 추상적이고 공식적이고 보편적 범주의 중립적 언어사용을 본격화했다.

남한 언론은 서구의 근대적 언론관을 모델로 삼아 성장해 왔기 때문에 자연히 공적 제도들에 대한 감시를 통해 자신의 정당성과 존재의의를 갖는다. 일반 시민의 이익 및 이해와 직·간접적으로 연관되어 있는 정부, 의회, 기업, 단체들의 행위를 감시함으로써 민주주의를 가능케 한다고 평가되는 것이다. 하지만 공적 문제들은 일반 시민의 일상과는 유리된 세계이며, 이 공적 세계를 문자를 통해 표상하는 과정에서 대중은 신문과 일정한 거리를 갖게 되었다.

남한 언론은 서구 근대성을 일관되게 수용, 발전시켜 왔고, 이런 점에서 북한언론이 지향하는 말, 즉 선동에 의한 대중성의 확보, 대중 일상 언어의 사용, 대중의 지면참여 방안 제도화 등의 특성들은 전근대적인 특성인 동시에 남한 언론과 다른 점이기도 하다.

2) 북한 방송언론의 기능과 속성

(1) 정치사회적 기능으로서의 방송보도

북한에서의 언론에 대한 제반 이론과 실제는 마르크스·레닌주의에 기초를 두고 있다. 여기에 김일성 주석의 교시를 통해 새로운 해석, 수정, 보완이 가해져서 오늘날의 북한식 언론이론과 실천양식이 만들어졌다.[12]

그러므로 여타 사회주의 체제와 마찬가지로 북한에서도 언론은 당 기관지(organ paper)로 기능하기 때문에 일반적인 서구식 저널리즘을 실천하는 민간지와는 본질적으로 다르다. 즉 북한 언론은 조선노동당의 이념과 정책을 실현하는 기관지이다. 실질적으로도 언론은 조선노

---

12) 북한 언론의 이론과 실제에 대한 논의는 배순재·라두림 저 ≪신문리론≫에 토대를 두었다. 이 ≪신문리론≫은 김영주·이범수 편(1991)에 "제1부. 북한의 언론"이라는 제목으로 전문 게재된 원본이다.

동당의 선전선동부와 조직지도부의 지휘감독을 받는 것이다. 통신사, 신문사, 방송사, 출판사를 모두 출판보도기관으로 부르는 것도 언론이 당과 인민대중을 연결하는 하나의 국가기구(State Apparatus)임을 분명히 하는 것이다. 이 중에서도 신문을 계급투쟁의 사상적 무기 가운데서도 가장 예리하고, 전투적이며 기동적인 무기로 간주하며, 신문의 취재보도 행위는 그 자체로 정치적인 행위라고 못박고 있다.

가. 선전선동기능

북한의 언론은 집단적인 선전·선동을 위한 도구이다. 여기서 집단적이라 함은 신문을 비롯한 언론이 그 복제성으로 인해 다수의 사람들에게 동일한 메시지를 전달함으로써 집단성(collectivity)을 구축할 수 있음을 의미한다. 선전은 마르크스·레닌주의의 원리와 조선노동당 정책을 알리는 것이며, 선동은 이러한 선전내용들이 관철되는 과정에서 나타나는 '생동한 사실과 사건'을 통해 대중을 일정한 목표와 동일한 사상과 행동으로 고무, 충동, 조직, 동원하는 것을 의미한다.

북한의 '방송리론'의 첫머리에는 '방송이란 대중적이며 종합적인 보도선전 수단이며 힘있는 사상 문화교양수단'이라고 방송의 본질을 정의하고 있다. 나아가 '방송이 당의 목소리이고, 또 당은 방송을 통하여 수령님의 사상과 당의 방침을 내외에 선전하며 광범한 군중을 혁명투쟁과 건설사업에로 힘있게 불러일으키고 있는' 매체로 봄으로써 방송을 주체사상의 선전·선동의 도구로, 또 직접적 동원을 위한 도구로 보고 있음을 잘 알 수 있다(강현두, 1997: 148).

이러한 방송관은 이미 1920년대 레닌에 의해 정립된 바 있다. 레닌은 새로이 등장한 방송을 '종이와 거리가 필요 없는 신문'이라고 하면서, 신문과 같은 인쇄매체들이 제대로 미치지 못하는 지역에까지 쉽게 전달될 수 있고, 문맹 대중에게까지도 방송내용을 쉽게 이해시킬 수 있다는 점에서, 방송이 신문보다 더욱 효과적인 선전·선동 매체로서 가지는 특성을 적극적으로 이용하고자 했다(정형수, 1979: 44~79). 그는 본질적으로 방송이 신문과 마찬가지로, 또는 그 이상의 기능을 지닌 선전·선동·조직자 및 대중들에 대한 이데올로기 전파의 중요한 수단으로 파악했던 것이다.

북한사회는 다른 사회주의 사회에 비해 이데올로기적 동질성이 매우 높고, 매스미디어를 통한 정치적 교화기능(political indoctrination)이 활발히 이루어지는 사회이다. 즉, 당의 최상부에서부터 광산과 공장, 그리고 집단농장의 작업현장에 이르기까지 체제유지를 위한 이데올로기적 메시지가 체계적이고 신속하게 전달되는 구조를 지니고 있다는 것이다. 이러한 구조의 이면에는 당과 대중을 연결시키는 '전동벨트'(transmission belt)로서의 커뮤니케이션의 역할이 강력하게 작동하고 있기 때문이다(강현두, 1997: 24~25).

북한의 언론은 기본적으로 선전선동의 기능에 근간을 두면서 마르크스·레닌주의 언론사상에서 주체언론 사상으로 변화해 왔다. 다시 말해서 북한 언론은 마르크스·레닌주의의 언론사상의 기반 위에서 일제하 항일혁명기 김일성의 언론활동을 중심으로 기본성격을 갖추었고, 해방 이후 지속적인 사회주의 혁명의 수행과정을 통해 기본적인 언론제도의 골격을 형성한 것이다.[13] 그리고 이후 1970년대를 기점으로 하여 김정일을 중심으로 주체언론 사상으로 전환하기 시작했다.

북한방송의 역할에 대한 기본원칙은 1970년 10월 15일 북한방송

13) 여기에 대한 기록은 조선로동당 출판사의 《출판보도사업에 대한 당의 방침해설》에 다음과 같은 내용이 담겨 있다. "위대한 수령님께서는 항일혁명투쟁시기 주체적인 출판보도 사상을 창조하시고 몸소 신문 《새날》, 잡지 《3·1 월간》을 비롯한 김일성주의 혁명적 출판물의 원형을 창조하시었으며 고귀한 실천적 모범으로 항일유격대의 혁명적 출판일꾼들을 이끄시어 혁명적 출판보도활동의 전통적인 기품과 방법, 항일유격대식 방법을 창조하시었다. 우리 당 출판보도물은 바로 이러한 항일유격대의 혁명적 출판물의 전통을 이어받은 주체의 혁명적 출판보도물이다(조선로동당 출판사, 1985)."

개시 25주년을 맞아 로동신문을 통해 발표한 글에 잘 나타나 있다. 먼저 북한의 최고인민회의 상임위원회가 '방송절(한국교열기자협회, 2001)'14)을 제정하면서 발표한 정령은 다음과 같다.

> 방송은 노동당의 유력한 선전수단의 하나로서 전체 인민들을 당의 유일사상으로 철저히 무장시키며 그들은 사회주의 혁명과 사회주의 건설을 위한 투쟁에로 불러일으킴에 있어서 중요한 역할을 한다. 당의 선전역량의 주력부대의 하나인 방송부문 일꾼들은 김일성의 교시를 높이 받들고 사회주의 완전승리와 조선혁명의 전국적 승리를 앞당기기 위해 공화국 반년의 정치·경제·군사적 위력을 튼튼히 다지며 남조선인민들의 반미구국 투쟁을 지지 성원하며 우리 혁명의 국제적 연대성을 강화하는 데 크게 이바지했다.
>
> 로동신문, 1970. 10. 15.

김정일은 1970년대 권력의 정상에 근접하면서 방송혁명을 주장했는데, 방송혁명의 기본적인 목표는 북한사회를 주체사상으로 무장시키고 사회주의 건설에 대중들을 효율적으로 동원하기 위한 것이다. 방송혁명을 통해 만들어질 김일성주의 방송이란 방송의 모든 분야에 주체사상의 요구를 전면적으로 구현한 가장 혁명적인 방송으로, 김정일에 대한 충성을 기본 핵으로 하는 높은 당성과 노동계급성, 인민성을 철저히 구현한 방송이며, 전투성과 호소성, 참신성과 다양성, 과학성과 진실성이 확고히 보장된 방송이며 사상성과 예술성, 문화성이 옳게 결합된 방송이라고 한다.

공산주의식 언론관은 언론을 통해서 대중들이 사회에 대한 옳은 관념, 항변과 투쟁, 사회발전의 개념을 갖도록 하고, 세계의 혁명적

---

14) 방송절은 방송부문에 종사하는 근로자들을 위로하기 위한 날로 10월 14일이다. 1945년 이날 김일성 주석이 처음 방송연설을 했다고 해서 이날을 기념하기 위해 명절로 정했다.

개조에 대한 대중의 의지를 가르치고 일깨워주는 것이다. 이를 통하여 선전·선동은 공산주의 운동의 사상적 측면과 인민의 일상적 투쟁을 접목시켜야 하는 과제를 지닌다. 선전·선동은 프롤레타리아 계급의 현실적 투쟁에 도움이 되는 현실에 대한 이해와 결합하고, 그 속에서 나타나는 프로그램과 당의 현실투쟁에 있어서 올바른 전략·전술을 입안케 하며 투쟁방식을 제시한다. 그러므로 선전·선동이 레닌 언론모델의 가장 핵심적 역할인 것이다.

사회적 노동이 원시적 분업에서 사회적 분업으로 발전하는 과정을 곧바로 '언어'의 발생과정으로 파악한 마르크스는, 노동과정에 있어서 타인과의 상호교통의 필요에 의해서 언어가 발생했으며, 그것이 사회적 욕구의 내용을 드러나게 하고 언론을 발생시켰다고 보았다. 인간의 모든 정신적 생산물, 즉 정치, 법, 도덕, 종교, 형이상학 등 모든 언어로 표현된 생산물도 역시 마찬가지이다. 즉 인간의 의식활동은 역사의 일정단계에 있어서 생산력의 발전수준과 그에 조응하는 교류의 일정수준에 의해 제약받는다고 했다(방정배, 1995: 304).

이러한 정치·사회적 기능으로서의 선전·선동기능은 중국의 경우도 예외가 아니어서 연변동포 사회의 방송도 같은 기능을 하고 있는 것을 알 수 있다.

길림성 연변 조선족 자치주의 중국 중앙인민방송국 조선말 방송은 중앙인민방송국 5개 소수민족 언어 방송 중의 하나이며 중앙급 보도 매체에서 꾸리는 방송으로 1956년 7월부터 시작했다.

초창기 10명으로 시작한 조선말 방송진은 한 번에 30분씩 하루 두 차례 방송을 했다. 당시 조선말 방송은 주로 당의 노선, 방침, 정책과 국가의 정령, 법령, 시책을 선전, 해설하고 국내외 중요한 뉴스를 보도했으며, 경제문화 건설 성과와 경험을 소개한 것으로 돼 있다(전학석 외, 2000: 226).

이보다 앞선 1950년 한국전쟁을 보도하고 참전군인들의 사기를 높이기 위해 중국 북경에서도 중국국제방송국 한국어 방송이 설립되었다.

당시의 중국의 방송방침은 '모든 것은 항미원조(抗美援朝)[15]를 위하여 복무하는 것'이었다. 그래서 방송내용의 90%는 항미원조에 관한 보도와 중국인민지원군 사령부의 전과보도, 그리고 항미원조에 관한 '인민일보'의 사설, 신화통신사의 국제론평, 미제의 침략만행을 폭로하는 내용과, 중조친선을 담은 내용들이었다고 한다. 그리고 국내에서 활발하게 진행되는 항미원조 운동, 생산복구와 관련된 경제보도 등이 방송된 것으로 정리하고 있다(중국국제방송국 조선어부, 2000: 2).

이 역시 선전·선동 방송을 위한 방송의 전형적인 모습이다.

나. 조직자적 기능

조직자 기능은 당과 노동계급 사이의 연결수단으로서의 기능을 말한다. 즉 지방조직들을 정규적인 사업으로 이끌며, 당원과 대중에게 정치적 제 사건에 신중하게 대처하게 하며, 정확히 평가하고, 필요한 방향으로 발전시키도록 영향을 미치는 것이다. 즉 당과 대중을 연결한다 함은 곧 그들이 가진 각자의 역량을 결집하여 당의 사업에 진력케 하는 데 궁극적인 목적이 있다.

북한은 '방송의 혁명적 본질은 방송으로 하여금 현실의 관조자나 비관적 전달자가 아니라 대중을 혁명과 건설투쟁에로 불러일으키는 공격의 나팔수로, 시대의 앞장에서 전진하는 사상적 기수로, 적과의 투쟁에서 예리한 공격무기로 될 것'을 요구하고 있다. 따라서 방송원의 말에서는 높은 격조와 전투적 기백이 발양되어야 한다고 강조하고 있다.

---

15) 미 제국주의를 반대하고 조선인민을 지원하는 것. 위대한 조국해방전쟁 시기(6·25한국전쟁) 중국인민이 들고 싸운 혁명적 구호이다(사회과학출판사, 1992).

"방송은 또한 사회정치적 분위기를 조성하고 대중을 위대한 수령 님의 교시와 친애하는 지도자동지의 말씀, 그 구현인 당정책관철에 로 한결같이 떨쳐나서도록 조직동원하는데서 중요한 역할을 담당하 고 있다. 방송이 앞장에 서서 나팔을 불고 북소리를 울려야 온 나라 가 떠들썩하고 근로자들의 생활이 더욱 생기발랄해질 수 있으며 온 사회에 전투적 기상이 넘쳐나게 할수 있다. 사실상 나라의 전투적 분위기를 조성하는데서 방송의 힘을 따를 다른 선전수단은 없다(박 재용·김영황, 1988: 103~104)."

북한의 방송은 결국 커뮤니케이션이 사람과 사람을 연결시켜 준다는 조직커뮤니케이션의 역할을 철저하게 따르고 있다고 봐야 할 것이다.

개인적 차원에서 커뮤니케이션은 인간관계(interaction)를 가능케 하 며, 이를 통해 자신을 발견하고, 나아가 다른 사람들이나 바깥세상과 의 관련을 맺을 수 있어 인간의 '사회적 생존'을 가능케 해준다. 사회 적 차원에서 커뮤니케이션은 사회를 구성하고 구조화시키는 핵심요 소이다. 인류의 역사 속에서 커뮤니케이션은 항상 사회조정과 통치의 수단으로서 사회구조와 밀접한 연관을 지녀왔다(이경자, 1999: 22).

맥루한은 커뮤니케이션은 곧 '인간사회의 생존양식(the way society lives)'이라고 했다(Schramm & Pye, 1963). 그는 커뮤니케이션이 배 제된 인간 활동을 상상할 수 없으며, 인류역사 속에서 커뮤니케이션 은 개인과 개인, 또는 개인과 사회 간의 관계뿐 아니라 그와 같은 관 계의 조건을 결정해 주는 데 있어서 중심적 역할을 수행해 왔다고 주장한다.

방송은 당정책관철을 위해 힘차게 떨쳐나서야 하고 나라의 전투적 분위기를 조성하는 데서 방송의 힘을 따를 선전수단은 없다고 단정 한 '방송원화술'의 주장은 바로 북한방송의 조직자적 기능을 단적으 로 표현하고 있다.

다. 문화교양자적 기능 - 긍정적 뉴스의 양산

북한은 신문을 비롯한 언론을 문화의 일부로 파악한다. 여기서 문화란 남한식의 문화개념과는 매우 다르다. 왜냐하면 대중에 대한 정치적 선전선동을 곧 정치적 교양과정이자 문화적 식견을 넓혀주는 과정으로 보기 때문이다. 공산주의는 모든 것이 풍부한 사회이므로 대중 역시 풍부한 인간성과 문화성의 소유자로서 공산주의적 인간이 갖춰야 할 기본 소양이라는 전제하에 마르크스·레닌주의와 공산주의 사상에 대한 이해, 공산주의가 완성되어야 하는 필연성과 역사적 귀결에 대해 교양해야 하는 것이다. 이는 곧 사회주의의 우월성, 승리의 필연성을 깊이 인식시키는 것이다. 이런 맥락에서 신문에서 흔히 다루는 '항일 빨치산 참가자들의 회상기'는 매우 적절하게 교양자적 기능을 행하고 있는 것으로 평가된다(배순재·라두림, 1967: 56).

아울러 교양자적 기능을 원활하게 수행하기 위해서는 자료를 체계적이고 계통적으로 제시해야 하는데, 역사, 지리, 자연자원, 동식물, 과학문화유산 등을 혁명과업 실천과 밀접히 결부시켜 목적지향적으로 취급하는 것이 체계적이고 계통적인 자료제시 방식이다.

또한 대중의 흥미를 이끌기 위해 다양성을 유지해야 하는데, 신문편집이 다채롭고 생동하며 흥미롭게 되도록 만드는 것도 중요하다는 점을 강조하고 있다. 북한의 '방송리론'의 첫머리에는 '방송이란 대중적이며 종합적인 보도선전 수단이며 힘있는 사상문화교양수단'이라고 방송의 본질을 정의하면서 다음과 같이 방송에 대한 정의를 내리고 있다.

"방송이 당의 목소리이고, 또 당은 방송을 통하여 수령님의 사상과 당의 방침을 내외에 선전하며 광범한 군중을 혁명투쟁과 건설사업에로 힘있게 불러일으키고 있는' 매체로 봄으로써 방송을 주체사상의 선전·선동의 도구로, 또 직접적 동원을 위한 도구로 보고 있음을 잘 알 수 있다.

방송은 또한 본질적으로는 신문과 마찬가지이거나 그 이상의 기능을 지닌 선전·선동·조직자 및 대중들에 대한 이데올로기 전파의 중요한 수단으로 파악했던 것이다"(강현두, 1997: 148).

폭로와 비판의 화살은 적대적인 것, 즉 대적(對敵) 투쟁에 돌리고 대내(對內) 교양에서는 어디까지나 긍정적인 모범으로 부정을 감화·교양하는 방향으로 나아갔다는 것이다. 이리하여 북한의 신문에는 1960년을 전후한 시기부터 비판기사 대신에 '공산주의 교양기사' 혹은 '긍정·교양기사'가 새롭게 등장했다.

긍정·교양기사는 천리마 시대와 로동당 시대의 긍정적 인간들, 그리고 새로운 형의 공산주의적 인간들의 정신 도덕적 풍모를 위주로 반영하는 기사로서 긍정적 모범으로 대중을 감화·교양할 사명을 지니고 나왔다는 것이다.

남한에서는 이승만 독재정권이 무너지고 위정자와 정부를 마음대로 비판하던 시기, 언론의 자유가 한때 무제한으로 꽃피던 제2공화국 시절에 북한의 신문에는 '긍정·교양기사'가 새로 출현하여 빠른 속도로 발전하게 되었다.

'오늘의 청산리[16) 사람들'(로동신문, 1960. 4. 14.), '참된 인민의 교원'(로동신문, 1960. 7. 13.), '한 여기사의 편지'(민주조선, 1960. 6. 19.), '어머니의 마음으로 동지를 사랑하며 도와준다'(민주청년, 1960. 5. 7.) 같은 기사가 로동당 시대의 공산주의적 인간들의 풍모를 형상적 수법을 통하여 생동하게 보여준 긍정 교양기사들이었다. 편집은 몇 개의 중간 제목들을 달고 비교적 길게 전개된 기사들이었다.

이런 기사에 담겨진 산 인간들의 정신적 풍모를 보여주는 아름다

---

16) 북한은 청산리 정신이라 하여 '위대한 수령 김일성동지께서 항일혁명투쟁시기에 제시하신 혁명적 군중로선을 사회주의 건설의 새로운 요구에 맞게 구체화하고 발전시킨 대중령도에 관한 사상'으로 '위대한 수령 김일성동지께서 1960년 2월 평안남도 강서군 청산리에 대한 현지지도과정에 이 사상을 구현하시었다'고 풀이하고 있다(사회과학출판사, 1992).

운 이야기, 그에 대한 현실긍정의 필치는 이 시기 신문기사 발전의 새로운 경지라는 것이다(정진석, 2001: 4).

유선영은 남한 언론의 객관주의, 즉 주지주의적 경향의 선호도가 높은 것에 비해 북한 언론은 주정주의, 즉 낭만주의적인 경향이 높은 것으로 보고 있다(유선영, 2000: 132).

주정주의는 인식론으로 보면 사물과 대상의 진실은 겉으로 드러나는 현상에 있기보다는 마음으로 아는 것이라는 관념론에 입각한 것이다. 그것은 또 마음의 소유자인 인간의 의식, 동기, 욕망이 세상을 변화시키고 발전시킬 수 있다고 하는 낭만주의에 뿌리를 두고 있다. 북한에서의 정의적 접근법의 지속은 신문을 공식적인 뉴스매체라기보다 이를 통한 정서적 통합에 더 의미를 부여한 때문이다. 따라서 이런 기준에서 보면 뉴스에 기자의 의견이나 느낌, 평가가 삽입되는 것은 일반적 현상으로 보는 것이다.

언론보도에 있어서 주정주의적 접근은 18·19세기 낭만주의와 전근대적 관념론에 기초를 두고 있으며, 그런 점에서 북한의 언론은 과학주의에 기반을 둔 근대성이 아닌 관념적 전근대성에 기반을 두고 있다는 차이를 들 수 있다.

(2) 마르크스·레닌주의 언론의 일반적 기능 수행

가. 계급성과 당성

북한방송의 미디어 이데올로기는 마르크스의 계급론 및 계급투쟁론에 근거한 계급성과 당성, 인민성 및 대중성, 진실성과 전투성의 원칙을 들 수 있다.

우선 계급성이란 노동계급의 이익을 대변해야 한다는 것이며, 당성이란 노동계급의 이익을 대변하는 당에 대한 무한한 충실성을 말한다.

이러한 계급성과 당성은 마르크스·레닌주의 세계관에 기초한 공산주의 혁명의 수단으로 방송이 이용되어야 한다는 것을 뜻한다. 아울러 이는 '자유롭게' 방송내용이 전달되는 것이 아니라 '공산주의 혁명리론에 부합되는' 방송내용만이 제한적으로 전달된다는 것을 의미한다.

계급성은 두말할 필요도 없이 노동자의 이해와 이익을 반영하는 것이며, 당성은 당에 대한 무한한 충실성을 의미한다. 이는 신문 또는 언론이 중립적이고 무당파적일 것을 요구하는 남한식 자유주의 언론관과 정면으로 배치된다.

공산주의 이론은 변증법적 유물사관에 기초하고 있으며, 그것의 핵심은 프롤레타리아 독재이론이 된다. 공산주의 언론의 이념이나 제도, 나아가서는 혁명적 당에 관한 교리 역시 이 프롤레타리아 독재이론으로부터 파생된 것이다(KBS 남북교류협력 기획단, 2001: 3).

이 이론은 마르크스(Karl Marx)와 엥겔스(Friedrich Engels)에 의해 창안되었다. 이러한 변증법적 유물사관을 더욱 발전시킨 레닌은 그의 이론 속에서 이데올로기와 조직, 그리고 강제와 설득을 중요시한다. 강제는 정치권력을 획득하기 위해서 필요하며, 설득은 대중에게 당의 정책을 정당화하고, 당정책의 전략과 전술을 설명하여 대중의 마음을 사로잡기 위해 필요한 것이다. 특히 설득은 공산주의의 선전·선동 개념의 토대가 되고 있다. 레닌은 설득을 위한 선전·선동 개념을 조직화했으며, 그러한 조직을 공산당의 가장 중요한 수단으로 정립했다. 레닌에 의하면, 선전·선동은 공산주의를 확산시키고, 국민에게 당의 정책을 설명하며, 당의 정책을 주입시키는 과제를 안고 있는 것이다(박유봉, 1984: 5~7).

이와 같은 공산주의 이론에 토대를 둔 공산주의 언론이념은 언론을 선전·선동을 위한 하나의 수단·도구·장치 및 무기 개념으로 파악한다. 자유주의 언론이념이 언론을 봉사조직으로 파악하여 정보제공, 환경감시, 사회교육, 문화전승 및 오락제공 기능과 연관되는 것에 비해, 공산주의 언론은 레닌의 주장과 같이 '집단적 선전자, 집단적 선동자, 그리고 집단적 조직자'의 기능과 연관된다.

자유주의 언론과 공산주의 언론 간의 이러한 차이에 따라 뉴스가치(news value)에 대한 인식에서도 크게 구별된다. 자유주의 언론이론에서 뉴스란 사실에 대한 객관적인 보도로서 중요성과 흥미성을 동시에 추구한다. 여기서 말하는 중요성이란 시의성, 저명성, 영향성, 근접성을 포함하는 포괄적인 개념이 된다. 그러나 공산주의 이론은 뉴스를 일종의 '사회적 과정'으로 파악하며, 국가의 기본방향이나 정부정책, 그리고 당의 노선과 얼마나 많은 관계가 있는가가 뉴스를 결정짓는 가장 중요한 기준이 된다. 이러한 이유로 인해 시의성, 근접성과 같은 중요성 척도라든가 인간적 흥미성 등은 뉴스를 결정하는 데 전혀 고려대상이 되지 못한다.

따라서 뉴스 생산에서 중요한 요소로 평가되는 객관성과 공정성이라는 개념도 상당한 차이가 있다. 공산주의 언론에서는 객관성과 공정성 개념은 성립하지 않는 것은 물론이고 존재하지도 않는다. 객관성과 공정성을 결정하는 척도는 오직 정부정책과 당의 노선과의 관계 차원뿐이다.

따라서 공산주의 언론은 모든 사건을 마르크스·레닌주의 관점하에서 보도, 해설, 편집해야 하며, 자유주의 언론처럼 사건이 스스로 말하도록 보도, 해설, 편집돼서는 안 된다.

또한 공산주의와 자유주의 언론이 보는 진실에 대한 시각차도 크게 나타난다. 자유주의 이론에서 진실이란 정보의 공개시장에서 다양한 정보들이 논쟁과 토론을 거쳐 자체 수정장치를 통해 도달하는 최종결과로 정의하는 데 반해, 공산주의 이론은 국가정책과 당 로선 같은 기존의 이념체에 사건들이 여과되면서 나타나는 결과로 정의된다. 즉 진실이란 마르크스·레닌주의 그 자체라고 해도 크게 지나치지 않다(KBS 남북교류협력 기획단, 2001: 4).

그래서 북한에는 무당파적인 언론이란 존재할 수 없다. 그러한 이론을 바탕으로 그들은 부르주아 언론은 스스로 부르주아 당성을 지니면서 그것을 은폐할 의도로 무당파성과 무계급성을 표방하는 것뿐이라고 비판한다. 마치 모든 계급에게 공정한 것처럼 가장하며 이를 호도하고 기만하기 위해 보도의 객관성을 운운한다는 것이다.

이처럼 북한의 보도방송에 대한 이론을 보면 자유주의 언론의 객관성, 중립성 등의 기준이 필요 없는 것이 되고 있다는 것을 알 수 있다.

'방송원화술'을 보면 북한방송의 이론적 배경이 잘 나타나 있다.

"보도의 특성은 정확한 소식을 빨리 내보낸다는 데 있다.

방송보도에서 정확성을 철저히 보장하는 것은 자료에서뿐 아니라 화술형상(話術形象)17)에서 어길 수 없는 철칙으로 된다.

보도의 기본사명은 의의 있는 사실, 사건을 있는 그대로 정확히 알려주는 데 있다.

때문에 보도기사는 문학작품에 비유하면 집약성과 함축성으로 특징지어지는 시작품과 같이 간결하면서도 뜻이 깊다. 그러므로 화술형상에서 어느 한 글자도 흘리는 것이 없어야 하며 그 정치사상적 내용이 명백하여야 한다.

1) 보도화술에서 정확한 전달을 위하여서는 내용이 잘 이해되도록 론리 정연하게 말해야 한다.

2) 보도화술에서 정확한 전달을 위하여서는 사건, 사실에 대한 사상감정이 적극 반영되어야 한다."

---

17) ① 화술(話術): 언어행위의 장면의 요구와 목적에 맞게 그리고 듣는 사람의 감정에 맞게 말의 뜻과 사상감정을 진실하고 명확하게 알아듣기 쉽게 표현하는 말하는 재주와 솜씨. 목소리, 발음, 억양 등이 잘 어울리도록 하는 데서 이루어진다. 연설, 토론, 결의문이나 맹세문, 낭독, 방송, 무대연기 등에서 중요한 의의를 가진다. ② 형상(形象): 겉으로 나타나 보이는 모양, 또는 상태(사회과학출판사. 1992).

이상의 이론은 다음의 주문을 보면 이론적인 상충점을 발견하게 된다(박재용·김영황, 1988: 148~149).

"방송원은 그 어떤 사실, 사건이든지 정치사상적으로 옳게 분석하고 반드시 지지, 반대, 기쁨, 슬픔의 사상감정의 한계가 뚜렷하게 안겨오도록 하여야 한다.

위대한 수령님의 교시와 그 구현인 당정책을 영예롭게 관철한 소식을 전할 때 우리 인민의 기쁨과 만족이 어조에 반영되어야 하며 미제원수[18]들의 새 전쟁도발 책동을 폭로 단죄하는 소식에서는 우리 인민의 적개심과 증오의 감정이 구현되어야 한다.

① 조선로동당 중앙위원회 정치국 상무위원회 위원이며 당중앙위원회 비서인 김정일 동지께 2월 16일에 즈음하여 쏘련 공산당 중앙위원회 지도부에서 축하의 선물을 보내왔습니다.
② 김책제철련합기업소 제2계단확장공사장에서 올해 전투의 첫 단계 목표로 내세운 여러 개의 중요공사대상들을 완성했습니다.
③ 서울의 17개 대학 학생 3,000여 명이 반미, 반정부 시위에 떨쳐나 수만 명의 무장경찰들과 치렬한[19] 격전을 벌렸습니다.

①은 친애하는 지도자 김정일 동지를 높이 모신 우리 인민의 긍지와 행복감이 표현되여야 하며 ②는 우리 당의 현명한 령도 밑에

---

18) 북한은 원수와 원수를 구분해서 사용하고 있다. '원수'는 '해를 끼치어 피맺힌 원한이 사무쳐 용서할 수 없는 자, 또는 해를 끼치어 원한이 맺히게 하는 사물현상'으로 풀이하고, '원수(元帥)'는 '① 차수 또는 대장 웃 급의 군사칭호. ② 위대한 군사전략가이신 경애하는 수령 김일성동지를 백전백승의 강철의 영장으로, 전설적 영웅으로 조선인민군 최고사령관으로 높이 우러러 받들면서 전체 인민의 한결같은 소원을 담아 그 이께 삼가 올린 존칭'으로 풀이하고 있다(사회교육출판사, 1992).
19) 치렬하다: 기세가 불길처럼 세차다(사회교육출판사, 1992). '치열'은 표기와는 달리 발음은 [치열]로 하고 있다.

우리 로동계급이 이룩한 성과에 만족을 표시하는 어조가 반영되여야한다. 또한 ③에서는 반미, 반정부 투쟁에 떨쳐나선 남조선대학생들의 의로운 투쟁을 적극 지지 성원하는 우리 인민들의 격동된 심정을 담아 형상해야 한다.

보도화술의 기본사명을 정확히 알려주는 것이라 하여 객관적으로 전달하는 편향은 극복되여야 한다. 우리의 방송보도는 로동계급의 사상감정을 담아 사실, 사건을 알려주는 보도이다. 때문에 객관보도와는 달리 항상 사상감정이 약동하는 생동하고 기백 있는 보도로 되여야 한다."

이렇게 객관이라는 기준을 노동계급의 사상감정과 같아야 한다는 등식을 만들었기 때문에 사실상의 주관적인 입장이 되는 것이다. 다음의 규범을 보면 확연히 알 수 있다.

"텔레비전보도에서는 자기의 특성을 살려야 한다.

일반적으로 방송보도화술에서는 기사에 담긴 사실, 사건과 내용을 정확히 알려주는 것을 기본사명으로 하고 있다. 그러나 사실, 사건과 내용을 정확히 알려주는 것이라 하여 완전히 객관적인 입장에 서서 사실을 전달만 할 것이 아니라 화술에서 우리 인민의 사상과 감정을 깊이 있게 체현하여야 한다."(박재용·김영황, 1988: 343~344)

자유주의 언론이 표방하는 '중립성, 무당파성, 객관성'이라는 언론의 대명제는 북한 언론의 이론에서는 '편향'이라는 한마디로 부정되고 있다.

중국국제방송국의 김태근도 방송원의 정치사상적 무장을 강조하고 있다(김태근, 2000: 89).

"방송원은 방송국의 얼굴이며 또한 최전선에 선 투사이다. 그는 마이크 앞에서 자기 개인이 아니라 방송국을 대표해서, 나라를 대표해서 방송한다. 방송원의 말 한 마디 한 마디가 그대로 광범한 인민 대중에게는 생활의 영양소가 되며 국내외 적대세력들에게는 위력한 총탄으로 된다. 때문에 방송원은 정치사상적으로 믿음직해야 하며 방송국의 이념, 목적을 위하여 자신의 모든 것을 다할 수 있는 정신적 준비가 있어야 한다. 특히 생방송이 라디오 방송의 세계적 추세로 되고 있는 실정에서 방송원의 정치사상적 조건이 첫자리를 차지하지 않을 수 없다."

나. 인민성과 대중성

다음으로 인민성이란 노동계급인 인민대중의 이익을 옹호하여 그 내용과 형식을 인민대중의 요구와 수준에 적합하게 통속적으로 만들어야 한다는 것을 의미한다. 그리고 대중성이란 좀 더 구체적인 실천개념으로서 노동계급을 방송제작 과정 일반에 참여시킴으로써 방송이 계급적 실천에 구체적으로 결합될 수 있도록 하는 것을 말한다. 이러한 논의를 통해 자본주의 체제 내의 언론은 대중성을 얻어낼 수 없으며, 마르크스·레닌주의 언론철학에 기초한 사회주의 언론만이 인민대중의 이익을 옹호할 수 있다는 전제 아래 미디어 내용의 생산에 노동대중의 통제를 합법화시켜 나간다.

마지막으로 진실성이란 북한 노동당 정책의 우월성과 마르크스·레닌주의 정책의 승리 그 자체를 말하는 것으로 자본주의의 필멸성(必滅性)과 사회주의의 필연성을 뜻한다. 그리고 전투성이란 이른바 부르주아 계급이나 제국주의 세력과의 비타협적인 투쟁을 말하며, 현대 수정주의를 폭로하고, 마르크스·레닌주의의 순결성을 고수하는 것이라 하겠다. 결국 진실성은 마르크스·레닌주의의 추종이요, 좁게는 김일성 유일사상에 맹종하는 것이며 자본주의 언론에서 말하는 사실(fact)에 근거한 진실(truth)과는 거리가 있다고 하겠다. 그리고 전투성은 미디어의 이념적 성격을 그대로 노출시키는 것으로 방송을 이념투쟁의 도구나 선전장치로 이해하고 있으며, 계급투쟁의 효율적 장치로서 파악하고 있는 것이라 볼 수 있다(KBS 남북교류협력 기획단, 2001: 5).

인민은 사회의 가장 선진적인 계급이다. 따라서 인민성은 이들 인민대중의 이해관계를 옹호하고 이익에 복무해야 한다. 이 인민성은 결국은 당성과 같은 지향점을 갖는데, 그것은 당이야말로 철두철미하게 인민의 이익을 옹호하며 그들의 지향을 반영하는 조직이기 때문에 인민성을 받드는 것은 곧 당성을 충실히 지키는 것과 같은 것이다.

대중성은 두 가지 차원에서 실현된다. 하나는 대중을 신문지면 제작에 직접 참여시키는 것이다. 즉 편지를 통해 근로자, 노농[20])통신원, 열성필자들이 사회적으로 알리고 싶은 일, 또는 청원을 제기함으로써 자신들의 정치적 의사를 실현하고 관찰하도록 한다. 또 노농통신원들이 지방과 전국적인 범위의 현실을 반영하는 데 기여한다.

다. 통속성

북한의 언론은 인민의 이해와 이익을 반영하기 위해서 언론의 내용과 형식을 인민대중의 요구와 수준에 맞게 통속적[21])으로 만들어야 한다고 강조하고 있다. 통속적으로 만들기 위해서는 문체의 간결성, 정확성, 명료성이 핵심이다. 즉 인간성과 문화성이 풍부하게 들어 있는 자료들을 더 많이, 더 다양하게 게재하는 동시에 짧고 알기 쉽게 써야 하는 것이다. 그런 점에서 통속성과 대중성은 부르주아 언론의 흥미본위와는 근본적으로 다르다고 주장한다.

북한 신문에서 사용되는 어휘, 개념, 문장들은 오늘의 남한 언론에서 사용하는 언어와 현격한 차이가 있다. 형용사의 사용이 두드러

---

20) 노농(勞農)은 노동자와 농민을 일컫는다.
21) 통속적(通俗的)이라는 말은 '일반대중에게 쉽게 이해되고 그들의 구미에 맞는 것'으로 풀이하고 있다(사회과학출판사, 1992)

지고 문장이 짧으며 메시지가 분명한 것이다. 어느 면에서 주관적인 형용사의 사용을 통해 문장의 의미가 명백해진다는 점에서 대중성은 형용사의 사용빈도와 비례하는 것이라고 볼 수 있다.

북한방송의 표현에 관한 지침은 쉬우면서 통속적이고, 명백하고 간명하면서도 깊이가 있어야 한다는 김일성의 방침을 다음과 같이 전하고 있다.

"위대한 수령님께서는 일찍이 혁명투쟁에 나서신 첫 시기부터 글은 남이 알기 쉽게 통속적으로 쓰면서도 뜻이 깊게 써야 하며 뜻이 명백하면서도 간명해야 한다고 하시면서 몸소 그 모범을 창조하시었다(박재용·김영황, 1988: 12~13)."

이렇게 '명백하고, 간명하게'라는 조건임에도 북한의 신문·방송 기사는 만연체가 많은 것이 현실이다. 북한 언론을 특징짓는 보도기사의 또 다른 중요한 특징인 통속성은 가극이나 무용극 등에서 여성을 주인공으로 설정하여 그녀의 눈물, 고통, 희생, 그리고 자각과 혁명 의식의 발전과정을 보여줌으로써 인민대중의 공감대를 자극하는 방향으로 이루어진다. 언론에서 이러한 통속성의 장치들은 로동자 등 평범하지만 영웅적인 노동자상, 군인상, 여성상을 중심인물로 설정하여 그의 인간적 면모와 영웅적 활동을 묘사함으로써 구현되는데, 가장 인간적이면서 가장 일상적인 소재들을 다룸으로써 통속성을 추구한다. 이는 대중이 자신의 주변에서 찾을 수 있는 보통사람들의 영웅적인 활동을 거울로 삼을 때 가장 효과적이라는 인식에서 비롯된다.

이런 통속성은 어휘의 선택에서도 일상어를 중시하는 것으로 나타난다. 대중에게 보편적으로 어필할 수 있는 여성, 약자, 고통, 슬픔, 어린이 등의 소재를 통해 감정을 건드리고 통속적 언어사용을 통해 이해도를 높이는 통속성은 18~19세기와 20세기 초 대중문화가 등장하던 무렵 교육은 물론 소득수준도 낮으면서 고급문화적 교양도 결여한 대중을 끌어들이는 중요한 유인요소였다. 오늘날 이러한 전근대적이거나 초기 근대적 통속성은 보다 복잡하고 모호해지면서 대중성과 상업성을 띠게 된 것이다.

결국 이런 형태로 인간내면에 초점을 맞추는 문학적 접근이 공산주의 교양기사로 중시됨에 따라 북한언론인에게 있어서도 전문성이나 지식보다 문장력과 문학적인 감각이 더 중요시되고 있다. 그들은 사실을 수집하고 전달하는 리포터의 역할은 별로 중요시하지 않으면서도 인민대중의 심금을 움직여야 하므로 사실에 기반을 둔 인간 드라마를 찾아내야 한다. 그래서 결과적으로 이야기꾼, 즉 내레이터(narrator, storyteller)의 역할에 중점을 둔다. 북한에서 기자의 충원과 승진양상을 보면 기자의 자질로 무엇을 중시하는지를 알 수 있다.

북한에서 기자 충원은 5년제 정규대학 졸업자로 한정되는데 유일한 종합대학인 김일성대학 조선어문학부 내 신문학과, 역사학부, 철학부, 사회학부 같은 인문사회학부 출신들이 주로 중앙 일간지의 기자로 차출되고 있다. 또 현재 북한 주요 언론기관에서 위원장이나 책임주필, 인민기자나 공훈기자들이 거의 모두가 뛰어난 문장력으로 김일성 주체이념과 당 정책을 전달한 공로를 인정받아 최고위직에까지 올랐다(유선영, 2000: 139).

중국국제방송국 조선어부의 경우도 번역문을 되도록 통속적이고 알기 쉬운 입말체로 처리함으로써 청취자들로 하여금 듣고 완전히 이해할 수 있게 해야 한다는 원칙을 정해놓고 있다. 그들은 신문에 쓰이는 보도들과 방송에서 흔히 쓰이고 있는 통신 등은 대개가 서사체로 돼 있는데, 이것을 그대로 본떠 방송기사로 옮겨놓으면 글 흐름이 판에 박은 모양으로 딱딱해지기 때문에 서사체 기사를 입말체로 옮겨놓는 것은 방송기사 번역에서 매우 중요하다는 것을 강조하고 있다(중국국제방송국 조선어부, 2000: 315).

라. 진실성과 전투성

배순재, 라두림(1967: 63~64.)은 진실성이 '객관적 현실을 가장 과학적이고도 진실하게 반영하는 일반적 본성'이라고 정의하면서 그것은 곧 '우리 당정책을 절실하게 반영하는 것을 의미한다'고 했다. 이러한 논리의 전환은 당이 인민의 계급적 이해와 이익의 전위집단으로 전제하기 때문에 가능하다. 즉 인민의 당은 지고지선인 것이며 그러므로 '모든 사물과 현상을 정확히 판단하고 평가하며 어떤 것을 지지하고 어떤 것을 반대하여야 하는 것은 당정책을 척도로 해서 견주어 보아야 하는 것'으로 돼 있다. 이런 척도로 보면 신문이 당의 기관지이면서 인민의 일반이익과 의지의 반영물인 것은 당연한 것이다.

전투성은 '계급적 원수들과 타협하지 않고 그들을 예리하게 폭로하며 당정책을 기동적으로, 그리고 끝까지 관철시키는 데서 오는 본성'을 가리킨다. '온갖 부르주아적 및 반마르크스주의적 사조들과 비타협적 투쟁을 벌이며 미제를 괴수로 하는 세계 제국주의 침략자들의 흉책을 폭로하는 것' 또한 전투성이 발현되는 한 가지 형태이다. 문맥으로 보면 이 전투성은 계급적 '원수들'과 관련된 사안에서 강조되며, 원수들과 관계없는 사안들은 '긍정적 모범', 즉 비판 없는 긍정적 보도로 취급된다.

북한이 이렇듯 남한이나 미국을 원수로 규정하고 전투적으로 되는 것은 북한식 주체이념에 근거한 비판적 관점에서는 당연한 것이다. 부정<잘못>의 부정<부인>을 통한 변증법적 발전론은 사회주의 비판론의 핵심을 이룬다. 즉 사회는 그 내부에 모순을 내재하고 있으며, 이 모순·비리·부정들은 부정(negation)되어야 한다. 모순된 현실, 그리고 체제를 넘어서서 새로운 단계의 인간적 공산주의를 실현할 때까지 이 부정은 계속되어야 하는 것이다.

북한의 조선중앙텔레비전 보도에서는 남한관련 보도가 적지 않게 등장하고 있다. 남한관련 보도는 대부분 자료화면의 사용 없이 앵커의 기사 낭독만으로 뉴스의 내용을 전달한다. 따라서 남한의 실제 모습이나 거리풍경 등이 북한 뉴스에는 전혀 등장하지 않는다.

다음 표는 남한관련 보도내용을 표로 보인 것이다(KBS 남북교류 협력 기획단, 2001: 19).

분석 대상은 2000년 5월부터 2001년 2월까지 매월의 뉴스 중 주말을 제외한 평일 가운데 일주일씩을 기준으로 선정한 것이다. 다만 '김정일 생일', '건군 기념일', '노동당 창건 기념일' 등 특정 기념일과 행사가 있는 달의 경우는 예외로 하여 분석하였고, 접근 가능성에 문제가 있는 경우가 많았기 때문에 각 월별로 분석 해당 일수의 차이가 있다. 이렇게 선정된 분석 대상일 중에서 조선중앙텔레비전의 정규 뉴스인 5시, 8시, 10시 '보도'를 대상으로 하여 분석한 것이다.

〈표 1〉 남한관련 보도내용

남한관련 보도내용	기사 꼭지 수
당 정책	1(1.0%)
주요인사 동정	1(1.0%)
김일성 · 김정일 찬양	19(18.3%)
경제교류	3(2.9%)
문화교류	1(1.0%)
사건 · 사고 · 재난	2(1.9%)
문화 · 자연	1(1.0%)
역사 · 문화재	2(1.9%)
모범사례	1(1.0%)
남한정치 비판	30(28.8%)
남한경제 비판	9(8.7%)
남한사회 비판	4(3.8%)
외국 비판	27(26.0%)
남북대화	2(1.9%)
기 타	1(1.0%)
계	104(100%)

남한관련 보도에서 특징적인 것은 남한의 정치, 사회, 경제 분야에 대한 비판기사가 높은 비율을 차지하고 있다는 점이다. 특히 남한정치에 대한 비판이 남한관련 보도에서 가장 많은 기사수인 30건으로 전체 남한관련 보도의 28.8%를 차지하고 있다. 이 밖에도 파업이나 실업자 증가 등 남한경제에 대한 비판기사가 9건으로 8.7%, 남한사회풍조에 대한 비판이 4건 3.8%로 나타나 남한에 대한 비판적 기사가 전체의 40% 이상을 차지하고 있다. 이러한 분석결과는 북한이 여전히 남한을 비판적인 대상으로 파악하고 있다는 것을 보여주는 것이라 할 수 있다. 다만 정상회담 이후에는 남한에 대한 비판적 시각이 많이 사라지고 있다는 점에 주목할 필요가 있다.

〈표 2〉 남한관련 보도 중에서 정상회담 전후 남한 비판관련 보도 건수 변화

	남한정치 비판	남한경제 비판	남한사회 비판
정상회담 전	29 96.7%	9 100.0%	4 100.0%
정상회담 후 (2000. 6 · 15 이후)	1 3.3%		
계	30	9	4

위의 〈표 2〉에서 볼 수 있듯이 거의 대부분의 남한 비판관련 보도가 남북 정상회담 이전의 보도에 집중되어 있으며, 정상회담 이후에는 단 한 건에 지나지 않아 정상회담 이후에 남한에 대한 시각이 많이 변하고 있음을 볼 수 있다. 이러한 특징은 정상회담 이전의 뉴스 분석일수보다 이후의 분석일수가 훨씬 더 많다는 점에서 볼 때 놀라운 변화라고 할 수 있다(KBS 남북교류협력 기획단, 2001: 20).

남한관련 보도에서 남한 비판보도 이외에 높은 비율을 나타내는 기사로 외국에 대한 비판기사가 차지했다. 총 27건으로 남한관련 보도 전체 기사에서 26%를 차지하고 있는데, 이는 주로 미국과 일본

에 대한 비판이 주를 이루고 있다. 특히 한국전쟁 당시 미국의 만행과 일제시대 일본의 만행에 대한 남한사회의 비판정서를 북한 뉴스가 자세히 전하고 있음을 볼 수 있다.

KBS 남북교류협력 기획단(2001)의 '북한 텔레비전 뉴스 프로그램 연구'에 의하면 비판의 대상이 되는 국가로는 미국이 56건으로 전체의 51.9%를 차지하고 있으며, 그다음으로 일본이 35건인 32.4%로 나타나 미국과 일본에 대한 비판이 전체의 84.3%로 압도적인 비율을 점유하고 있다. 또한 서방이 8건(7.4%)으로 나타나 미국과 일본을 중심으로 한 서구 자본주의 국가들에 대한 비판의식이 높게 나타나고 있음을 알 수 있다.

비판대상에서 특징적인 점은 아시아에서 7건(6.5%)의 사례를 발견할 수 있는데 이는 중동지역의 이스라엘에 대한 비판이 주를 이루고 있다. 당정책에 대한 보도는 제3세계 국가들이 가장 높은 비율을 차지하고 있다.

이에 비해 사건·사고 및 재난과 관련된 보도는 아시아 지역이 다른 지역에 비해 상대적으로 높게 나타나고 있으며, 미국, 일본 및 서방 지역이 러시아, 중국, 동구권 지역에 비해 상대적으로 높은 비율을 보여주고 있음을 볼 수 있다(KBS 남북교류협력 기획단, 2001: 17).

(3) 북한언론의 속성

가. 보도성

마르크스·레닌주의 언론리론에서도 자본주의 뉴스가 중시하는 '신속성'을 비슷하게 강조하고 있지만, 뉴스의 개념자체가 자본주의 미디어 이론과는 다르기 때문에 우리가 일상적으로 생각하는 뉴스의 신속성 개념과는 다를 수밖에 없다. 일반적으로, 공산주의 국가에서 뉴스는 사건 그 자체가 아니고 선전, 선동, 조직, 교육 및 대중의 동원에 필요한 사실과, 공산주의의 사회화 과정에 의미 있는 사항과 노력만이 뉴스의 가치를 인정받는다(KBS 남북교류협력 기획단, 2001: 5).

북한에서는 뉴스에서 보도성이라는 특성을 강조하는데, 이는 사람들에게 새로운 소식을 전달하려는 본성이라고 규정된다. 이러한 보도성은 실재성(實在性), 시사성(時事性), 시기성(時機性), 계기성(契機性) 등으로 구체화된다.

실재성이란 실재하는 사건을 보도 전달하려는 본성을 말하며, 시사성이란 바로 오늘에 일어난, 그리고 사회정치적으로 가장 중요한 문제에 결부된 사건을 보도, 전달하려는 본성을 가리킨다. 시기성이란 시사성을 갖고 있는 새로운 사실과 사건을 조성한 환경과 조건에 따라 그에 맞게 보도 전달하는 것이며, 계기성이란 시사성과 시기성을 갖는 사실과 사건을 일정한 계기를 통해 보도 전달하는 것을 말한다(강현두, 1988: 152).

그러나 북한의 보도성은 당의 정책이 허용하는 한계 내에서만 의미를 가지며, 당의 정책적 이유나 당성에 어긋나는 것이라면 보도성 중에 특히 강조되는 시사성도 이차적인 것으로 무시된다. 이것이 북한방송의 미디어 이데올로기 중의 하나인 보도성이다.

신문은 '새 소식, 즉 사실과 사건의 전달자'로 정의되지만 여기서 말하는 새 소식이란 남한의 뉴스가 다루는 소재들과는 판이한 것이다. '우리 시대의 영웅이며 당의 붉은 전사들인 천리마 기수들의 노력투쟁, 그들 속에서 이룩되는 창조적 성과와 귀중한 경험들, 그리고 전당, 전 국가적으로 진행된 중요 행사들, 국제·국내 정세' 등이다.

이러한 보도물은 뉴스가 아니라 '노동자 수기'류에 가깝다. 하지만 '당 학습 교재'로 활용되는 당 기관지로서는 자연스러운 것이다. 이러한 보도성은 실재성, 시사성, 시기성, 계기성 같은 몇 가지 속성으로 구성된다. 실재성은 실재하는 사실과 사건을 다루는 것이고, 사회정치적으로 가장 초미의 문제와 결부된 사실과 사건을 보도하는 것이 시사성이며, 이를 조성된 환경과 조건에 맞추어 보도하는 것이 시기성이다.

시기성은 남한에서의 즉각성(immediacy)이라기보다는 시의성(timeliness)에 가깝다.

나. 정론성

정론성은 사건에 대한 필자 또는 신문의 관계, 즉 태도와 견해를 선명하게 표현하는 것이다. 현상의 본질을 당과 계급적 입장에서 예리하게 천명하는 데서 발현되는 신문의 속성인 것이다. 이러한 정론성은 당면한 정치적, 사회적, 시사적 문제들을 발견, 파악하며 개별적인 사실들로부터 출발하여 일반화된 결론에 도달하며, 증명하고 확신하고 호소하며 논박하고 격파하는 데서 집중적으로 나타난다.

북한에서의 정론은 방송에서도 가장 힘있는 기사 중의 하나로 정의하고 있다(리상벽, 1975: 443). 정론은 혁명과 건설에서 나서는 당면하고 긴절한 문제를 다룬 글이며, 취급하는 모든 문제들과 사실들을 정치적으로 예리하고 깊이 있게 분석한 전투적인 글이며, 강한 교양적, 동원적 역할을 수행하는 독특한 글이라고 정의한다. 정론의 정의에서는 또한 '미제를 비롯한 혁명의 원수들에게 철추22)를 내리는 힘있는 글'이라는 글도 보인다.

정론성의 이러한 방법론은 첫째로 정론이 정치적 분석, 일반화, 이론적인 해명을 통해 이루어져야 함을 의미한다. 또 정론성은 일정한 목적하에 주제를 선택하며, 이 경우 모든 사건과 사실들이 정론의 주제가 될 수 있다. 둘째로 정론성은 선택한 사실의 의의, 본질, 내용을 천명한다. 셋째로 정론성은 미래에 대한 예측, 즉 사건발전의 추이를 명시하는 것이다.

---

22) 철추(鐵椎, 鐵槌): 쇠로 만든 뭉치. 원수들에게 내리는 단호한 징벌이나 강한 타격을 비겨 이르는 말(사회교육출판사, 1992). 철퇴의 북한식 발음.

(4) 북한 언론의 기사종류와 표현양식

가. 기사종류
신문·방송의 기사는 다음과 같이 구분된다.

① 보도기사: 단신보도, 확대보도, 종합보도
② 지도기사: 경험기사, 보도적 지도기사
③ 사론설23): 리론논설, 지도논설, 경험논설, 보도논설, 시사론평, 단평, 정론
④ 문예기사: 현지보도,24) 공산주의 교양기사, 오체르크,25) 기행문, 수필 및 풍자물
⑤ 직관물26): 사진, 삽화, 만화 기타

이들 기사들은 모두 보도성과 정론성을 구현하지만 그 각각이 기사에 구현되는 비중과 양, 농도가 달라진다. 그리고 기사내용과 표현형식도 각기 다르다.

---

23) 사론설(社論說): 사설과 논설을 함께 이르는 말
24) 현지보도는 <현지보도>라는 고정표제를 달고 나오는 외에도 동승기, 방문기, 참관기가 있으며 사건을 독자자신이 목격하고 있듯이 묘사하는 <목격자의 보도>이다.
25) 조선말대사전에는 러시아어로 북한에서는 실화문학이라 분류하고 있다. 실화문학이란 현실에서 벌어지는 의의 있는 사건들과 이야기들을 사실대로 진실하게 묘사하는 서사문학의 한 형태로 소설문학에 비하여 상대적으로 허구가 적게 쓰이며 흔히 아직 널리 알려져 있지 않은 사실들을 사람들에게 제때에 알려줌으로써 대중을 교양하는 데 의의가 있다.
26) 직관물(直觀物): 눈으로 직접 보고 알며 느낄 수 있게끔 만든 선전물. 벽보, 속보, 구호, 그림, 사진, 도표 같은 것이다(사회과학출판사, 1992)

나. 표현양식

① 논리적인 방식으로 현실을 반영하는 기사: 보도기사, 지도기사, 사론설

② 분석적인 기사: 보도기사는 '전보문식 문체'로 짧고 간결하게 쓰는 것이 비결이다. 이때 짧고 간결하다는 것은 내용의 명확성, 사상의 일관성과 관련된다.

③ 분석에 기초하여 일반화를 전면에 제시하는 기사: 사론설

④ 분석과 일반화에 기초한 사실과 사건의 전달을 기본으로 하는 것: 보도기사

⑤ 예술적 방식으로 현실을 형상적으로 반영하는 기사: 문예기사

⑥ 필자의 위치에 따르는 구성: 현지보도, 일명 '목격자의 보도'.[27] 현지보도기사의 문체적 특징은 형상적이고 회화적인 구체성을 가진 생생한 묘사가 지배적이며, 기자의 정론적 주장과 토로가 훨씬 자유롭게 이루어진다.

⑦ 단편소설류와 유사한 구성 및 슈제트적[28] 요소를 가지는 구성: 오체르크(실화문학). 오체르크는 인간성격의 발전과정을 심도 있게 추구하는 것으로서 항일무장투쟁시기 유격대원들이 쓴 자신의 사상감정을 담은 수필, 수기, 전투실기에서 유래한 것으로 전투적이고 기동적인 공산주의적 인간상을 부각하는 데 목적이 있다.[29]

---

27) 이들 현지보도기사들은 생생한 묘사가 주요하므로 현재시제로 쓰인다. 개인의 전기나 초상이 아닌 집단적 투쟁모습을 바로 현장에서 보듯이 그리는 데 주안을 두는 것이다.

28) 러시아어 문학용어로 '얽음새'를 뜻한다. 조선말대사전에서는 얽음새를 문학예술작품에서 등장인물들의 호상관계 및 사건발전의 일관한 체계라고 해석하고 풀이하고 있다.

29) 그 시대의 일반적, 본질적 측면을 체험한 개성적, 구체적 인물을 형상화함으로써 독자의 공감을 불러일으키면서 주인공의 성격이 발전되어 가는 과정을 보여주는 일종의 공산주의적 인간학을 말한다.

⑧ 사상과 풍모의 유일한 쩨마(theme)[30]에 따라 종합 배열한 기
   사: 공산주의 교양기사.

이 기사는 공산주의적 인간의 풍모와 사상, 긍정적 모범, 강한 정
론성, 그리고 구성을 특징으로 한다. 즉 당과 혁명위업에 대한 충실
성, 집단주의와 로동에 대한 공산주의적 태도, 혁명적 동지애와 인간
에 대한 참다운 사랑과 배려, 자력갱생의 혁명정신 등을 다루는 것
으로서 이들 인간들이 경험하는 정신의 변화, 그리고 혁명정열과 공
산주의적 행위를 부각시키는 데 역점을 둔다. 따라서 한 인간의 정
치 도덕적 풍모와 행위를 통해 그가 어떻게 자신의 갈등과 모순을
해결하는지를 묘사하는 것이다.

(5) 북한방송보도의 시간대별 구성

조선중앙텔레비전의 보도, 즉 뉴스는 오후 5시부터 11시까지의 정
규방송시간 중에서 5시, 8시, 10시 등 세 차례 방송된다. 이 중 10시
보도는 방송일정에 따라 10시 10분에서 30분 사이에 시작된다. 5시
보도의 방송시간은 10분이며, 종합뉴스에 해당하는 8시 보도는 35분
에서 40분 정도 방송된다. 10시 뉴스의 경우 뉴스의 제목이 '오늘의
보도 중에서'라는 것에서도 알 수 있듯이 8시 보도의 내용을 간추려
10분 정도 방송된다.

또한 조선중앙텔레비전 보도, 즉 뉴스의 구성은 평상시와 '김정일
순시'가 보도되는 날의 보도내용이 확연한 차이를 보이고 있다. 이

---

30) 주제를 말하는 테마를 러시아어로 쩨마라고 하는데 최근에 발행된 사
    전에서는 테마에서 찾으라는 표시를 하고, 테마도 주제에서 찾도록 하
    고 있다.

러한 차이를 제외하고는 대체로 보도의 형식은 정형화되어 있다. 뉴스의 시간과 구성에 대한 자료는 KBS의 편찬 자료를 참조했음을 밝힌다(KBS 남북교류협력 기획단, 2001: 10~12).

가. 평시의 뉴스 구성

○ 5시 『보도』

우선 5시 보도의 경우 대체로 8~10 꼭지의 뉴스로 구성되어 있다. 이 꼭지들은 크게 세 개의 단락으로 나뉘어 방송된다. 각 단락마다 뉴스 앵커가 바뀐다.

○ 8시 『보도』

저녁 종합뉴스에 해당되는 8시 보도는 23~28개의 꼭지로 구성되어 있다. 8시 보도는 크게 다섯 단락으로 나뉘는데 첫 번째 단락과 두 번째 단락은 한 앵커가 진행하며, 그 외의 단락은 단락마다 뉴스 앵커가 바뀐다.

○ 10시 『오늘의 보도 중에서』

10시경에 방송되는 '오늘의 보도 중에서'는 제목에서 알 수 있듯이 8시 보도에서 방송된 내용 가운데 5~8꼭지의 뉴스를 발췌해서 보도한다.

평시 조선중앙텔레비전 보도의 형식적 특징을 정리하면 다음 <표 3>과 같다.

〈표 3〉 평시 조선중앙텔레비전 보도의 형식

보도시간	꼭지순서	주요 보도내용
5시 보도	1~4	김일성, 김정일 관련 외신 및 주요 외신
	3~7	국내뉴스 – 전날 8시 뉴스에 방송된 경제 관련 뉴스
	6~10	남한관련 소식 및 외신
8시 보도	1~7	김일성, 김정일 관련 주요 외신, 남한관련 소식
	6~13	국내뉴스1: 각종 궐기대회·김일성 참배, 각종 유적지 참배·모범사례 및 시상식
	9~17	국내뉴스2: 식량, 건설 등 경제 뉴스
	14~20	국내뉴스3: 국내 생활문화 뉴스
	18~26	각종 외신 및 생활정보
10시 오늘의 보도 중에서	1~4	8시 보도의 김일성, 김정일 관련 외신 중 주요내용
	3~6	8시 보도의 국내뉴스 가운데 주요내용
	7~8	속보 형식의 긴급 뉴스

나. 김정일 순시 관련 뉴스 구성

평상시와는 달리 김정일 순시내용이 보도되는 경우에는 뉴스의 형식이 크게 달라진다. 우선 5시와 10시의 경우 '보도'라는 제목이 사용되지 않고, 프로그램의 제목이 '김정일 장군님이……하시었다'로 바뀌면서 김정일의 순시내용을 자세히 보도하며, 그 직후 바로 김정일 장군의 노래를 비롯한 두 곡의 선전가요를 방송한다. 8시 뉴스의 경우 5시 뉴스에 다루었던 김정일 순시 보도내용과 선전가요를 그대로 방송한 이후, 그 소식에 대한 주민이나 해당기관들의 반응을 전한다.

그 이후의 보도내용은 평상시 8시 뉴스의 순서대로 꼭지 수만 줄여서 방송한다. 이를 정리하면 다음 표와 같다.

〈표 4〉 김정일 순시 관련 조선중앙텔레비전 보도 구성

보도 시간	꼭지순서	주요 보도내용
5시 '김정일 장군님이~ 하시었다'		김정일 순시 보도
		김정일 장군의 노래 등 선전가요 두 곡
8시 보도	1	5시 보도내용
	2~15	평시 8시 보도 형식
10시 '김정일 장군님이~ 하시었다'		김정일 순시 보도
		김정일 장군의 노래 등 선전가요 두 곡

(6) 절대권력자에 대한 신화적 상징화

위 기사의 구성에서도 보았듯이 북한의 방송은 김정일에 관한 보도를 할 때 김정일 장군의 노래 등을 방송할 정도로 절대권력자에 대한 신화적 상징성을 부여하고 있다.

북한의 언론들은 마르크스·레닌주의 언론으로 대중을 위한다는 대전제를 하고는 있으나, 모든 언론이 자신들의 지도자에 대한 신격화에 총력을 기울이고 있다는 느낌을 받지 않을 수 없다. 절대권력자에 대한 신화적인 이야기들이 자주 등장하는 북한언론의 특성을 알아보기 위해서는 신화에 대한 이해가 필요하다.

신화의 가장 단순하고 전형적인 양태로는 신이나 신성한 존재에 대한 이야기를 들 수 있다. 그리고 이러한 신화는 그 같은 신이나 신성한 존재가 존중될 수 있는 문화나 사회적 제반관계 및 기능을 담아내고 있다. 이렇듯이 신화란 그것이 발생하게 된 사회 내의 특징적 요소를 설명하고 해석해 내게 된다. 예를 들어, 신화는 사회의 특정한 제례의식이 어떻게 형성됐는가를 설명해 줄 수 있으며, 사회 내의 법, 금기, 권력 등이 어떻게 형성되고 계승됐으며, 그것으로 인

해 특정한 사회구조 및 양태를 띠게 됐는가를 설명해 주고 있다. 신화란 자연과 인간의 관계, 인간과 인간의 관계 및 인간과 사회의 관계를 규정해 주고 있으며, 그러한 제반관계를 간직하고 있는 문화를 반영하고 있다. 따라서 신화란 사회의 문화적 양태를 떠나서는 설명되거나 이해되지 못하며, 그 문화 속에 내재된 관습, 전통, 경험, 윤리 및 인식에 이르기까지 많은 것들을 설명해 내고 있다(백선기, 1998: 18~19).

레비스트로스(Levi-Strauss)는 그러한 신화적인 구조를 파악하기 위하여 '언어'를 연구해야 한다고 했다. 왜냐하면 인류의 기본적인 구조를 파악할 수 있는 '신화'란 것은 인간에 의해 만들어진 하나의 이야기에서 비롯된 것이며, 그것은 구어이든 문자이든 간에 언어로 표출된 것이기 때문이란 것이다. 그리고 그것은 단순히 하나의 이야기만이 아니라 유사한 이야기들을 또 다른 하나의 이야기로 만들어가는 과정에서 나타난다고 한다. 또한 이러한 이야기의 표출은 여러 사람이 하게 되는데, 그것의 전개방식은 누구로부터 듣고 전하는 방식이 아니라 자신이 직접 들은 것처럼 표현하게 된다는 것이다. 그리하여 그 표출방식은 생생한 담화 및 담론의 방식으로 전개되지만 그것은 일정한 구조와 양식을 갖추면서 전개된다는 것이다. 따라서 이러한 구조와 양식을 파악하기 위해서는 표출된 언어를 연구해야 되는 것이다. 그리하여 그는 또한 '구조언어학'의 대가인 소쉬르(Saussure)의 언어에 대한 기본인식과 접근방식으로 대부분 공유하게 된다. 즉, 언어를 기표와 기의로 구분하는 '이중구조' 인식과 언어의 과학성을 구축하고자 한 그의 노력과 그의 인식론적 근간인 <구조주의> 사고를 받아들이고 있는 것이다(백선기, 1998: 25~26).

신화란 기호의 기의와 연계되며, 내용을 형성하는 데 결정적으로 기여한다. 이러한 기의는 특히 사회적 제반 상황과 연계되며, 문화와도 연계된다. 신화와 이데올로기 관계는 간단하게 연계되는 것이 아니라, 다소 복잡한 관계 속에서 연계된다. 신화가 이데올로기와 연계되기 위해서는, 바르트가 '신화 독자'나 '신화 소비자'라고 명명한 신화 수용자들이, 신화를 어떻게 수용하는가에 달려 있다고 한다. 바르트가 설명한 대로, 신화 수용자들이 신화를 수용하는 데는 세 가지 가능성이 있다. 첫째는 신화가 채용하는 기표를 '텅 빈 기표(empty signifier)'로 보는 것이 가능하고, 둘째는 신화의 기표를 '꽉 찬 기표(full signifier)'로 보는 것이 가능하다(백선기, 1998: 28~29).

그러면서 그는 오늘날의 신화는 많은 곳에서 발견되고 있는데, 특히 대중매체를 통해서 많이 만들어지고 있다고 주장한다. 예컨대 신문·잡지 기사, 광고문, 시와 소설, 수필 등 문필적 담론들이나 사진, 영화, 텔레비전, 뉴스, 스포츠, 쇼 등과 같은 담론에서 신화가 만들어지고 있다고 했다. 그러면서 그는 신화를 만드는 사람, 예컨대 저널리스트(언론인), 여론지도자 등이 나름의 동기 속에서 신화를 만들어내지만, 이러한 신화를 듣고 이용하는 사람, 이른바 바르트가 명명한 '신화 소비자'나 '신화 독자'는 이들 신화를 아주 '자연스러운 이야기'로 받아들이며 저항감 없이 일상적인 것으로 인식하고 있다고 한다. 바로 이러한 '자연스러움'이 신화의 힘이며, 이러한 신화를 만들어내는 사람과 기관들의 힘인 것이다. 따라서 현대사회에서는 이러한 신화들을 만들어내는 대중매체가 엄청난 '힘'을 가지게 되는 것이다.

따라서 대중매체에서 전해지는 많은 이야기 담론들은 주역들과 주역들의 활동상황 및 일정한 줄거리를 지니면서 전달되고, 그러한 과정을 거쳐 다양한 '신화'들을 창출하고 있으며, 이는 많은 수용자들에게 '자연스럽게' 받아들여져, 그들의 사회 및 현실인식에 커다란 영향을 미치게 되는 것이다. 그리고 이들 특정 신화들이 보편화됨으로 인하여, 신화 속에 내재되어 있는 가치관과 인식은 사회 내의 이데올로기로 표상된다. 또한 커뮤니케이션 미디어는 신화와 슬로건과 고정관념을 유포시킬 뿐만 아니라, 문화의 통제와 국가의 신념체계가 거기에 의존하는 것이다. 이니스(Inis)에 의하면 커뮤니케이션 언어를 통제하는 자는 누구라도 문화를 통제하고, 결국에는 진정한 의미에서 힘을 갖는다. 또 문화를 향상시키기 위해서 언어를 통제하는 사람들은 이를 위해 기술(記述)에 의존한다. 따라서 커뮤니케이션의 적용방식을 비롯해서 이보다 더 중요한 커뮤니케이션의 내용에 따라 체제에 대한 편견과 고정관념을 만들어낼 수 있다(김정탁, 1998: 159).

미국의 역사에 관한 연구에서 이니스는 미국의 정치적, 경제적 권력자들이 자신의 커뮤니케이션 미디어를 만듦으로써 유권자를 통제하여 권력을 유지할 수 있었다고 주장한다. 그 예로 제퍼슨, 잭슨, 링컨, 테오도어 루즈벨트와 프랭클린 루즈벨트를 들었다.

KBS 남북교류협력 기획단의 '북한 텔레비전 뉴스 프로그램 연구'에 의하면 조선중앙텔레비전의 기사는 국내 기사로 김일성·김정일 찬양이 주를 이루고 있다(KBS 남북교류협력 기획단, 2001: 11). <표 5>에서 보듯이 김일성·김정일 찬양과 관련된 기사가 413건으로 전체 기사의 22.6%로 역시 가장 높은 비중을 차지하고 있다. 그다음으로는 농업·임업·수산업 등 식량관련기사가 138건으로 전체 기사의 7.5%를 차지해 두 번째로 많이 보도된 내용으로 나타났다.

이밖에 김일성 시대와 마찬가지로 김정일 시대에 들어서도 과거 전제군주들이 했던 것처럼 노인들에게 '생일상 내리기'가 아직도 남아 있는 것으로 보아 김일성 부자에 대한 신격화는 더욱 강화되고 있음을 알 수 있다.

북한방송에서의 주제 중 세 번째로 높은 비율을 보이는 것은 모범사례로 많은 비중을 차지하고 있다. 모범사례는 대부분이 70세 이상의 모범적 삶을 산 노인들에게 김정일 위원장이 생일상을 내렸다는 소식과 함께 그들의 모범적 삶을 간략하게 설명해 주는 방식으로 보도되기 때문에 이 기사도 김정일의 신격화를 위한 기사로 볼 수 있다.

〈표 5〉 중앙텔레비전 뉴스 내용 분석

보도내용	기사 꼭지 수
당 정책	92(5.0%)
주요인사 동정	42(2.3%)
김일성 / 김정일 찬양	413(22.6%)
군사 / 군대	13(0.7%)
사상교류	14(0.8%)
정치 / 군사교류	101(5.5%)
경제교류	21(1.1%)
문화 / 예술교류	26(1.4%)
사건 / 사고 / 재난	42(2.3%)
국제정세	118(6.4%)
농업 / 임업 / 수산업	138(7.5%)
운수 / 항만 / 철도	73(4.0%)
광업 / 에너지 / 전력	54(2.9%)
공업 / 제조업 등 2차 산업	49(2.7%)
첨단기술 / 과학연구	63(3.4%)
사상강화 행사	48(2.6%)
생산력제고 행사	37(2.0%)
교육 / 복지	52(2.8%)
생활정보	58(3.2%)
스포츠 / 오락 / 관광	52(2.8%)
문화 / 예술 / 자연	45(2.5%)
역사 / 문화재	12(0.7%)
모범사례	68(3.7%)
남한정치 비판	33(1.8%)
남한경제 비판	9(0.5%)
남한사회 비판	4(0.2%)
외국 비판	135(7.4%)
남북대화 관련	17(0.9%)
기 타	2(0.1%)
총 계	1831(100%)

이렇게 북한방송은 모든 장르에 걸친 방송에서 김일성·김정일에 대한 신격화가 광범위하게 진행되고 있다. 드라마도 예외일 수 없다. 드라마에 나타난 가장 중요한 선전내용은 사회주의 체제의 유지라고 하기보다는 김정일에 대한 충성과 자력갱생의 논리에 있다고 할 수 있다. 드라마는 뉴스나 체제선전 프로그램과는 달리 김정일에 대한 체계적이고 논리적인 선전보다는 정서적이고 감정적인 호소에 중점을 둔다. 탈북자들에 대한 설문조사에서 나타난 결과에 의하면 북한에 거주 시 좋아했던 프로그램이 예술영화(29.5%), 텔레비전 연속물(13.9%), 체육경기(11.5%), 노래자랑(10.7%) 순이었고(김귀옥, 2000: 3～27). 김일성 부자 선전방송과 같은 정치적 프로그램에 대해서는 선호도가 매우 낮았다(이주철, 2001: 26).

김정일에 대한 찬양과 선전은 드라마의 곳곳에서 때로는 구체적으로, 때로는 상징적으로 그려지고 있다. 일상적으로 나타나는 찬양에는 여러 가지 유형이 있는데, 대체로 '죄인 자책형, 절대 복종형, 흠모 찬양형, 은총 보답형'이라 할 수 있는 유형의 인물들을 통해 이루어진다. 그리고 이러한 유형이 종합되어 김정일을 신화적 차원의 숭배대상으로 끌어올린다.

조선중앙TV에 나타난 김정일에 대한 찬양은 '사회주의 북한을 지켜낸 분'이라는 찬양을 제외하고는 대체적으로 구체성이 없고 막연한 구호가 대부분이다. '백두광명성31)으로 탄생하신 분, 안광에서 내뿜는 천재적인 예지와 장군다운 배짱은 이 세상 누구도 따를 수 없는 분, 자애롭고 신비스러운 분'32), '차 안에서 자는 쪽잠이 가장 달다시며, 천령의 험한 길을 운전대를 잡고 넘으신 분'33) 등이다. 김정

---

31) 광명성(光明星): 항일혁명투쟁시기 환하게 빛나는 별이라는 뜻으로 ≪친애하는 김정일 동지≫를 높이 우러러 형상적으로 이르는 말(사회과학출판사, 1992)
32) TV 드라마 '수평선'에서
33) TV 드라마 '붉은 소금'에서

일에 대한 찬양이 업적에 대한 찬양으로 이어지지 못하고 '인품'이나 '운전과 같은 고생스러움'을 마다하지 않으시는 분이라는 식으로 묘사할 수밖에 없는 상황은 최근 김정일의 통치에서 인민들이 피부로 느낄 수 있는 구체적인 성과가 부족함을 보여준다는 주장도 있다(이주철, 2001: 27).

대다수 남한의 언론인이나 국민들이 거부감을 갖는 부분이 바로 이 두 권위적 지도자에 대한 북한언론의 절대적인 신격화이다. 신격화는 이들에 대한 북한언론의 극존칭 사용, 복잡하고 정교한 의례와 형식의 고수, 만연체의 수식어를 동원한 미화와 신비화, 초자연적 존재로 취급함으로써 이뤄지고 있다.

사실 한 개인에 대한 이러한 절대적 순종과 복종은 독재체재를 극복하고 이룩한 근대화 과정에서 개인주의와 과학주의를 내면화하게 된 남한의 시선으로 볼 때 후진적이고 원시적으로 보이며, 결과적으로 좁히기 어려운 거리감을 갖게 된다. 하지만 북한언론과 주민들의 이러한 개인숭배는 유아단계부터 시작되는 북한사회의 철저한 국가주도의 사회화 과정에서 체득되고 훈련되며 의식화된 것이다. 이들에게 김일성·김정일은 이미 무의식에 자리한 절대적 준거이며, 자신의 욕망과 주체성을 구성하는 데 결정적인 축인 대타자(the Other)인 것이다(유선영, 2000: 133~134).

신격화와 관련하여 다음에 제시한 표는 남북한의 초등학교 1학년 국어 교과서의 교과내용을 정리한 것인데, 북한 언론의 절대권력자에 대한 종교적인 외경이 의식적이고 의도적인 것이라기보다는 태어나면서부터 체득해서 무의식 세계에까지 자리 잡아 형성된 것임을 이해하게 해준다(강상철, 1995: 유선영, 2000: 134 재인용).

〈표 6〉 남한초등학교 1학년 교과서 내용

남한 (1-1)			
소단원	쪽수	내 용	종 류
1. 우리	5-12	가족명칭 알기	
2. 아기나무	13-20	그림과 대응시켜 낱말읽기	
3. 인사	21-28	그림과 관련지으며 글읽기	
4. 일요일아침	29-36	그림과 관련지어 익히기	
5. 즐거운 5월	37-44	글의 내용을 경험과 관련지어 익히기	
6. 말놀이와 글자놀이	45-52	완성된 기본음절표 익히기	
7. 아버지를 따라서	53-58	띄어읽기와 글의 줄거리 말하기	
8. 이야기잔치	59-66	남을 이해하고 서로 돕는 사회	동 화
9. 심부름	67-72	심부름의 내용을 정확히 알자	생활문
10. 전화	73-78	전화의 편리함과 준호의 실수	생활문
11. 어떻게 해야 할까요	79-84	토끼와 거북이의 경주	동 화
12. 재미있는 말	58-90	동시감상	동 시
13. 여름방학이 되면	91-96	여름방학계획	생활문

〈표 7〉 북한인민학교 1학년 교과서 내용

북한 (1-1)			
소단원	쪽수	내 용	종 류
누가누가 닦았나	48-49	김일성의 교시터를 청소함	동 시
만경대로 가요	50-51	김일성의 어린 시절을 배우러 만경대에 감	동 시
개선문	52-53	김일성이 개선문을 세움	전 기
처음 배우신 말	54-55	김정일이 생후 처음 배운 말은 '조선'임	전 기
비밀련락	56	김일성이 일제를 미워해 비밀연락을 다님	동 시
보천보 전투	57-60	김일성의 지휘로 보천보전투에서 승리함	전 기
올해도 풍년	61	올해도 김일성의 은혜로 풍년이 듦	동 시
돌이가 부른 노래	62	남한 돌이가 김정일의 생일축하 노래를 부름	생활문
기름나무 심어요	63	김일성의 높은 뜻 받들어 호두나무를 심자	동 시

소단원	쪽수	내 용	종 류
만경대 유희장	64-66	김정일이 만든 만경대 유희장에서의 행복감	동 시
고운 모래 퍼시었네	67	김정숙이 김일성의 찻길에 고운 모래를 폄	동 시
아이에게 주신 새 옷	68-69	김정숙이 주워온 아이에게 김정일이 자기 옷을 입힘	전 기
머슴아이	70-71	석철이가 지주의 아들을 때려누이고 짓밟음	생활문
유격대와 아동단원	72-73	아동단원 영철이의 도움으로 일제를 물리침	생활문
욕심만 부리다가	74-76	욕심 많은 멧돼지가 큰 밤무더기를 곰에게 빼앗김	동 화
영희의 기쁨	77-78	영희는 공부를 잘하여 김일성과 김정일을 기쁘게 해야겠다고 다짐함	생활문

3. 방송보도의 문장과 표현에 대한 일반적 이론

지금까지는 남북한 언론이 각기 처해 있는 정치사회적 이데올로기와 제도의 차이에 따라 각각 다른 양태로 발전해 온 이론과 실제에 대해 알아봤다. 그러나 남북한의 방송보도의 차이를 비교하기 위해서는 자유주의 언론이 추구해 온 방송보도의 문장과 언어표현에 대한 일반적인 이론을 정리할 필요가 있다.

20세기 초 첫 방송이 송출된 이래 80여 년 동안 방송은 빠른 속도로 발전해 왔다. 이제는 방송의 형태도 방송과 통신의 융합으로 인한 다매체·다채널 시대로 접어들어 콘텐츠의 다양성도 일일이 열거하기 어렵게 변모하고 있다.

방송의 장르는 크게 나누어서 보도방송을 비롯해서, 일반교양, 쇼와 드라마를 포함하는 연예오락, 스포츠 중계방송 등으로 분류할 수 있을 것이다. 여러 가지 형태의 방송도 제작이 완료되어 방송으로 송출되기 위해서는 스크립이나 대본이 필요하고, 뉴스를 방송하기 위해서는 뉴스원고나 앵커멘트가 필요하며, 때로는 애드리브라고 하는 즉흥적인 묘사도 필요하다. 스크립, 대본, 뉴스원고, 앵커멘트 등은 기본적으로 방송의 특성과 장르에 따라 다양하게 구성되고 표현되는 언어, 즉 방송언어를 기본으로 한다.

다양하게 구성되는 방송의 장르에 따라 낭독형태로 표현하기 위해 작성되는 방송용 원고와, 애드리브라고 하는 즉흥적인 언어구사를 총칭하여 방송언어라고 할 수 있다. 이렇게 다양한 방송언어라고 하는 광범위한 영역의 언어표현에서 보도방송에서 표현되는 언어를 따로 분류하여 보도방송 언어로 구분할 수 있다.

보도방송 문장은 독해만을 위해 쓰인 일반 문장이나 신문문장과는 다른 많은 특성을 가진다. 왜냐하면 음성표현을 전제로 한 문장이기 때문이다. 정보문·보도문이 기본적으로 가져야 할 특성은 물론, 구어체 문장의 특성과 문어체 문장의 특성을 모두 갖고 있는 특이한 형태의 문장으로 구성된 것이 방송보도문이다(김상준, 2001: 60).

1) 방송보도와 문장

'짧은 문장, 쉽고 명확하고 간결한 단어의 사용'이라는 근대적인 뉴스문장의 스타일은 라디오에서 갈고 다듬어졌다. 다음은 2차 대전 당시 독일군이 런던을 공습했을 때 에드워드 머로가 보도한 내용의 일부이다(Stephens, 1997: 479).

갑자기 모든 전기가 꺼지고 암흑만이 땅을 뒤덮었습니다.
날씨는 점점 추워졌습니다.
우리는 건초로 몸을 감쌌습니다.
폭탄의 파편이 근처의 콘크리트 도로에 떨어질 때 파편이 튀는 소리가 났습니다.
그래도 독일군 폭격기는 계속 날아왔습니다.

이러한 문장형식은 현대적인 관점에서 보더라도 파격적인 것이었다. 신문에서는 물론 현대적인 방송에서도 리포트 뉴스가 아닌 스트레이트 뉴스를 작성하는 감각으로는 쓸 수 없는 문장이기 때문이다. 리포트 뉴스는 스트레이트 뉴스보다 구어체적인 요소가 강하다.

방송뉴스를 분류하는 기준은 다양하게 소개되고 있지만 라디오와 텔레비전의 전달방식에 차이가 있고, 스트레이트 뉴스와 리포트 뉴스에도 매체에 따라 차이가 있다. 방송보도의 전달양상과 형태적 분류는 다음과 같다(김상준, 1996: 337).

〈표 8〉 방송뉴스의 분류

뉴스의 종류	매체 및 전달방법	특 성
스트레이트(straight, brief)뉴스 - 낭독형 뉴스	라디오 뉴스	가장 오래된 형태의 뉴스 명료도가 높으며 섬세함 주로 아나운서가 전달함
	텔레비전 뉴스	영상위주. 섬세함보다 활기찬 전달 주로 아나운서가 전달함

뉴스의 종류	매체 및 전달방법	특 성
리포트(report)뉴스 - 설명형 뉴스 (라디오 텔레비전 공통)	보고형(briefing) 뉴스	설명형 뉴스의 대표적 형태 주로 기자가 전달함
	묘사형(description) 뉴스	사건사고현장에서의 상황묘사뉴스
	대화형(dialogue) 뉴스	사건·사고 취재 후 라디오·TV에 출연, 앵커와 함께 문답형으로 진행

1920년 미국에서 첫 방송을 시작한 라디오 방송은 활자 미디어보다 늦게 출발했기 때문에 초창기 라디오 방송의 기자는 당연히 신문기자 중에서 채용되었다. 라디오 방송의 기자들은 대체로 자신들이 훈련을 받아온 대로 신문에서 사용하던 냉랭하고 건조한 문장을 사용했다.

그러나 방송뉴스이기 때문에 읽는 독자가 아니라 듣는 청취자들에게 말하기 위해서는 신문에서 사용해 온 어휘나 문장의 구조를 바꾸지 않으면 안 되었다. 라디오가 보급되면서 어니스트 헤밍웨이(Ernest Miller Hemingway)[34]와 같은 소설가들과 신문에 기고하는 작가들은 빽빽한 단어와 긴 문장구조를 가지는 문어체에 이미 싫증을 느끼기 시작하고 있었다. 라디오 뉴스 기자들에게는 신문에서처럼 고상하고 완곡한 문장을 버려야 하는 더 절박한 이유가 있었다. 즉 뉴스 캐스터들이 뉴스를 전달할 때 긴 문장은 호흡이 모자랐고, 청취자들은 뉴스를 다시 읽을 수 있는 기회를 갖지 못했으며, 뉴스를 이해할 만큼 집중할 수도 없기 때문이었다(Stephens, 1997: 479).

뉴스의 서술형식과 다른 장르의 미디어 언어는 서술형식이 본질적

---

34) 1899~1961. 미국의 소설가, 고교 졸업 후 켄자스 시티의 스타(Star)지의 기자가 되었으며, 제1차 세계대전 때인 1918년 의용병으로 적십자 야전병원 수송차 운전병으로 이탈리아 전선에 참전. 전후 캐나다 토론토 스타지의 특파원이 되어 다시 유럽에 건너가 각지를 시찰여행 중 그리스·터키 전쟁을 보도했음.

으로 다르다. 우선 뉴스의 서술형식에는 몇 가지 명확한 특징이 있
다. 뉴스문장은 한 문단이 한 문장 내지 세 문장 정도로 짧다. 영어
뉴스문장은 일반적으로 한 문장이 스무 개의 단어를 넘지 않으며,
두 음절 이상의 단어는 가급적 사용하지 않는다.

어순도 구어체와는 다르다. 다음 두 편의 기사에서 후자가 방송뉴
스로 적합한 것으로 예를 들고 있다(Gaye Tuchman, 1995: 154~155).

오늘 아침 스피로 애그뉴 부통령은 드 모인에서 열린 회의에서 연설하
던 중 언론 매체를 비난했습니다.
Earlier today, Vice-President Spiro Agnew condemned the news media,
while speaking at a conference of……held in Des Moines.

부통령 스피로 애그뉴는 오늘 아침 드 모인에서 개최된 회의석상에서
언론 매체를 비난했습니다.
Vice-President Spiro Agnew earlier today condemned te media at a
conference of……held in Das moines.

이렇게 방송뉴스 문장이 독특하게 변화한 것에 대해 전통적인 문
장론을 선호하는 교육계 등에서는 긍정적인 것으로만 보지는 않고 있
다. 공적으로 사용되고 있는 문장의 표현을 심의하는 미국의 '영어교
사 전국위원회'(the Committee on Public Doublespeak of the National
Council of Teacher of English)는 뉴스문장이 사실성을 암시하는 명사
로 이루어진 애매하고 긴 문장들로 가득 찬 뉴스 구어체(news-speak)
로 이루어져 있으며, '한편'이나 '이밖에' 등과 같은 진부한 화제 전
환어로 가득 차 있다고 지적하고 있다(Stephens, 1997: 497). 그러나
최근의 뉴스보도 문장의 특성의 하나가 '진부함'이라는 비난을 받고
있으나, 그 진부한 표현이 바로 시청자들이 알아듣기 쉬운 어휘나 문
장이라는 사실을 간과해서는 안 된다. 이밖에 라디오 뉴스와 달리 초

창기 텔레비전 뉴스는 사건을 피상적으로 다루는 약점이 있다는 주장
도 있었다. 텔레비전 뉴스의 기자들은 신문의 보도기사보다 글을 쓸
수 있는 공간이 훨씬 적기 때문에 칼럼 지면의 크기가 아닌 초(秒)
단위로 측정한 기사를 작성한다. 물론 동영상은 그 자체로 중요한 정
보가 되지만, 보도의 깊이란 결국 글의 분량과 비례한다고 볼 때 텔
레비전 뉴스는 신문 뉴스보다 깊이가 훨씬 얕을 수밖에 없다. 또한
텔레비전 뉴스는 비교적 예리한 분석을 피하고, 알아듣기 쉽게 구성
해야 한다. 그래서 신문기자들의 경우라면 위험을 무릅쓰고 시도할
수 있는 복잡한 구성을 하지 않아도 된다.

초창기와는 달리 현대의 텔레비전 뉴스는 속도가 점점 빨라지고
시각적인 생동감도 높아졌다. 그것은 사운드 바이트(sound bite)[35]의
길이가 짧아졌기 때문이다. 비단 사운드 바이트뿐만 그런 것이 아니
라 비디오테이프에 녹화된 셧(shot), 즉 손을 흔드는 후보자의 모습,
풍선이 하늘로 떠오르는 모습들의 화면에 나가는 시간이 평균 5초로
짧아지면서 더욱 높은 생동감이 요구되고 있다(Stephens, 1997: 523).

반면에 뉴스 진행자가 화면에서 뉴스를 진행하고 있는 동안 그
뒤에서는 수많은 스태프들이 더욱 바쁜 일손을 놀리면서 더 많은 일
들이 진행된다. 그래픽과 자막들이 뉴스 진행자 화면의 윗부분에서
바쁘게 들어가고 나온다.

컴퓨터 그래픽은 일기예보에 처음으로 사용되었는데 녹화방송에서
점차 사용되는 빈도가 많아지고 있다. 텔레비전 기자와 프로듀서들
은 기사를 전달해 주는 것으로 그치지 않고, 움직이는 화살표, 지도,
그래프 따위를 만들어 넣기까지 한다.

그러나 아직도 많은 수의 방송 비평가들은 인쇄매체 시대에 익숙
한 시각으로 텔레비전을 보고 있다. 그들은 화려한 그래픽은 정도가

---

35) 뉴스메이커가 말하는 방송 중의 인용부분으로 뉴스나 정당의 선전물에
    쓰이는 인터뷰나 연설 등의 핵심적인 내용을 말함

지나치거나 주위를 산만한 것으로 보기도 한다.

2) 방송언어의 일반적 특성

방송언어(broadcast language)는 방송인들의 말인 음성언어(spoken language)와 방송기술에 의한 영상문자(video letter)인 문자언어(written language)를 포함하여 방송을 통해 표출되는 언어를 말한다. 방송언어는 또한 일대일로 이루어지는 개인들의 의사소통인 대인 커뮤니케이션에서도 큰 장점을 갖는다. 방송언어는 이미 대중적인 언어로서의 힘을 가지고 있기 때문에 대화가 이뤄지는 환경에 큰 영향을 받지 않고 객관적이고 정확하게 전달될 수 있다. 그래서 방송을 통해 나가는 언어가 그 사회의 언어를 일반화시킨다고 해도 과언이 아니다.

일상 언어나 방송언어를 불문하고 언어를 하나의 기호로 본다면 언론 기호학에서의 의사소통은 일정 메시지를 전달하기 위한 하나의 행위로 볼 수 있다. 그렇지만 그때 전달한 의미는 절대적일 수 없다. 왜냐하면 어떤 말이거나 그 말을 받아들이는 사람에 따라서 전달하는 의미는 무수히 바뀔 수 있는 유동적인 성격을 지니고 있으며, 의사전달 과정은 '말을 하고 <Creat>, 그 말을 일반적 의미로 전달하고 <Generate>, 그 말을 개인의 상황에 맞게 이해하는 <Negotiate>' 세 가지의 순서로 구분할 수 있다.

방송의 역사는 인쇄의 역사에 비해 500년 내지 700년이나 뒤졌지만, 불과 첫 정규방송이 시작된 1920년 이래 한 세기가 되기도 전에 인류의 역사는 방송으로 인해 엄청난 변모를 하기 시작했다. 최초의 정규방송은 미국에서 시작됐는데, 웨스팅하우스(The Westinghouse

Company)의 기술자인 코나드(F. Conard) 박사의 지휘 아래 KDKA 방송이라는 이름으로 피츠버그에서 1920년 11월 2일 첫 정규방송을 실시했으며, 프랑스와 영국이 1922년, 아시아에서는 일본이 1925년에 시작했다.

우리나라는 1927년 2월 16일 사단법인 경성 방송국에 의한 JODK 국이 방송의 효시이다. 이러한 방송의 출현은 정보전달 구조에 혁신을 일으켰다. 인쇄술의 발명과 이에 따른 독서의 확산이 각 언어의 맞춤법의 표준화를 촉진했다면, 방송의 시작은 바로 각 언어의 표준발음의 문제를 제기했다. 인쇄매체(print media)의 발달에 이어 전파매체(electronic media)의 등장으로 시간과 공간을 급속히 좁혀 주면서 인쇄매체에서 볼 수 없었던 방송이라는 매체 중심의 대중문화 (mass culture)가 형성되기 시작했다. 또한 언어학 분야에서 표준발음의 문제는 방송이 시작되면서부터 본격적으로 제기된다. 그러므로 어느 나라든 20세기 초까지는 표준발음이란 개념이 거의 없었다고 보는 것이 타당할 것이다.

우리나라는 일찍이 1933년에 한글맞춤법 통일안이 나와 언어규범의 통일을 보게 됐고, 이후 거의 60여 년 만인 1988년 1월에 한글맞춤법과 표준어 규정을 개정하여 고시했는데, 표준어 규정 중에 표준발음법을 제정하여 우리말 발음의 국가관리체제가 마련됐다.

정보전달을 원활히 하기 위한 방송언어의 조건은 기호학적으로 단순한 메시지로 이뤄져야 한다. 한국의 방송언어는 북한의 그것과 달리 단순한 메시지로 이루어져야 한다는 시청자 위주의 언어형태로 발전해 왔다. 그래서 품위 있는 표현, 시청자 중심의 경어, 전달이 잘 되는 쉬운 표현, 수사학적으로 담백한 문체, 구어적인 음운의 생략, 감탄사와 수식어의 절제, 객관적인 표현을 원칙으로 하고 있다 (김상준, 1988: 603~614).

그러나 북한은 방송언어를 방송화술 형상이라는 미디어 언어의 장르를 설정하고 선전·선동에 입각한 언어구사를 하도록 방송원들에 게 지도하고 있다. 다음은 《방송원화술》에서 요구하는 방송언어의 이론이다(박재용·김영황, 1988: 7~8).

"친애하는 지도자 김정일 동지께서는 주체적인 우리식 방송화술에 관한 과학적인 사상과 리론을 력사상 처음으로 완성하심으로써 우리 방송을 영원히 영광스러운 김일성주의방송으로 강화발전시켜 나갈수 있는 리론실천적 무기를 마련하시였다.

그리하여 오늘 우리 방송은 위대한 수령님의 현명한 령도와 친애 하는 지도자동지의 세심한 지도에 의하여 방송내용에서뿐 아니라 화 술형상영역에서도 우리식 특질을 남김없이 발휘할수 있게 되였다.

오늘 혁명과 건설이 심화발전함에 따라 라지오, 텔레비죤을 비롯 하여 온 나라는 방송망36)으로 뒤덮여있으며 그 전투적 기능과 역할 이 매우 크다.

방송은 그 본성적 특성으로 하여 화술형상을 떠나서 생각할수 없 다. 방송화술을 어떠한 원칙에서 어떻게 실현하는가 하는 것은 김일 성주의방송이 자기의 숭고한 사명과 임무를 수행하는가 못하는가 하 는 근본문제와 관련되여 있다. 우리 나라 방송화술을 말그대로 당의 목소리가 되게하자면 방송원들이 친애하는 지도자동지의 독창적인 화술사상과 리론으로 무장하는것과 함께 그것을 실천적으로 구현할 수 있도록 기술실무적 자질을 높여야 한다.

<방송원화술>은 친애하는 지도자동지께서 내놓으신 방송화술에 관한 사상과 리론을 구체적 정황과 요구에 맞게 구현할수 있도록 서

---

36) <방송프로를 보내고 수신받기 위한 송신기, 송신안테나, 중계기, 중계안테 나, 수신기 등 방송수단들과 그것들의 배치체계>를 통틀어 이르는 말. 송 신망과 수신망으로 나누며 유선방송망과 무선방송망으로도 나눈다(사회 교육출판사, 1992).

술함으로써 현직방송원들과 방송화술을 배우는 학생들, 방송애호가들에게 도움을 줄 것을 목적으로 하고 있다. 그러므로 여기서는 방송화술에 관한 기초리론을 비롯하여 방송편집물형상에서 나서는 리론실천적 문제들과 그에 필요한 상식적 문제들을 주게 된다.

방송원들은 친애하는 지도자동지께서 내놓으신 방송화술에 관한 사상과 리론을 전면적으로 깊이 있게 연구 학습함으로써 우리 당의 목소리를 내외에 널리 선전하는 선전원, 당정책을 견결히 옹호하고 그 관철에로 인민대중을 힘있게 불러일으키는 투사로서의 사명과 역할을 다하여야 할 것이다."

4. 한국 보도방송 언어의 변천 개관

1) 방송 초기 및 일제 강점기 - 1927~1945

남북한 방송보도 문장을 비교하기 위해서는 남북이 분단되기 이전 방송언어의 모습을 살펴볼 필요가 있다. 아울러 분단기를 포함한 방송의 변천사를 정리하기 위해 방송언어에 직접적인 영향을 미치는 정치사적인 시대구분을 참고해서 나누기로 한다.

그 첫 번째로 일제 강점기인 1927년 2월 16일 방송이 첫 전파를 발사한 초기부터 해방이 되던 1945년 8월 15일까지를 '방송 초기 및

일제 강점기'로 구분한다. 해방 이후 정치·사회적인 혼란기와 미군
정, 1948년 8월 15일 제1공화국의 건국, 이어서 6·25 한국전쟁과
1953년 정전협정에 의한 휴전, 그리고 자유당 정권의 권위주의적인
민간정부가 4·19혁명으로 막을 내린 1960년 4월 26일, 이어서 들어
선 민간정부가 혁명으로 막을 내린 1961년 5월 16일까지를 '해방 및
전쟁과 전후 복구기'로 분류했다. 1960년 4월부터 1961년 5월 혁명까
지의 기간은 우리나라 언론이 자신의 목소리를 제대로 표출한 시기
였다는 점에서 언론과 자유라는 관점에서 재조명이 필요할 것이다.

제2공화국 이후 1961년 5월 16일부터 1992년 2월 25일까지 30여
년간을 '군사적 권위주의 시기'로 분류하고, 1992년 2월 25일 김영
삼 정부의 소위 문민정부 시대부터 1997년 2월 25일 김대중 정부를
거치는 현재까지 '민간정부 시기'로 분류한다.

방송보도문의 변천과정을 알아보기 위해서는 방송의 선행매체인
신문문장의 변천과정을 알아볼 필요가 있는데 다음 세 가지로 분류
하고 있다.

첫째 신문문장은 현토체[37]에서 구어체로 이행해 왔다.

한국의 초창기 신문은 대개가 한문투의 문장에 토를 다는 현토체의
문장이었는데 뒤에 현토체에서 구어체로 변모하게 된다. 이런 현토표
기(懸吐表記) 방식은 1890년대부터 1920년대까지 신문 논설기사의 주
류를 이루고 있는데, 같은 시기의 혼용문체 뉴스기사에서는 조금 완화
되어 나타나고 한글체 뉴스문장에서는 구어체에 가깝게 나타난다. 황
성신문의 기사를 보면 이것이 분명히 드러난다(이석주, 1990: 369).

法部顧問官其禮氏가 向日에 仁港으로 出去 호엿다더니 수에 聞호즉

---

37) 현토체(懸吐體)는 한문에 토를 다는 형식의 문장을 말한다.

該氏가 上海에 留ᄒ다니 무슴 緊要ᄒ 事件이 有ᄒ지

황성신문, 1989. 9. 5.

이러한 글투, 즉 혼용문체인 논설이나 뉴스기사에서의 현토체와 한글체 기사에서의 구어체적인 표현은 이후의 신문들인 만세보, 대한매일신보, 매일신보에까지 계속 이어진다. 1920년에 간행된 조선일보와 동아일보에서도 이런 글투를 따랐는데, 특히, '至ᄒ야(이르러), 此ᄂ(이는), 問치(물어보지), 難ᄒ거늘(어렵거늘), 知ᄒ야(알아), 享ᄒ쇼셔(누리소서), 無케(없게), 今에(오늘에), 在ᄒ(있는), 學ᄒ든(배우든), 來ᄒ고(오고)>같은 표현은 매우 빈번히 사용되었다.

20년대 후반에 이르러 혼용문체의 논설이나 뉴스기사에서 한자가 줄어들고, 한글이 늘어나면서 현토체가 사라지게 됐으며, 이후 이러한 문체는 시간이 흐르면서 한층 건조체와 간결체 문장으로 방향을 잡아가기 시작했다.

찬세상에서 푸대접바더오든 소년이 새해벽두 남의 물건을 훔치여 전당국에 잡히다가 경찰에 잡힌 사건. 원적을 전북전주에 두고 시내화원정 일백일번지일광려관(日光旅館)에 류숙하는 고상철(高相喆)(一九)이라는 소년은 삼일 오후 다섯시반경 시내 본정오정목삼본(森本)이라는 전당포에 지리멘(縮棉) 일본옷감 삼십여원어치를 전당잡히러 갓섯는데 전당포 주인이 의심을 품고 소관본정서에 밀고를 하여 즉시 현장에 쪼차온 동서원이 본서에 인치취조중인데 그의 자백에 의하면 그는 본시고향에서 목공업에 종사하든중 수년전 경성에 올라와 직업을 구하다가 실패하고 생활에 핍박을 바든끄테 절도죄를 저질은 것으로 경찰에 잡혀 개성소년형무소에서 일년간 형을 치루고 작년 십일원에 출감하였다……

조선일보, 1935. 1. 5.

임실군임실면대곡리에 사는 박용환(朴容煥)씨의 장남 병선(炳善二十二)군이 지난 十一일 집에서 四'키로'나 되는 학교에 아침에 죽을 조금 먹고 등교하였다가 오후 四시경 기운이 없어 눈길에 쓰러진채 얼어죽었다. 또 동면감성리에사는 이칠영(李七永)씨의 처 최금순(崔錦順)씨는 임실장 거리에 나갔다 돌아오던 도중 역시 구덩이에 쓰러진채 동사한 것이 발견되었다.

조선일보, 1950. 2. 16.

인도네시아 東자바의 수라바야항 관리들은 수리바야항에 표류중인 한 한국인의 시체를 발견한 것으로 31일 알려졌다. 이 한국인은 인도네시아 국영회사 페르티마나의 계약회사인 마린 퍼시픽의 직원 白래영씨로 확인되었다. 白씨는 한선박에 페인트칠을 하던중 승강대에서 추락익사한 것으로 보인다.

조선일보, 1978. 2. 1.

대통령상과 국무총리상의 경우 학생과 지도교사, 금상수상의 경우 출품 학생들 8명은 오는 11월 유럽5개국의 첨단과학시설을 견학하는 특전권이 부여된다. 이번 대회에서는 시군예선전에 6천2백10점의 작품이 출품돼 이중 1천8백22점이 본선에 진출, 경합을 벌였다. 시상식은 오는 23일 오전 10시 국립서울과학관에서 있을 예정이다. 한편 입상작품 2백98점은 8일부터 22일까지 국립서울과학관에서 전시된다.

동아일보, 1990. 8. 8.

이상에서 보듯이 현대에 가까워지면서 기사문장은 건조하면서도 간결해지고 있다.

둘째 신문문장은 간접전달체에서 직접전달체로 이행해 왔다.

한성주보(1886. 1. 25.)에 실린 혼용문제기사에서부터 '~다ㅎ더라'의 기사 말미어미가 나타난다. 독립신문, 그리고 그 이후 신문에도 '~다ㅎ더라', '~다더라'가 계속 사용되었고 한편으로는 '~더라'가 같이 쓰이고 있었는데, 이 두 종류의 어미는 사용상의 차이는 없었다(이석주, 1990: 373).

일본 주경공 ᄉ 니하영 씨ᄂᆞᆫ 그젹게 일본으로 갓다더라

독립신문, 1896. 4. 7.

······집은 아마 민ᄉᆞ 재판할 때에 홀 때에 차져 미국교ᄉᆞ의게 줄 듯ᄒᆞ더라

독립신문, 1896. 5. 2.

한성순보 이래 근 40년 가까이 이어오던 간접전달체 기사는 1930년대 중엽에 신문에서 사라졌는데, 이것은 방송언어의 영향이라고 볼 수 있을 것이다.

셋째 신문문장은 주관적 표현에서 객관적 표현으로 이행해 왔다.

기사작성상 유의할 사항 가운데 중요한 것 하나가 작성자의 주관을 배제하는 것이다. 해설기사가 아닌 뉴스기사에서 사실보도는 그 생명인바 만일 작성자의 주관이 개재되면 그 사건은 굴절되어 전달되고 만다. 따라서 뉴스기사에서 객관성의 유지는 엄격히 준수되어야 한다(이석주, 1990: 376).

그러나 독립신문, 황성신문 이외의 신문에서는 주관적 표현이 거의 사라졌으나, 그 후에도 어쩌다가 뉴스기사 속에 이런 표현이 보인다. 이런 주관적 표현에서는 그 문장의 주어가 '나'가 되므로 객관성을 잃게 된다. 다음은 동아일보의 머리기사의 한 부분으로 밑줄 친 부분이 주관적 표현이라 할 수 있다.

리왕가의 사무를 집행하는 리왕직의 당관을 왕가의 근친으로 임명한 일은 종전 당관실례를 보아 분명히 증명되는 사실인대 리왕뎐하의 진로가 크심도 불구하고 민영긔남을 긔어히 당관에 추천하는 리완용 후의 심사는 과연 추측키 어려우며 이러한 처디에 잇는 민남 자신도 당관으로 출마한다는 그 용긔가 너무 굿세이지 아니한가.

동아일보, 1923. 2. 27.

신문기사 문장에 있어서 최근 가장 주목해야 할 변화의 하나로 '있다, 없다. 했다, 하지 않았다' 등의 어미를 사용하는 문장이 '입니다, 했습니다, 것입니다' 등의 경어체 어미를 사용하는 문장으로 변화한 기사가 자주 등장한다는 것이다. 이것은 방송이 신문과는 달리 '시청자 중심의 경어'를 사용한다는 원칙에 의해 경어체를 사용하는 매체라는 정의를 변화시키는 신문문체의 혁명적인 전환이라 할 수 있다. '데스크 쪽지'라는 작은 기획기사를 소개한다.

> 올해 출판계는 '장사'를 잘했습니다. 성적표로 치면 A학점감입니다. 매출액이 특별히 신장해서가 아니고 매출 내용이 좋기 때문입니다. 밀리언셀러가 수종 있었던 지난해와 달리 도서별 균점(均霑) 현상으로 바뀐 변화가 그렇고, 그것이 가치가 있는 도서들로 채워지고 있다는 점은 기막힌 변화입니다. '되는 책' 몇몇에만 관객들이 몰리는 쏠림 현상에서 벗어난 것이지요.
> 이런 변화는 독서시장 수요층의 변화현상과 맞물립니다. 지금까지 출판시장을 좌지우지했던 '20대 여성들'을 젖히고 30·40대 남녀들이 도서시장의 핵심고객들로 채워지고 있는 것입니다. 전체 출판시장은 커지고 있고, 내용 역시 실해졌다는 평가는 그 때문입니다.
> 조선일보, 41면, 2001. 12. 15.

신문기사 문장도 이렇게 많은 변화를 겪으면서 변천해 왔고, 지금도 변화를 계속하고 있다고 할 수 있는데, 방송도 초기에는 신문문장의 변천과정을 답습해 온 것으로 보이나, 최근에는 신문과 통신 등의 문장이 방송의 영향력이 커지면서 오히려 방송문장을 닮아가는 현상을 위의 기사에서처럼 발견할 수 있다.

한국 최초의 방송이 개국한 직후 초기의 JODK 경성방송은 690㎑의 단일 채널에 의한 한·일 양국어 혼합방송이었다. 처음에는 일본어 3에 우리말 1의 비율 즉 3대 1로 시작했으나, 조선일보, 동아일보 등 일간신문들이 일제히 격렬하게 비판하고 나서자 곧 3대 2로 고쳤다고 하는데, 이때의 비율을 7대 3으로 적은 기록도 있고, 8대 2로 적은 사람도 있어 정확한 숫자적 근거가 있는 것은 아니다(한국 방송 70년사 편찬위원회, 1997: 95).

초기의 방송은 앞에서 살펴본 바와 같이 무엇보다 어종이 문제가 되는 시대였다. 그것은 한일 양국어를 섞어 방송하는 단일 혼합방송 이었기 때문이다. 이때의 방송은 일본어 위주였고, 부분적으로 우리 말로 번역 방송되었으며, 겨우 연예오락 방송이 순수한 우리말로 꾀해질 뿐이었다. 이때의 사정을 이혜구는 다음과 같이 쓰고 있다(박갑수, 1987: 10).

"방송국 살림이 어떻게 구차하였던지 한일 아나운서가 각각 통신을 갖지 못하고 단벌을 돌려썼다. 대개 일본 측이 통신을 뜯어 책상 위에 순서대로 죽 벌려 놓았다가 걷어가지고는, 체신국에 뉴스 제목을 전화로 딕테일시키고 나서, 연필로 점을 꼭꼭 찍어가며 읽어내려 가고, 어떤 때는 사전을 꺼내 찾기도 하였다. 일본인이 다 읽고 난 통신을 한국인은 받아 읽어야 하였다. 그러나 받았을 때는 방송개시 5분 전쯤, 심할 때는 읽어볼 시간조차 없었다. 또, 그것은 한인 손에서 일인 손으로 도로 넘어가서, 일본어로 방송되었다. 그 방송이 끝나면 일본인 아나운서는 그 뉴스를 책상 위에 놓고 살그머니 나가 버리고, 그 뒤에 묵묵히 서서 기다린 한인 아나운서가 교대하여 한어로 고쳐 읽기 시작한다. 한인 아나운서에게는 뉴스를 미리 자세히 읽어보지도 못하고 방송 즉석에서 번역하면서 읽는 것도 벅찬데다가 또 하나 짐이 있었다. 자기 전 사람이 소정 시간을 초과시켰으면 그 초과 시간만치 단축하지 않으면 안 되었다."(1960년)

1927년 첫 방송 무렵 뉴스방송의 자료는 아직 발견되지 않고 있다. KBS 방송자료실에 보존된 가장 오래된 뉴스는 1948년 8월 15일

정부수립 경축식 소식이다. 하지만 2001년 5월 15일 한국방송진흥원
이 주관한 '명예의 전당'에 헌액된 故 송영호 아나운서의 1939년 뉴
스가 고인의 아들이 보관하고 있는 유품에서 발견돼 한국의 보도방
송 연구에 획기적인 자료가 될 것이다.

다음은 송영호 아나운서의 1939년 10월 30일 뉴스이다.

천황폐하께오서는 탕천 내무, 송평 궁성, 백무 시종장 등을 거느리시옵
고, 오전 10시 동일관에 납시어 미내 수상 아옥 내상 등도 시립한 아래,
포청 북해도 장관에게 사알하옵시며, 장관은 공손히 관하의 상황에 관해
서 주상하고, 이어서 폐하께오서는 청산 암수의 차례로 동북 각 현 지사
들을 차례로 사알하오시고 강전 동경부 지사에 뒤이어서 안배 경시총감,
평림 헌병 사령관 등에게도 사알하사 주상을 청취하오셨습니다.
이래서 동북 관동 중부지방의 각 장관의 주상이 끝난 후에 정오 통명전
에 납시어 고성궁 전하께오서도 임석하오시고 미내 수상 아옥 내상 이
하 내무성 각 국장, 1도 3부 43현 각 장관 회의에 열석한 안배 총감, 평
림 헌병사령관, 조선 대만의 두 지사를 부르시옵고, 탕천 내무, 송평 궁
성, 백무 시종장, 연소 무관장 이하 측근들을 부르시오사 위로하오시는
성지로 오찬의 배식을 분부하오셨는데, 오후 2시부터 동일관에 납시어
반정 대판부 지사 이하 근기, 중국, 사국, 구주, 조선, 대만의 각 지사에
게 사알하오시고, 오전에 계속해서 각 지방 사정을 청취하오셨습니다.
황공하옵게도 각 장관의 주상은 오전 오후 네 시간 동안이나 되었으나,
그동안 열심히 청취하오시고, 도시, 농산, 어촌과 시국하청 후의 각 지
방상황을 청취하오셨습니다.
폐하께오서는 몇 번이고 극히 적절하오신 하문을 나리시오고, 혹은 상
이군인을 비롯하여 백성을 진념하오사 한해 지방민을 성려하오시고, 인
자 깊으오신 하문을 하사하오셨는데 성려의 황공함에 일동은 다만 공
구하옵는 중에 오후 4시경에 입어하오셨습니다.

경성방송, 라디오 뉴스, 1939. 10. 30.

이 뉴스는 같은 시기인 1940년 2차대전 전황소식과 비교해서 일본천황에 대한 극존칭의 표현으로 뉴스가 아니라 일본 황궁의 공식 발표문을 그대로 인용한 자료라고밖에 할 수 없는 뉴스이다.

"천황폐하께오서는, 거느리시옵고, 납시어, 시립한 아래 사알하옵시며, 주상하고, 청취하오셨습니다, 임석하오시고, 부르시옵고, 부르시오사, 위로하오시는 성지, 오찬의 배식을 분부하오셨는데, 황공하옵게도 적절하오신 하문을 나리시오고, 백성을 진념하오사, 한해 지방민을 성려하오시고, 인자 깊으오신 하문을 하사하오셨는데, 성려의 황공함, 일동은 다만 공구하옵는 중에, 오후 4시경에 입어하오셨습니다."

이상의 어휘들은 현대적인 방송에서는 찾아보기 어려운 용어들이다.

다음은 2차 세계대전이 한창인 1940년 5월 2일 당시의 전황과 러시아의 메이데이 행사소식을 함께 묶은 기사이다.

1(일). 아메리카의 부르주아지에는 지금, 그린랜드, 아이슬랜드 이북 해상의 영국과 불란서의 영토에 마수를 뻗치고 있다.

현재의 구라파전쟁은 언제 끝이 날는지 그 장래는 전연 묘연하다.

노르웨이 전황은 다음과 같습니다.

노르웨이군은 여전히 스테일랜(?)[38] 북쪽의 지점을 확보하고 있는데 이를 위해서……(?) 육상연락을 확립하였다는 보도에 의문을 품게 되었다. 스톡홀롬의 스토닝겐(?) 신문이 보도한 바에 의하면은 노르웨이 군대는 스테일랜 북쪽 16킬로의……에서 독일 군대의 진출을 저지하고 피루인(?) 철교를 폭파하였으며 독일 군대의 자동차 부대를 분쇄하였다.

과거 11개월간 독일 공군은 맹렬한 고사포를 무릅쓰고 영국 해군 부대에 공습을 감행하여 영국 구축함 한 척은……부근에서 침몰되었고. 다른 영국 순양함은 겨우 노르웨이의 다른……협만을 탈출하였다.

---

38) 외래어 지명의 표기는 소리 나는 대로 표기했기 때문에 정확성을 기하기가 어렵다.

나르위크(?) 전선에서 영국군대는 독일 군대를 완전히 포위하고, 독일
군대는 식량이 부족해져서 일주일도 더 못 갈 것 같다.
1. 노르웨이 군대의 포로도 식량이 부족하기 때문에 석방하였다고 한다.
1. 스팅켈 전선의 군사 행동은 눈이 녹음으로 독일군 기계화 병단의 행
동이 불가능해졌기 때문에 정전상태가 계속되고 있다.
1. 스웨덴 노르웨이 국경으로부터의 정보에 의하면 노르웨이 군대와 스
웨덴 의용군이 1일 새벽에 용감하게 역습을 하여 독일 군대가 점령
한……를 탈환하였다고 전한다.
이와 같이 발표했습니다.
다음은 모스크바발 동맹통신.
오월 초하루의 메이데이에는 소련전국 각지에서 여러 가지의 화려한
행사가 개최되었는데, 특히 수도 모스크바에서는 사상공전이라고 할 만
한 대공 중 분열식이 적색 광장의 상공에서 거행되었습니다.
그리고 한편 코민테른 본부는, 메이데이를 기념하여 선언을 발표하고,
독일 군대의 노르웨이 진주를 변호하는 데 그 현저한 친독적 경향이
특히 주목됩니다.
선언은 다음의 여러 가지 점도 포함하고 있습니다.
첫째, 난영 동인도 여러 섬을 싸고, 일본 미국 영국 간에는 벌써 분쟁
이 발생하였다.
1. 아메리카의 부루주아지에는 지금 그린랜드, 아이슬랜드, 카리브 해상
의 영국과 불란서에 뻗치고 있다.
현재의 구라파전쟁은 언제 끝이 날는지 전연 묘연하다.
이태리는 스페인 발칸 지방의 자기의 지위를 개선하기 위하여 전쟁참
가를 준비하고 있다. 이 1933년 4월 26일 이중방송이 실시와 같은 여
러 점을 포함하고 있습니다.

KBS 라디오 뉴스, 1940. 5. 2.

위에서 소개한 송영호 아나운서의 뉴스는 이중방송이 실시된 6년
이 지난 기사이며, 밑줄 부분은 녹음상태가 좋지 않아 해독이 불가
능한 부분이다. 이보다 앞서 우리말 방송이 시작된 것은 1933년부터

이다. 조선일보는 우리말 방송을 하게 된 기쁨을 다음과 같이 표현하고 있다(박갑수, 1987: 13).

오랫동안 벼르고 준비 중이던 경성 방송국의 십 키로 이중방송을 드디어 이십육일부터 개시하게 되었다. 그간 조선에 방송국이 생긴지는 상당히 오래되어 점차 일반 가정에도 애호를 받게쯤 되여가고 있었으나, 경성 방송국은 재정이 빈약하고 설비가 불완전하여 방송 순서를 일본측과 조선측을 섞어서 하기 때문에 쌍방의 청취자가 모두 불편이 많았다.

방송국에서 장차의 발전을 위하여 조선말과 일본말측 방송을 갈러서 순서를 각각 독립시키는 외에는 방송국으로서도 발전될 여지가 없을 뿐 아니라, 라디오도 현재 이상 보급될 여지가 없다 하여 이중방송을 개시케 되었다.

조선일보, 1933. 4. 26.

2) 해방과 6·25전쟁, 전후 복구기 - 1945~1961

해방 이후 정치·사회적인 혼란기와 미군정, 1948년 8월 15일 제1공화국의 건국, 이어서 6·25 한국전쟁과 1953년 정전협정에 의한 휴전, 그리고 자유당 정권의 권위주의적인 민간정부가 4·19혁명으로 막을 내린 1960년 4월 26일, 이어서 들어선 민간정부가 혁명으로 막을 내린 1961년 5월 16일까지를 '해방과 6·25 전쟁, 전후 복구기'로 분류했다.

박갑수는 이 시대를 국영방송 시대로 분류하고 있다(박갑수, 1987: 15~16).

국영방송 시기는 1948년 정부수립으로부터 1950년 6·25전쟁, 휴

전이 성립된 1953년까지의 3년에 걸친 전쟁 후에 1954년 민영방송
이 대두되기까지 6년이 포함된다. 1954년은 휴전이 성립된 1953년의
1년 후 무렵이다. 그 이후는 전후 복구기로 이승만 정부의 독재적인
정권이 물러나고 4·19혁명, 이어서 민주당 정권의 내각책임제 정부
가 들어섰다. 이후 1년도 되지 않아 5·16군사혁명으로 민간정부 시
대가 끝이 난다.

  해방이 되고 제1방송에서 제대로 한국어 방송이 나간 것은 1945
년 9월 9일 5시 뉴스에서부터였다. 그 뒤 일본어 방송은 사실상 중
단되었다. 해방 뒤의 방송언어에 대해서는 이혜구의 다음과 같은 진
술을 볼 수 있다.

  "아나운서는 뉴스를 읽을 때, 일본말 어조같이, 말을 **빳빳**하고 똑
똑 끊지 말고, 보통 우리말같이 자연스러운 어조로, 유창하게 고치기
에 힘을 들였다. 그러나 한번 굳어버린 뉴스방송의 어투는 좀처럼
고쳐지지 않는 것 같았다(이혜구, 1960)."

  이러한 증언과 같이 해방 후의 아나운서들의 어조는 딱딱하고 끊어
서 발음하는 스타카토형이었으며, 천흥범(1963)이 지적하듯 변사조(辯
士調)[39]였다. 이러한 경향은 1948년 8월 15일 정부수립 선포식을 전하
는 방송뉴스에도 그대로 나타난다. 이때의 뉴스를 보면 다음과 같다.

  뉴스를 말씀드리겠습니다.
  오늘 대한민국 정부의 수립 선포식이 중앙청에서 성대히 거행됐습니다.
  단기 4280년 8월 15일 이날은 대한민국 정부에 탄생을 중외에 선포하
  는 민족 식전에는 민주주의와 주이(?)에 일원으로서 해방된 3주년을 맞
  이하는 1948년 8월 15일은 민족에 전도를 무한히 약속하는 듯 서기 충

---

39) 무성영화를 상영할 때 영화에 맞추어 그 내용을 설명하던 사람으로 무
   성영화 시대에는 변사의 말솜씨가 영화의 재미를 좌우했다.

만한 맑은 하늘 아래 이 땅에 민족은 거족적으로 마음껏 영광에 축복
을 누렸습니다.

KBS, 1948. 8. 15.

이 시대에는 1954년 민영방송 기독교방송(CBS)이 발족되었고,
1956년 최초의 상업 TV KLKZ⁴⁰⁾가 개국되고, 1959년 마산 문화방
송이 개국되었다. 그러나 이때는 국영방송이 주도하던 시대라 할 수
있다. 이 시대는 역사적으로 6·25와 4·19가 일어난 시대이다. 따라
서 방송도 적잖은 시대적 영향을 받았다. 그러나 이 시대는 이러한
외부적 여건과는 달리 방송언어에 관심을 기울인 시대였다. 그것은
공보실 방송관리국에서 '방송'지를 내며 방송언어에 관심을 보인 것
으로 알 수 있다. 이때 방송언어의 문제로 제기된 것은 비표준어의
사용, 외래어 및 한자어의 남용, 오발음과 음장의 혼란 등이었다(박
갑수, 1987: 80).

이 시기는 뉴스기사에서도 대통령이라고 하는 절대권력자에 대한
언어서열화를 적용하여 지나친 경어를 쓰는 것을 볼 수 있다.

이 대통령 각하의 붕정만리 떠나시는 장도를 축복하고 전송하기 위해
서 이 자리에 나와 계십니다.
이 대통령 각하는 부인을 동반하시고 오늘부터 7일까지 연 3일간 자유
월남 우방을 역방하게 되신 것입니다.
장면 부통령 각하 사열대 바로 왼쪽에 약 1m 왼쪽에 자리를 잡으셔서
이 대통령 각하를 전송하기 위해서 나와 계십니다.

KBS 라디오, 이 대통령 월남 방문 실황중계. 1958.

민의원 의장 이기붕 씨 지금 중절모자도 깨끗이 국방색 오바에 단화를

---

40) 호출부호 HLKZ-TV, 출력 100W, 채널 9, 영상주파수 186~192㎒, 주
    사선 525, NTSC(회사명 KORCAD, 사장 조셉 밀러, 국장 황태영)

신으시구선 어린 여자 중학교 학생으로부터 꽃다발을 받으시었습니다.
상공부 장관 김일환 씨는 지금 꽃다발을 받으시고 어린 여학생에게 지
금 악수를 청하시었습니다.

KBS 라디오, 영암선 개통 실황중계. 1956.

독재정권 아래서의 언어표현으로 대통령에게는 물론이고 장관들에
게까지 '받으시었습니다, 청하시었습니다'라는 경어를 쓰고 있다. 방
송언어가 수용자 중심의 언어로 굳어지기 이전이기 때문이다. 방송언
어의 가장 중요한 특징의 하나는 구어체의 사용이다. 일부 방송에서
는 신문을 많이 인용하면서 신문의 문장구조와 용어가 그대로 쓰인다
는 지적도 있으나, 구어체가 확립되고 있음도 구체적으로 확인할 수
있다. '하여, 하였다, 되어, 되었다'라고 표현하는 문어체의 표현이 '해
서, 했다, 돼, 됐습니다'라는 구어체의 표현으로 자리 잡기 시작했다.

그리고 경호 관계자가 수행하게 됐습니다.

KBS 라디오, 이 대통령 월남 방문 실황중계, 1958.

그러나 이와는 달리 문어체적인 상투어가 많이 쓰이기 시작하고
있다. 특히 무성영화 시절 변사들이 많이 사용하던 '왔던 것입니다,
했던 것입니다, 하고 있는 것입니다'와 같은 표현이 많이 쓰이고 있
다는 지적도 있다.

수행원 중 선발대와 그리고 보도 관계 기자는 이미 지난 달 31일 자유
월남으로 떠났던 것입니다.

KBS 라디오, 이 대통령 월남 방문 실황중계, 1958.

지금 고 인촌 선생의 영구를 모실 준비를 하고 있는 것입니다.

KBS 라디오, 인촌선생 영결식 실황, 1955.

이 신국장은 앞서 대통령 각하의 표창장도 받았던 것입니다.

KBS 라디오, 영암선 개통 실황, 1956.

본 논문에서 정치체제와 방송언론에 대해 논의한 대로 방송언어는 정치제도와 정치지도자의 성향과 밀접한 관계가 있다. 일례로 제1공화국과 제2공화국의 방송보도 언어의 차이를 들 수 있다. 이승만 독재정권의 3·15 부정선거로 4·19혁명이 일어난 뒤, 4월 26일 이승만 대통령의 하야(下野) 이후의 방송언어는 많은 격차를 보이고 있다.

다음은 우리나라 최초의 지방 민간 상업방송인 부산 문화방송의 4월 26일 저녁 8시부터 80분간 방송된 '4·19의거 특집방송'[41]의 서두 부분이다.

이 나라 민주주의 기수로서 숨겨가는 조국을 소생시켜 제2공화국의 벅찬 새아침을 낳게 한 수만 학도들의 피어린 민주항쟁의 역사를 이제부터 민간 방송 HLKU 부산 문화방송이 여러분 앞에 현지 녹음으로 엮어 드리겠습니다(데모대를 향한 총성 및 함성 현장음)

단기 4293년 3월 15일 정부통령 선거가 민주반역자의 흉계로서 갖은 악랄한 수법에 의해서 강행되자 전국 각지에서는 눈앞에서 죽어가는 민주주의의 시체를 부둥켜안고 몸부림치며 통곡했습니다. 그러나 정의와 진리의 최후의 기수인 피끓는 학도들과, 양심과 신념을 잃지 않는 시민들은 드디어 그들이 사랑하는 민주주의의 시체를 소생시키기 위해서 일제히 일어났습니다.

---

41) 이 특집방송은 당시 부산 문화방송 전응덕(全應德) 보도과장의 기획취재와 진행으로 제작된 방송이다. 당시 민간 상업방송인 부산 문화방송은 비교적 자세하게 혁명적인 상황을 보도했으며, 3·15 의거시에도 직접 시위상황을 중계 방송할 정도로 적극적이었다. 당시 우리나라 정치 정세를 취재 보도하는 방송이 부산 MBC밖에 없을 때라 일본에서도 부산 MBC 보도내용에 지대한 관심을 갖고 있었는데, 3·15 부정선거 시민 데모와 경찰의 발포내용이 방송되자마자 NHK가 부산 MBC를 인용 시위발생을 보도했다고 한다(조선일보사, 1998).

3월 15일 오후 7시 마산의 학도들과 시민들은 정부통령 선거 개표장인 마산시청으로 물밀듯이 밀려갔습니다. (데모대의 함성 및 생중계방송 현장음) 그러나 평화적인 데모대에 흉탄을 퍼부어 젊은 학도들과 시민은 수없이 쓰러져 갔습니다.

'3·15 선거는 불법이다, 공명선거를 다시하자' 이와 같은 구호를 외치며 4·26 민주혁명의 도화선이 되었던 제1차 마산데모가, 단기 4293년 3월 15일, 부정선거를 규탄하는 마산시민의 데모가 노도와 같이 휩쓸고 지나간 마산 현지에서, 3월 15일 오전 한 마산시민은 지난밤에 일어난 데모에 관해서 다음과 같이 말했습니다.

부산 문화방송, '4·19의거 특집방송', 1960. 4. 26.

이 기사를 보면 방송언어가 정치체제에 절대적인 영향을 받는다는 것을 확인할 수 있다. 언론인들이 그동안 하지 못했던 말들이 쏟아져 나오기 시작한 것이다. 그러나 이러한 언론의 자유는 잠시일 뿐 짧았던 제2공화국의 민간정부 시대가 끝나고 군사독재 시대가 되면서 3공화국과 5공화국의 혁명주체를 표현할 때는 언어서열화를 적용하는 형태가 가끔 나타나기도 한다.

3) 군사적 권위주의 시기 - 1961~1992

1961년 5월 16일부터 1992년 2월 25일까지 30여 년간을 '군사적 권위주의 시기'로 분류한다. 방송에서의 편년은 여러 가지로 분류하기도 하지만 방송언어의 시대적 구분을 위해서는 권위주의 언론과 자유주의 언론으로 나누는 것이 적절한 것으로 판단된다. 왜냐하면 언어 표현은 시대적 상황과 이데올로기에 민감하게 반응하기 때문이다.

이 시대는 국·민영 절충식 방송시대라고 하나, 국영방송이 주도하던 시대이다. 이 시대는 방송언어에 주의를 기울이고 이를 다듬게 된 시대라고 할 수 있다(박갑수, 1987: 17). 또한 이 시대는 민영방송사가 다투어 설립되어 민영방송이 꽃을 피우던 시대이다. 1960년대에 들어서 많은 민영방송국이 개국되며, 방송은 군웅할거의 경쟁시대를 맞이했다. 그리하여 방송은 훈련되지 않은 많은 사람이 방송에 출연하게 되어 방송언어에 대한 어느 정도의 규제가 방임 상태로 떨어져 '나오는 대로 말하는' 실로 위험스러운 지경에까지 이르게 된 것이 1960년대라는 비판이 일기 시작한다(박갑수, 1987: 22). 이 때는 자유당시절에 많이 사용하던 '대통령각하께서, 각하께옵서' 따위의 말투는 쓰지 않게 되었으며, 장문의 복잡한 구문에, 역피라밋형 문장을 들 수 있다.

> 서울대학교 데모 학생들이 중앙공업연구소 앞에 이르렀을 때 사진을 찍던 동대문 경찰서 정보계 민모 형사는 학생들에게 붙잡혀 집단으로 구타를 당하기도 했으며, 또한 서울 미술대학 구내에서 데모 현장을 찍던 조선일보의 민영식 기자는 기동경찰에게 집단으로 얻어맞기도 했습니다.
>
> DBS 동아방송, 1965.

이는 장문의 복잡한 구문의 예이며, 다음은 역 피라밋형 문장의 예이다.

> 오늘 낮 12시 10분경 신설동에서 동료들과 함께 데모를 벌이던 고려대학교 철학과 2년 23살 김득길 군은 데모를 막기 위해서 동원된 헌병 찝차에 치어서 중태에 빠진 채 수도 의과대학 부속병원에 입원했는데 이 시간 현재 의식을 찾지 못하고 혼수상태에 빠져 있습니다.
>
> DBS 동아방송, 1965.

1960년대의 방송언어가 극도의 혼란을 빚은 데 비해 1970년대의 방송언어는 다소 순화 정리되었다. 그것은 1976년 이후 국어순화운동이 범국민적 운동으로 전개되며 방송인들이 자각을 하고, 당국도 적극적으로 규제를 가하기 시작했기 때문이다.

국·민영 절충 시대에 이미 구어체가 정착되고 있다고 하였거니와, 이 시대에 접어들어 본격적으로 구어체가 확립되었으며, 많은 한자말이 '오름세(상승세), 내림세(하락세), 웃돌다(상회하다), 밑돌다(하회하다), 사재기, 머리기사(톱뉴스)' 등과 같이 순수한 우리말을 즐겨 사용하는 예가 많이 늘어나고 있음을 볼 수 있다.

이 밖에 종결어미들도 대부분 구어체로 바뀌었음을 볼 수 있다.

> 호출부호로 DBS 동아방송 HLKJ 출력 10kw 주파수 중파 1230킬로사이클을 통해서 오늘부터 매일 하루 14시간씩 정규 방송하게 되었습니다.
>
> DBS. 1963. 4. 25.

> 이제 식이 시작됐습니다. 대통령 권한 대행 국가 재건 최고회의 의장에 대한 경렙니다.
>
> KBS 라디오. 1963. 8. 30.

1980년에는 언론이 통폐합되고, 언론기본법이 공시되었다. 이로 인해 종래 공영방송과 상업방송으로 이원화되었던 방송은 공익 우선의 공영방송 체제로 바뀌어 KBS와 MBC의 2대 네트워크로 전환되었다. 그리고 언론기본법 및 시행령에 따라 방송위원회와 방송심의위원회 및 언론중재위원회가 설치되었다.

이로 말미암아 종래 문제가 되어오던 상업방송의 언어혼란의 문제는 일단 제도적으로 사라지게 되었다. 그리고 종래 방송윤리위원회가 담당해 오던 방송언어 순화와 이의 계도적인 작업을 방송심의위원회가 관장하고 계속 수행함으로써 방송언어의 문제는 점차 해결된 것으로 판단하고 있다(박갑수, 1987: 35).

이 시대 방송언어는 구어체와 격식체가 주종을 이루고, 전기에서 후기로 오면서 문어체 요소가 감소되어 구어체의 세력이 강화되고, 격식체는 다소 완화되는 경향을 보였다(성기철, 1987: 148). 이 시대의 신문문장과 방송문장을 비교한 최진우의 다음과 같은 지적은 방송문장을 이해하는 데 도움이 될 것이다(최진우, 1983: 75).

신문지의 경우 아무리 용어를 쉽게 표기하여 이른바 '읽기쉬움'(readability)에 유념하여 기사를 쓴다 해도 결국은 문자를 읽는 지적(知的)) 작업(operation intellectual)이 있어야 하기 때문에 방송의 듣는 것보다 부담을 갖는다. 다시 말해서 식자성(植字性), 즉 읽고 쓰는 능력과, 읽는 데 습관이 돼야 하는 독서능력의 열거성이란 두 가지의 제약이 있으므로 방송이 갖는 육성적 친근과 겸하여 말하는 언어의 '듣기쉬움'에는 도저히 신문이 이를 따를 수 없는 것이다.

다음은 같은 '뉴스' 사실을 놓고 신문기사 문장과 방송기사 문장을 비교한 언어사용의 차이점이다.

> 5일 남부경찰서는 朴모군(18, 마산시 서구 초량동)을 살인혐의로 구속했다. 박군은 이웃 강정호씨(44)의 처 李소연 부인(34)이 평소 자기를 업신여긴다고 앙심을 품고 4일 저녁 8시경 강씨의 맏딸 기숙양(9. 부산 토성국교 3학년)을 꾀어내 마산 광안여중 앞 제일제당 신축부지에서 '집에 보내달라'고 고함을 지르는 강양의 목을 졸라 숨지게 하고 이날 밤 11시경 경찰에 자수했다. 박군은 경찰에서 평소 이부인과 싸움이 잦았으며 이부인이 자기를 나쁜소년이라고 이웃에 소문을 퍼뜨렸기 때문에 범행했다고 진술했다.
>
> 동아일보, 사회면, 1974. 8. 5.

열아홉살된 소년이 이웃집에 사는 아홉살된 어린이를 목졸라 죽인 뒤[42]

---

42) 위의 뉴스에서 '목졸라 죽인 뒤'와 같은 잔인한 표현은 방송에서는 현재 쓰지 않고 있는 표현이다. 또한 피해자인 미성년자의 이름을 밝히고 피해자의 학교를 밝히는 것도 신문이나 방송의 윤리사항으로 돼 있다.

경찰에 자수했습니다. 어제밤 열시반쯤 부산시 초량동에 사는 열아홉살 박모군은 이웃집에 사는 부산 토성국민학교 3학년 아홉 살 강지숙양을 부산 동래구 민락동 공장신축 공터로 유인해서 목졸라 죽인 뒤 부산 남 부경찰서 남촌파출소에 자수했습니다.

범인 박군은 강양의 어머니로부터 자주 나쁜놈이라는 꾸지람을 들은데 앙심을 품고 이웃집에서 텔레비전을 보고 있는 강양을 영화구경을 시 켜준다고 유인한 뒤 집에 보내달라고 우는 강양을 목졸라 죽였다고 경 찰에서 진술했습니다.

동양방송 TBC, 1974. 8. 5.

위의 비교에서 보는 바와 같이 같은 뉴스사실이라도 신문과 방송 이 그 매체적인 특성에 따라 쓰이는 언어가 다르고 구문형식에도 차 이가 있다는 것을 알 수 있다.

4) 민간정부 시기 - 1992~현재

박정희, 전두환, 노태우로 이어지는 군사정부 시대를 지나 문민정 부라고 하는 김영삼 정부의 1992년 2월 25일부터 시작하여 1997년 2월 25일 김대중 정부인 현재까지를 민간정부 시기로 분류한다. 한 국방송이 첫 전파를 발사한 1927년부터 80여 년, 그리고 지금까지 발견된 뉴스 중 한국 최초인 송영호의 1939년 뉴스 이후 60년 동안 한국의 뉴스는 많은 변모를 거쳐 오늘에 이르고 있다.

시간적으로 과거와 현대의 보도방송 언어의 문체적 특성과 구어화 의 진행과정을 알아보면서 공간적, 체제적, 이데올로기적으로 남북한 의 방송보도 언어가 어떤 변화와 차이를 보이고 있는가를 알아보는 것이 이 논문의 주된 논의과제이다. 그러나 남한의 경우 방송언어는 방송의 매체적 특성에 따라 아직도 변화가 급속도로 진행되고 있으며, 미래를 예측하기 어려울 정도로 변화가 지속되고 있다. 특히 현재의 뉴스는 스트레이트 뉴스에서는 그 변화의 속도가 느린 편이지만 리포트 뉴스는 날로 새로운 모습으로 변모하고 있다.

방송언어가 변화하는 경향은 현재 우리에게 무엇이 요구되는지, 또는 어떤 방향으로 변화해야 하는지 명확히 정의하기는 어려울 것이다. 영어의 경우에도 변화가 무척 심해서 10년 전의 뉴스영화를 들어보면 그 소리가 더 이상 현실적으로 들리지 않을 정도라고 한다 (Berry, 1995: 8).

북한의 경우에도 현재의 체제와 이데올로기가 바뀐다면 화석화된 방송언어의 표현양상이 과거 남한이 보여 온 변화의 속도보다 더 빠른 변화의 과정을 겪게 될 것이다. 남한의 방송환경도 1990년대를 거쳐 새천년을 맞이했고, 21세기의 벽두에 걸쳐 있어 과거보다 더욱 빠른 속도로 방송언어를 변모시킬 것이다.

Ⅲ. 연구문제

분단 이후 남한의 언어정책은 관용에 따르는 언어의 자율적 흐름을 중시해 왔으나, 북한의 언어정책은 주체사상을 언어에 유착시키는 등 극단적으로 인위적인 것이었다. 따라서 오늘날 남북한 간의 언어의 차이는 발음, 어휘, 의미, 어법, 맞춤법, 문체 등 여러 면에서 나타난다(이현복, 1989: 11).

한국방송의 보도방송 언어는 1927년 방송이 시작된 이래 80년 가까운 세월에 걸쳐 초기에는 신문문장의 영향을 받아 문어체적인 특징을 많이 가지고 있었으나, 해방과 6.25전쟁을 겪고, 1960년대 텔레비전 방송의 개시, 1980년대 컬러텔레비전 방송의 시작을 시발로 해서 현재의 구어체적인 문장으로 발전해 왔다. 아울러 보도방송 언어는 방송이라고 하는 매체의 특성에 맞춰 초창기의 문어체적인 구성과 표현에서 일상 언어의 특징인 말하듯이 표현하는 구어체적인 문장으로 바뀌고 있다. 즉 과거의 보도문장에 나타나는 영탄조 문장의 수많은 형용사 형태의 수식어를 사용하는 화려체 문장과, 선전·선동에 맞는 강건체 문장, 수식어를 많이 사용하면서 여러 개의 문장을 복합적으로 엮은 만연체 문장의 특징에서 벗어나, 보도방송의 조건인 공정성 객관성을 살리기 위한 건조체, 우유체, 간결체 문장으로 변모해 왔다.

남북한 방송언어의 차이는 어휘적인 면에서는 대우법, 즉 경어체의 사용에서 나타나며, 문체론적인 차이를 보면 남한의 방송보도 문장이 건조체, 우유체, 간결체적인 특성을 가지고 있는 데 비해 북한의 방송언어는 화려체, 강건체, 만연체적인 문장이 주류를 이루고 있음을 알 수 있다.

이 논문은 위에서 언급한 문제의식을 기반으로 해서 2000년 6월 13일부터 15일까지 김대중 대통령의 방북을 계기로 이루어진 남북 정상회담과, 6·15 남북공동선언 관련 방송의 보도내용을 이해하기 위한 기본적인 체제의 이해를 선행하고, 서로 다른 체제에 적응하고 있는 남북한의 방송보도와, 그러한 체제에서 생산하고 있는 뉴스를 통해 나타난 남북한 언론과 방송언어의 차이가 무엇인지를 밝히고, 나아가 60년 가까운 세월에 걸쳐 이질화하고 있는 남북언어의 동질성을 회복하기 위한 논의도 가하려고 한다. 아울러 언어적인 이질화 이외에도 커뮤니케이션 행위에 있어서 필수적으로 고려해야 할 비언어 커뮤니케이션적인 이질화에 대한 논의도 곁들일 것이다. 이를 위해 남북한 언론의 제도와 관련한 방송보도의 차이와 방송언론의 이론 비교를 먼저 한 뒤, 언어표현과 문체적 특성의 고찰을 통해 보도문장의 개성적 특징을 비교하고, 상이한 정치·사회적 이데올로기에 의해 자유주의적인 언어표현과 체제의 수호와 확장을 위해 선전·선동식 언어표현으로 변모한 북한방송의 보도방송 언어를 우선적으로 검토하였다.

　본 논문의 기존연구 및 문헌고찰에서 살펴본 남북한 언론제도의 명시적 차이와 방송보도의 문장과 표현에 대한 일반이론 고찰, 그리고 남북 정상회담 관련 방송보도를 지켜보면서 느낀 문제의식에 의거한 연구문제는 다음과 같다. 다음의 연구문제들은 현재 남북한 방송언어에서 가장 극명한 차이와 이질성을 보이는 대상으로 선정하였다.

연구문제 1. 남북한 방송보도의 언어이론은 어떤 차이를 보이는가?
　남북한 방송언어의 차이는 언어이론의 차이와의 상호 연관성하에서 파악할 필요가 있다. 분단 이후 심화되고 있는 방송언어는 남북한 정부의 언어정책이나 언어이론의 차이에서 비롯되는 부분이 크다. 따라서 남북한 방송언어의 언어 리론적 차이를 우선적으로 살펴보고자 한다.

연구문제 2. 남북한 방송보도의 어휘는 어떤 차이를 보이는가?
　남북한 방송보도에 나타난 대우법, 외래어의 수용과 표현, 수량단위 정보의 표현, 접미사와 어미활용 등의 차이를 살펴보고자 한다.

연구문제 3. 남북한 방송보도의 음성언어는 어떤 차이를 보이고 있는가?

음성언어적 차원의 차이는 자모음의 발음과 장단음, 변이음 처리, 두음법칙, 음운탈락 등의 언어의 음성적 차원에서 비롯되는 것을 의미한다. 그동안 북한방송을 접하면서 수용자들이 가장 크게 독특함과 차이를 느끼는 부분이기도 하다.

연구문제 4. 남북한 방송보도의 경어법과 언어서열의 적용은 어떤 차이를 보이고 있는가?

남한의 방송보도는 수용자 중심의 경어법을 사용하기 때문에 보도 대상에 대한 경어법의 사용에 있어서 제한적인 특성을 갖는다. 반면 북한의 방송보도는 언어규범에서 경어법을 따로 분리할 정도로 비중을 두고 있다. 특히 북한방송은 보도의 대상에 따라 경어법의 사용이 매우 차별적으로 나타나는데, 김일성·김정일 부자의 경어는 최상의 경어를 사용하여 외국의 국가원수들에게도 차별화된 경어를 사용한다. 따라서 남북한 방송보도의 경어법 사용의 구체적인 사례와 그 차이를 분석하고자 한다.

연구문제 5. 남북한 방송보도의 문체, 특히 수식어와 은유의 사용에 따른 문제는 어떤 차이를 보이는가?

방송언어의 문장과 관련하여 고려되는 문제는 문어체와 구어체, 격식체와 비격식체, 간결체와 만연체, 건조체와 화려체, 우유체와 강건체 등으로 나눌 수 있다. 방송보도의 지향하는 효과가 다르기 때문에 남북한 방송은 각기 차별적인 문체의 사용을 지향한 것으로 보인다. 따라서 남북한 방송보도의 문체사용이나 화법의 차이를 이성적 또는 감성적 효과와 연관시켜 분석하고자 한다.

연구문제 6. 남북한 방송보도의 비언어 커뮤니케이션은 어떤 차이를 보이는가?

방송보도는 언어적 커뮤니케이션과 함께 비언어 커뮤니케이션을 동시에 포함한다. 즉 보도의 효과는 언어와 비언어 커뮤니케이션의 결합물이다. 따라서 비언어 커뮤니케이션의 방식은 보도의 효과에 언어적인 커뮤니케이션에 못지않게 영향을 미친다. 남북한 방송보도에 나타난 비언어 커뮤니케이션의 차이를 살펴봄으로써 이러한 차이와 보도효과와의 연관성하에서 양자의 차이를 분석하고자 한다.

연구문제 7. 남북 정상회담과 관련된 남북한 방송보도에서 나타난 방송 언어적 차이는 무엇인가?

남북 정상회담 관련 보도는 남북한 방송보도의 차이를 극명하게 드러내는 실증적인 사례였다. 따라서 위에서 제시한 연구문제상의 각각의 차이를 남북 정상회담 보도사례에서 다시 종합적으로 제시하고자 한다.

Ⅳ. 연구방법

1. 연구방법 개요

남북 정상회담을 위한 김대중 대통령의 북한 방문과 김정일 국방위원장의 예측하지 못한 방송매체의 등장을 통해서 남한의 국민들은 그동안 접하지 못했던 생생한 언어적 텍스트를 대하게 되었다. 그리고 그 당시의 보도는 이전과는 달리 남북한 양쪽이 동일한 사건, 즉 동일한 방송소재에 대하여 거의 모두 일치하는 보도태도를 보였다. 이는 김대중 대통령의 방북에 대해 우리 언론은 물론이고 북한 언론도 긍정적인 보도태도를 보였다는 의미로 해석할 수도 있다. 그래서 동일한 시간적·공간적 조건하에서 남북한 언어의 차이를 밝힐 수 있는 매우 좋은 기회였다.

본 논문이 연구하려고 하는 남북한 방송보도의 차이로서 커뮤니케이션의 의미, 즉 내용이 아닌 언어적 커뮤니케이션의 형식, 즉 표현방법에 대한 비교를 위해서는 적절한 자료라고 할 수 있다.

이 논문에서는 일차적으로 '도서관 서베이 방법'을 채택하고 2차적으로 남북 정상회담의 방송보도 자료를 통한 '내용 분석 방법'으로 언어적 표현과 문체적 특성 비교를 채택한다. 그리고 마지막으로 한국 보도방송 언어의 바람직한 방향과 한국어의 세계화를 위한 방송언어의 기저가 되는 한국어의 발음과 음성언어의 국가적 관심과 관리를 위한 비판적 연구와 대안제시를 병행할 것이다.[1]

---

1) 차배근은 자신의 저서 ≪커뮤니케이션 연구방법≫에서 과학적 연구방법의 주요 유형으로 다음과 같이 8가지 사례를 제시한다. (차배근, 1979: 212~217)
   ① 도서관 서베이 방법(the liberary survey)
   ② 역사적 연구방법(the historical method)
   ③ 내용분석방법(the content analysis)

2. 도서관 서베이

사회과학 연구방법들 중에서 가장 많이 사용되고 있는 것이 도서관 서베이 방법(library survey method)이다. 도서관 서베이 방법은 조사연구나 실험연구에서도 연구과정의 한 단계로서 선행연구에 대한 문헌조사(review of literature)를 할 때 도서관 서베이 방법을 사용하고 있다(차배근, 1990: 313).

서베이는 흔히 면접이라든지 설문지 또는 이와 유사한 자료수집 방법을 통한 직접적이고 실증적인 연구라고만 생각하는 경향이 있다. 하지만 서베이란 반드시 직접적이고 실증적인 연구방법으로 한정되는 것은 아니다. '서베이'란 말은 원래 "조사한다"는 뜻을 가진 말로서, 지식이나 연구자료를 조사·수집하는 것을 말한다. 따라서 도서관이나 아카이브(archives)에서 문헌을 통하여 자료를 수집하고, 주어진 연구문제에 대한 해답을 얻는 방법도 일종의 서베이이다. 그러나 직접적이고 실증적인 서베이(social survey)와 구별하기 위해 문헌적 자료를 통한 서베이를 도서관 서베이라고 부른다.

문헌적 자료(documentary materials)를 통한 도서관 서베이는 주로 어떤 이론, 연구방법, 기구 또는 인물들에 대한 실태나 현황 등을 조사 연구하는데 사용된다. 도서관 서베이 방법은 규범적 및 기술적(規範的·記述的 normative and descriptive methodologies)라고 불려지기도 한다.

---

④ 기술적 또는 서베이 연구방법(the descriptive or survey research method)
⑤ 실험적 연구방법(the experimental method)
⑥ 사례연구방법(the case study method)
⑦ 비판적 연구방법(the critical research method)
⑧ 비교문화권적 연구방법(the cross-cultural research method)

도서관 서베이는 네 가지 목적을 갖는다. 첫째, 현재의 상태를 있는 그대로 알고 해석을 내리는 것으로서 이것은 '순수한' 도서관 서베이라고 한다. 둘째, 현상을 알고 그것을 과거와 비교하려는데 있다. 또 현상을 파악하고자 하는 것은 그것을 비평하고 나아가서는 방향을 제시하는데 그 목적이 있다. 셋째, 도서관 서베이는 비평의 목적을 갖는다. 넷째, 도서관 서베이의 마지막 목적은 제언(recommendation)에 있다(차배근, 1990: 315).

도서관 서베이의 중요성은 첫째, 어떤 주제에 대한 지식의 현황을 알려주며, 둘째, 과거와 현재 사이의 변화상태를 보여주며, 셋째, 여러 학설들 사이의 일치점 또는 상이점 등을 보여주며, 넷째, 앞으로의 연구를 위한 자료 및 과제를 제공해 주며, 다섯째, 현재의 지식상의 갭(gaps)을 지적해 주며, 마지막으로, 현상의 개선을 위한 제언의 근거를 마련해 주는 중요한 구실을 한다.

본 연구는 각 연구문제에 대한 그동안의 선행연구들을 일차적으로 고찰한다. 그리고 그 결과물을 중심으로 범주화하고 논점의 기준을 채택할 것이다. 특히 방송언어와 비교 대상이 되는 신문 등 인쇄매체의 서베이는 그동안 선행연구에서 사용한 자료를 그대로 사용하는 경우도 있다. 또한 요즘은 인터넷을 통한 인쇄매체 자료의 수집이 용이해져서 신문을 비롯한 통신이나 방송 등 미디어 언어의 연구에 활용할 수 있게 되었다.

3. 내용 분석

이 논문의 자료연구는 양적연구(quantitative research)가 아닌 질적
연구(qualitative research)2)를 주로 한다. 방송자료 분석은 남북 정상
회담 관련 남한과 북한의 뉴스방송을 중심으로 수행할 것이다. 남북
한이 오늘과 같은 방송으로 변모하기까지의 모습을 고찰하기 위해
해방시기를 비롯한 분단 이전의 필수자료는 한국방송계의 열악한 자
료축적 환경에서도 일부 남아 있는 뉴스의 녹음테이프와 녹화 테이
프를 비롯하여 행사 중계방송 등 보도성 녹음, 녹화자료의 콘텐츠
분석을 주로 한다.

남북 정상회담을 제외한 북한의 뉴스를 비롯한 각종 자료는 남한
에서 재편집하여 소개하고 있는 '북한 리포트'(KBS) 등 북한방송 소
개 프로그램을 분석하는 한편, KBS 남북교류협력기획단 등에서 북
한의 뉴스보도를 분석하기 위해 녹취한 뉴스문장을 연구 분석한다.

---

2) 질적 연구는 특별히 변수를 측정하지 않고 현상을 기술하거나 분석한다.
또한 숫자로 표현된 자료를 사용하게 될지라도 질적 연구에 통계적 분
석은 포함되지 않는다. 법적 연구라든가 역사적 연구, 혹은 비판적 연구
등이 질적 연구의 보편적인 형식이라 하겠다. 반면에 양적 연구는 고찰
대상인 변수를 측정한다. 이 방식의 연구는 변수가 얼마나 자주 나타나
는가와 관련이 있기 때문에 양을 표시하기 위해 일반적으로 숫자를 사
용한다(Wimmer, Roger D / Dominick, & R, Joseph, 1987: 46).

V. 연구결과

1. 남북한 방송보도의 언어 이론적 차이

1) 남한 방송보도의 언어이론

방송뉴스문은 같은 의미를 담고 있는 문장일지라도 진행자가 음성으로 표현하기에 쉬운 문장, 청취자가 쉽게 듣고 쉽게 이해할 수 있는 문장을 취한다. 이런 관점에서 볼 때 독해만을 위한 문어체 문장에 익숙한 사람에게 매우 훌륭하게 보이는 문장일지라도 진행자와 청취자에게는 대단한 악문이 되는 경우가 많다. 보다 구체적으로 말하면 아무리 훌륭한 문장일지라도 뉴스 진행자가 음성으로 표현할 때 발음이나 호흡, 속도 등에서 어려움을 겪는다면 방송뉴스문으로 적합하지 않다. 그리고 듣는 사람의 귀에 쉽게 들어와 쉽게 이해되거나 쉽게 공감할 수 없는 문장 역시 적합하지 않다. 따라서 방송뉴스문은 진행자와 청취자를 동시에, 그리고 강하게 인식하면서 쓰여야 한다(서재원, 1991: 175).

방송뉴스 문장작성의 목표는 간단하다. 내용의 핵심적 구성요소를 포착하여 그것을 올바르게 설명하되, 그것은 반드시 대중이 쉽게 이해할 수 있는 간결한 언어로 이루어진 문장이어야 한다(Carroll, 1997: 15).

뉴스 진행자가 음성으로 표현하기 어려운 문장은 청취자가 이해하고 감동하기도 어렵다. 뉴스 진행자가 내용을 정확히 이해하지 못하고 한 방송은 청취자 역시 진행자의 수준을 벗어나지 못한다. 방송뉴스문은 음성표현을 전제로 한 문장이기 때문에 정보문과 보도문이 기본적으로 가져야 할 특성은 물론 구어체 문장의 특성과 문어체 문장의 특성을 모두 갖고 있는 특이한 형태의 문장으로 구성된다.

　일상의 대화에서 우리는 대부분 종속절을 거의 포함하지 않은 간결한 문장과 알아듣기 쉬운 단어들을 사용한다. TV나 라디오의 시·청취자에게 전달되는 정보들은 일상대화에서 쓰이는 간결하고도 진솔한 언어를 사용했을 때 최대의 효과를 발휘한다(Ted White, 1996: 24).

　방송뉴스문은 다른 방송문과도 성격이 다르다. 낭독과 말하기를 병행해야 하는 것이 방송뉴스, 특히 라디오와 텔레비전의 스트레이트 뉴스이기 때문이다(최윤락·서재원, 2000). 그러나 라디오 뉴스와 텔레비전 뉴스의 문체는 거의 비슷하다. 라디오나 텔레비전 뉴스의 방송원고는 반드시 간결해야 하며 구어체와 같이 읽기 편해야 한다. 사건들을 진실성 있게 다시 표현하기 위해서는 알고 있는 사실들을 엄선해야 한다. 또한 이러한 사실들(단어들)을 명확한 의미전달이 가능하도록 배열해야 한다. 시, 청취자의 입장에서 기자나 전달자가 무엇을 말하고 있는지 이해할 수 없다면 그렇게 복잡하고도 중요하며, 또한 고비용의 뉴스를 만드는 모든 과정이 무용지물이 되고 말 것이다. 그래서 라디오 뉴스와 텔레비전 뉴스는 독특한 '보도문체'라는 기본적 공통분모를 가지고 있다(Carroll, 1997: 102).

　이러한 보도문체의 기본을 지키고 전달자가 읽기 편한 원고를 작성하기 위해서는 친구에게 말하는 듯한 글쓰기 기법을 사용하라는 권고도 있다. 이러한 기법은 인터뷰나 토크쇼를 진행하거나 회의에 관한 원고를 작성할 때 특히 도움이 된다.(Rich, 1997: 401)

　방송보도 문장을 정리하면 다음과 같은 종합적인 특성을 가진 문장으로 규정할 수 있다.

　① 주제 혹은 주의미의 위치로 볼 때 두괄식문이나 병렬식문을 취한다.
　② 한 문장에는 하나의 의미를 표현하는 것을 이상으로 한다.

③ 문과 문장은 일반적으로 표현하고 있는 의미의 가치순으로 배열한다.

④ 중요한 의미, 문장, 어구, 어휘가 청각적으로 잘 들릴 수 있게 표현한다.

⑤ 문체는 구어체와 문어체적 특징을 모두 가지고 있다.

⑥ 간결체, 건조체, 우유체의 문체적 특징을 강하게 가진 문장이다.

⑦ 기사문, 설명문, 논설문의 특징을 모두 갖는 다양한 성격의 문장이다.

⑧ 3인칭 문장이다.

⑨ 간접화법 문장으로 직접화법은 특별한 경우를 빼고는 잘 사용하지 않는다.

⑩ 피동형 문장과 부정의 부정, 번역문투의 문장은 삼간다.

⑪ 국어의 전통적인 운율이 흐트러지지 않게 문장을 구성한다.

⑫ 우회적인 표현, 의미의 이중성을 가진 표현 등은 삼간다.

⑬ 청취자에게 신뢰감, 친근감을 줄 수 있는 표현을 사용한다.

⑭ 수용자 중심의 경어를 사용한다.

2) 북한 방송보도의 언어이론

(1) 북한의 언어정책과 언어사상

북한의 언어정책은 우리의 언어정책과는 달리 통제적이고 획일적이다. 남한의 언어정책은 어느 정남한은 1949년에 한글전용법을 국회에서 통과시켜 한글전용정책을 시행했다.

그러나 북한은 1949년에 한자폐지를 결정하자 즉시 한글전용의 언어생활을 실시해 오늘까지 지속적으로 시행하고 있는 것이다. 북한은 그들의 통제적이고, 획일적인 언어정책을 어떤 사상과 방침 아래 시행하고 있는지 알아볼 필요가 있다(최기호, 2000).

첫째, 김일성의 주체적 언어사상이 기조를 이룬다. 이 주체사상[1]은 북한의 제반정책에서 핵심을 도 자유방임적이어서 시행과정이 더디고 잘 실행되지 못하는 경향이 있다. 그러나 북한의 언어정책은 획일적이고 계획적이다. 정부 당국 곧 공산당의 지휘감독 아래 그 정책적 방향이 결정되는 당 중심의 언어정책이라고 할 수 있다.

이루고 있는 중요한 사상이고 강령이다. 그리하여 언어에서도 이러한 주체적 사상이 북한의 모든 언어학 분야의 핵을 이루고 있는 지배철학이다.

둘째, 언어규범화 작업이다. 언어규범은 언어의 민족적 특성을 살리는 방향에서 세워져야 한다는 것이다. 언어발전에서 낡은 것, 죽어가는 것 등은 버리고 새로운 것, 전형적인 것을 정확히 포착해 그것을 언어규범에 반영해야 한다는 것이다.

셋째, 민족어 교육의 강화이다. 북한은 인민들이 우리의 말과 글을 배우지 못하고 그것을 능숙하게 이용할 수 없게 되면 완전한 자주독립도 자립적인 민족경제도, 찬란한 민족문화도 성과적으로 건설할 수 없다는 것이다.

넷째, 문맹퇴치 운동이다. 북한에는 해방 직후 약 230만 명에 달

---

[1] 주체사상은 사람중심의 완성된 세계관. 가장 완성된 혁명리론과 전략전술. 령도리론과 령도방법을 밝혀주는 위대한 혁명사상. 주체의 사상, 리론, 방법의 전일적체계로서의 위대한 김일성동지 혁명사상을 주체사상이라고 말한다. 위대한 김일성동지 혁명사상의 진수로서의 주체사상은 주체의 철학적세계관. 사회력사관, 혁명과 건설의 지도원칙으로 이루어져 있다(사회과학출판사, 1992).

하는 문맹자가 있었다고 한다. 따라서 북한은 그들의 공산주의 혁명 사상을 주민들에게 널리 주입시키고 주민들을 그들의 혁명투쟁의 광장으로 몰아세우기 위해서는 노동자와 농민들의 문맹을 하루라도 빨리 퇴치시키는 것이 그들의 최대의 지상명제였다.

다섯째, 한자폐지 사업이다. 한자사용 폐지를 문맹퇴치 운동과 병행해서 전국적인 사업으로 밀고 나가게 되었다. 1949년 말에는 로동신문같은 출판물들이 순 국문으로 나오게 되었다.

여섯째, 말다듬기 운동과 문화어 운동이다. 말다듬기 운동의 기본적인 방침은 1964년과 1966년에 각각 행해진 김일성의 교시 '조선어를 발전시키기 위한 몇 가지 문제'와 '조선어의 민족적 특성을 옳게 살려나갈데 대하여'에 잘 나타나 있다.

홍연숙(1991: 153)에 따르면 1964년과 1966년의 교시는 과거 그들의 기본적인 토대로 거슬러 올라간다. 공산주의의 언어학적 관점은 변증법적 유물론에 기초하고 있으며, 언어는 그들의 정치적 목적과 물질의 생산을 증진시키는 도구로 사용된다. '언어는 힘있는 혁명의 무기'라는 김일성의 주장은 이를 더욱 잘 설명해 주고 있다. 북한 언어정책의 주류는 김일성 부자의 교시에 기초하고 있으며 '말다듬기 운동'과 '문화어 운동'이라 불리는 두 방향의 언어순화 운동으로 실현돼 왔다. 전자는 엄청나게 축적돼 있던 어려운 한자어의 순화작업에 역점을 두었다는 점에서 후자와 구별된다. 문화어 운동은 단지 중국어에 어원이 있는 한자어뿐만 아니라 외래어에 대해서도 초점을 맞추고 있다. 또한 문화어 운동은 방언에서의 좋은 표현을 표준화할 것과 정치적 목적으로의 언어 도구화를 추진할 것을 포함하고 있다. 다시 말하면, 앞서 말한 말다듬기 운동이 중립정책을 의미하는 데 반해, 문화어 운동은 정치적 함의를 내포하고 있다.

이와 같이 김일성의 교시에 따라 북한은 1966년 6월 내각 직속

국어사정 위원회와 사회과학원 국어사정 지도처 및 어학연구소 산하 18개 전문용어 분과위원회를 동원했다.

한자어와 외래어에 대한 원칙을 세우면서 그들은 어려운 한자어를 토박이말로 정리해서 한자어를 가능한 한 토박이말을 사용한다는 원칙 아래, '양잠'이나 '돈사' 등의 한자어는 '누에치기'나 '돼지우리' 등으로 고쳐 쓰기로 했다. 외래어의 경우는 새 단어를 만들 때는 가능한 한 고유어를 적극 찾아서 쓰고, 고장 이름이나 어린이 이름도 될 수 있는 대로 우리말로 바꾸며, '쓰리빠, 즈봉'과 같은 일본식 말은 '끌신, 양복바지' 등으로 고쳐 쓴다.

남북분단 이후 남북의 언어는 1933년 10월 29일 조선어학회에서 제정한 '한글맞춤법 통일안'이 바탕으로 됐었기 때문에 이질화의 속도를 어느 정도 제어할 수 있었다고 보아야 한다.

해방 이후에 3년 동안 북한은 새로운 언어정책의 변화가 없었다. 1948년에 '조선어 신철자법'이 공포되면서 처음으로 북한의 언어정책은 변화를 시작한다고 볼 수 있다. 1949년 9월에는 '한자사용폐지'를 공포하여 한글전용을 실시했다. 1950년 6월 25일 전쟁발발로 인해 1948년에 공포한 '조선어 신철자법'은 북한에서 제대로 실시되지 못한 것으로 보인다.

북한은 1954년 9월에 '조선어 철자법'을 다시 제정 공포한다. 이어서 1964년 '조선어를 발전시키기 위한 몇 가지 문제'라는 김일성 교시를 비롯해서 1966년 '조선어의 민족적 특성을 옳게 살려나갈 데 대하여'라는 교시가 발표되고, 1966년 7월에 '조선말 규범집'이 나온다. 이것이 북한의 맞춤법의 '철자법'시대와 '규범집'시대로 대별되는 기점이 되며, 1987년 5월 15일에 수정 보완하여 <조선말규범집'을 공포했다.

따라서 북한의 언어정책은 (1) 한글맞춤법 통일안 시대(1933~1954년), (2) 조선어 철자법 시대(1954~1966년), (3) 조선말규범 시대(1966

~2000년 현재)의 3기로 나눠서 진행되었다.

한편 남한의 맞춤법 개정은 1946년에 '개정한 한글맞춤법 통일안'
이 확정됐고, 그것을 그대로 사용하다가 1988년 1월 14일 문교부 고
시 제88-1호로 '한글맞춤법'이 제정되고, 1989년 3월 1일부터 시행하
여 현재에 이르고 있다.

(2) 문화어에 기초한 방송언어 이론

북한은 평양말인 문화어에 대한 칭송과 서울말의 비판을 통해서
이른바 민족어의 주체성 있는 통일적 발전을 앞당기기 위하여 북한
방송의 역할을 강조한다. 즉 방송인들은 당의 구두선전 일꾼들이면
서 당 언어정책을 관철하는 영예로운 전사들이며 온 나라에 평양말,
즉 문화어를 보급하는 기수들이라고 판단하고 있는 것이다. 나아가
무거운 사명감과 책임감을 지닌 방송인들이 한 마디의 어휘, 하나의
문장, 하나의 발음을 다룰 때에도 평양말, 즉 문화어의 본보기가 되
도록 세심한 주의를 기울여야 한다는 것이다.

북한의 방송언어에 관한 이론은 리상벽(1975)의 '조선말화술'에 비
교적 자세하게 정리돼 있다. 조선말화술은 1편 조선말화술의 기초리
론, 2편 언어활동과 입말화술, 3편 방송화술로 나뉘어 있다.

남한에서는 방송언어와 화법, 혹은 화용을 달리 분류하는 경우가
많다. 방송언어는 음운(음성), 어휘, 형태, 문장, 의미 등으로 나뉘고,
방송화법은 방송언어를 기본으로 하여 그것을 잘 전달하는 방법, 즉
일종의 설득에 대한 기술을 화법으로 분류하고 있다. 그러나 북한의
'조선말화술'에 나온 '방송화술'에는 방송언어와 방송화법이 함께 취
급되어 있다.

본 연구도 남북한의 방송언어를 연구하는 것이지만 자연히 화법의

영역이나 비언어적 커뮤니케이션(nonverbal communication) 영역에도 관심을 기울일 수밖에 없다.

그러나 북한의 방송은 그러한 다양성을 필요로 하지 않고 있다. 그래서 방송의 보도기사는 근로자들의 투쟁모습을 생생하게 반영하고, 달성한 성과를 신속하게 알려줌으로써, 혁신의 불길이 전국에 널리 퍼지도록 선동적 역할을 담당하여 수용자로 하여금 비판 없이 김일성의 명령이나 지시만 따라오도록 하고 있다. 이렇게 경직된 방송언어이면서도 의미뿐만 아니라 자세(posture), 몸짓(gesture), 목소리(voice), 강세(stress), 속도(speed) 등의 비언어적 커뮤니케이션(non-verbal comm-unication) 요소에도 많은 관심을 기울이고 있다.[2]

언어는 방송의 가장 중요한 전달수단이기 때문에 체제를 불문하고 방송언어에 대한 관심은 그것이 선전·선동의 효율성을 위한 것이든 바르고 고운 나라말을 만들기 위한 것이든 지대할 수밖에 없다.

북한의 경우 방송언어에 대한 관심은 자본주의의 그것과는 방향과 정도를 달리한다. 즉 북한의 방송언어는 북한방송의 기능, 즉 사회주의 혁명의 효율적인 달성을 위해 당의 정책을 효율적으로 선전하는 역할에 충실하도록 꾸며져 있다(강현두, 1997: 173).

북한방송언어의 기본원칙은 크게 세 가지로 분류할 수 있다(리상벽, 1989: 327~336).

첫째, 김일성의 언어사상의 구현인 평양말(문화어)에 의하여 창조되어야 한다.

둘째, 방송언어의 표현, 즉 방송화술 형상에서 당성, 노동계급성 인민성이 철저히 구현되어야 한다.

셋째, 방송언어, 즉 방송화술은 방송의 특성에 맞게 창조되어야 한다.

---

2) Adler(1980)와 Klorf(1982)의 이론 중 필요한 부분만 참고한 것임.

인민대중들의 화술을 정리한 '조선말화술'보다 뒤에 나온 '방송원화술'은 방송원들의 화술을 정리한 것으로 방송언어의 이론서이다 (박재용·김영황, 1988: 9).

'방송원화술'의 '방송화술 기초리론편'에서 강조하는 방송언어의 중심이 되어야 할 문화어에 대한 이론은 다음과 같다.

"우리 문화어는 위대한 수령 김일성동지의 주체적인 언어사상과 그것을 구현한 우리 당의 옳바른 언어정책에 의하여 해방후 공화국 북반부에서 혁명의 수도 평양을 중심지로 하고 평양말을 기준으로 해서 이루어진 주체적으로 발전한 아름다운 언어로서 조선민족어의 전형이다.

문화어는 완전히 주체적인 우리식 말일뿐 아니라 사회주의를 건설하는 오늘의 현실에 맞게 발전시킨 말이다.

문화어는 우리 혁명의 심화발전에 따라 전투적이고 박력있는 어조, 새로운 풍부한 어휘들과 표현들, 혁명하는 인민들의 기상이 반영된 문체들로 더욱 풍부화되고 있다. 그러므로 문화어는 표현이 풍부하고 발음이 다양하며 듣기에도 매우 아름답고 문화적으로도 아주 훌륭한 말이다. 우리말로써는 어떤 복잡하고 섬세한 사상감정도 다 나타낼수 있다."

문화어로 구현하는 방송언어에 대한 이론은 통일이 된 이후에도 문화어가 표준이 되어야 한다는 원대한 구상까지 담아놓고 있다.

"방송원의 말이 문화어화술로 되여야 하는것은 문화어와 문화어화술이 오늘 우리 인민의 언어생활에서 표준으로 되고있을뿐아니라 주체를 똑똑히 세워 조국이 통일된후에도 계속 우리말이 표준으로 되여야 하기때문이다. 오늘 평양말은 수도의 말로서 아름답게 다듬어졌고 혁명적인 새 어휘들로 풍부화되였다. 평양말-문화어는 민족어의 전형으로서 자기 위치를 당당히 지키고 있으며 서울말에 비할바 없이 우월하다.

썩을대로 썩고 더럽혀질대로 더럽혀진 서울말-잡탕말은 이미 민족어로서의 가치를 상실하였으며 근로인민대중의 의사와 지향[3]을 반영하지 못하고있다.

따라서 우리나라에서 표준으로 할 말은 응당 평양말-문화어로 되여야 하며 조국이 통일된 후에도 문화어와 문화어화술을 유일한 표준으로 하여 언어활동을 벌여 나가야 한다.

오늘 남조선에서는 미제침략자들과 그 앞잡이 군사파쑈분자들의 우리말 말살정책으로 하여 고유한 조선말이 여지없이 유린 말살되고 잡탕말로 변하고 있다. 그중에서도 서울말이 가장 극심하다. 서울말은 잘먹고 잘사는 부르죠아 놈들과 반동관료배들이나 좋아하는 말이지 고생하며 가난하게 사는 로동자, 농민들이 좋아하는 말은 결코 아니다.

오늘 남조선방송에서는 남존녀비사상과 썩어빠진 부르죠아적 생활양식이 지배하는 남조선사회에서 녀자들이 남자에게 아양을 떨기 위하여 하는 코맹맹이 소리를 그대로 쓰고 있다. 그것마저 고유한 우리말은 얼마 없고 영어, 일본말, 한자어가 절반이상이나 섞인 잡탕말이며 듣고도 무슨 소리인지 알 수 없는 형편이다."

북한의 영향을 강하게 받은 바 있는 연변의 서방흥(1995)은 평양말과 서울말 사이에서 좋은 점을 가려 방송언어의 풍격을 높이자는 주장을 하고 있다.

"우리는 우리말을 규범화한 표준어로 다듬는 과정에 평양말, 서울

---

3) 지향(志向): 이루어내려는 어떤 목표에로 뜻이 쏠리여 향하는 것, 또는 그 쏠리는 의지(사회과학출판사, 1992).

말들 가운데서 우리의 방송언어 풍격에 유리한 것들을 대담히 받아들여야 한다. 즉 평양말에서의 힘있고 기백이 있으며 선동적이고 고무적인 언어풍격,4) 거기에서 나타나는 류창하면서도 모가 나는 발음, 명확한 론리적 끊기, 재치있는 중간끊기 억양처리 등 본받을 것이 매우 많다. 그러나 그 감정표달5)에서는 우리나라의 정세, 원고의 사상내용에 따라 지나친 격앙된 소리높이를 피하며 기세와 힘주기에 치우칠 것이 아니라 좀더 내재적으로 표현할 필요를 느낀다.

서울방송에서는 정답고 친절한 언어풍격에서 나타나는 유순한 소리에 따르는 부드러운 발음, 고저장단에서의 표준적인 길이의 표현, 담화식에 맞는 맞춤한 말의 속도 등은 본받을 수 있다. 그러나 낮은 소리를 쓰는 데만 신경을 쓰면서 재치 있는 표현을 하지 못하여 도리어 방송이 처지거나 맥없이 되여서는 안 되며 빠른 말속에서의 절주6), 굴곡 속에서의 자연스러움을 항시 잊지 말아야 한다.

모아 말하면 연변방송은 방송언어 풍격에서 중국의 실정과 연변의 실정에 맞는 자체의 특정된 길을 걸어야 한다. 이는 력사적으로 보아도 그러하거니와 앞으로도 역시 그러하다.

반드시 인민들을 고무 격려할 수 있는 선동적이면서도 정중한 언어풍격을 가져야 할 뿐만 아니라 청중들이 교양을 받고 지식을 늘이며 시야를 넓히는 데서 스스로 듣고싶게 할 수 있는 친절하면서도 자연스러운 언어풍격을 가져야 한다."

---

4) 풍격(風格): 사람의 풍채와 됨됨이. 이 경우 남한에서는 품격이라는 말을 사용하고 있음.
5) 표달(表達): 남북한 사전 모두 의사나 감정 등을 표현하여 전달하는 것으로 풀이하고 있으나 남한에서는 표현으로 사용하고 있음.
6) 절주(節奏): 음악 곡조의 꺾이는 마디(사회교육출판사, 1922). 남한에서는 리듬(rhythm)이라는 외래어를 주로 사용함.

(3) 공산주의 언론언어 특성의 반영

공산주의 이론은 변증법적 유물론(dialectical materialism)에 기초하고 있으며, 그것의 핵심은 프롤레타리아 독재이론이다. 공산주의 언론의 이념이나 제도, 나아가서는 혁명적 당에 관한 교리 역시 이 프롤레타리아 독재이론으로부터 파생된 것이다.

이 이론은 마르크스(Karl Marx)와 엥겔스(Friedrich Engels)에 의해 창안되었다. 이러한 변증법적 유물사관을 더욱 발전시킨 레닌(Nikolai Lenin)은 그의 이론 속에서 이데올로기와 조직 그리고 강제와 설득을 중요시한다. 강제는 정치권력을 획득하기 위해서 필요하며, 설득은 대중에게 당의 정책을 정당화하고, 당정책의 전략과 전술을 설명하여 대중의 마음을 사로잡기 위해 필요한 것이다. 특히 설득은 공산주의의 선전·선동 개념의 토대가 되고 있다. 레닌은 설득을 위한 선전·선동 개념을 조직화했으며, 그러한 조직을 공산당의 가장 중요한 수단으로 정립했다. 레닌에 의하면 선전·선동은 공산주의를 확산시키고, 국민에게 당의 정책을 설명하며 당의 정책을 주입시키는 과제를 안고 있는 것이다(박유봉, 1984: 5~7).

북한의 신문, 방송, 출판물의 언어에 대한 특징을 알아본다.

가. 기사종류와 대상에 따른 언어의 범주화

북한의 기사종류는 남한보다 훨씬 더 세분화돼 있는데, 여러 유형의 기사를 살펴본다는 것은 북한의 미디어 언어를 이해하는 데 매우 중요하다. 왜냐하면 북한에서는 보도대상과 기사종류에 따라 동원되는 언어기호의 범주가 미리 정해지기 때문에 우리는 어느 정도 예측가능성을 안고 텍스트에 접근해 볼 수 있는 것이다. 가령 김일성 관련기사라면 존경하고 흠모하는 마음을 드러내는 기호들이 대량으로 동원될 터이고, 미국이나 남한의 적대세력들에 대해 언급할 때는 전투적이고 파괴적이며 극렬한 표현들이 주류를 이룬다는 것이다(홍성 호, 2001).

다음 예문은 사론설류의 하나인 '정론'의 일부로 홍성호(2001)에서 재인용한다.

> 조국광복의 날을 맞이하여 울렁이는 가슴을 안고 만수대언덕으로, 만경 대[7] 고향집으로 끝없이 물결쳐 흐르는 사람들의 심장 속에 하나로 고 동치는 생각은 무엇인가. 그것은 바로 망국의 비운이 뒤덮였던 이 나라 인민에게 기쁨이 주렁지는 삶을 안겨 주신 민족의 태양 어버이 수령님 에 대한 한없는 고마움과 못견디게 사무치는 그리움이다.
>
> 천리마 495호, p.3, 2000. 8.

> 이 아침 송이송이 내리는 함박눈은 인류의 다함없는 축원의 꽃보라인 듯 끝없이 순결한 그 눈을 바라보느라면 문득 귀전에 메아리쳐 오는 세계의 환호소리, 칭송의 목소리. ……태양은 만물을 따뜻이 품에 안아 생의 활력을 준다. 경애하는 장군님께서는 이 나날 험로역경을 언제나 앞장에서 헤치시였지만 그이 가신 길에서는 가슴 뜨거운 사랑의 전설 그 얼마나 많이 꽃펴났던가.
>
> 천리마 501호, pp.5~6, 2001. 2.

나. 당정책화와 이데올로기에 의한 기사의 신화구조

북한에서는 사실들(facts)에 토대한 객관적 보도, 정보전달만을 위 주로 하는 기사, 이른바 '사실만 제공하고 판단은 독자들의 몫'이라

---

7) 만경대(萬景臺): 혁명의 위대한 수령 김일성동지께서 탄생하신 조선인민 의 마음의 고향이며 조선혁명의 요람지. 평양시 만경대구역에 위치하고 있다. 만경대에는 위대한 수령님께서 탄생하신 고향집과 만경봉을 비롯 한 사적지들, 그리고 귀중한 사적물들이 그대로 보존되여 있어서 우리나 라 인민들과 더불어 전세계의 벗들이 무한한 흠모의 정을 안고 끊임없 이 찾아오고 있다(사회과학출판사, 1992).

는 자유주의 언론의 기사작성 지침은 철저하게 배격된다.

북한에서 기사작성을 위한 기본요구 사항 중 하나는 '기사의 당 정책화'이다. 이는 '기사내용을 위대한 수령님의 혁명사상과 당의 방침으로 일관시키며 모든 기사가 당 정책을 해설하고 그 관철에 이바지하는 정치적인 글로 되게 한다.'는 것을 뜻한다. 다시 말하면 기사를 쓸 때 문제의 제기에서부터 반영되는 모든 내용은 기자의 판단에 의한 것이 아니라 철저하게 당정책에 기초해 써야 한다는 것이다.

기사는 본질적으로 '정치적 각도에서, 정치적으로 풀어나가는' 정치성을 갖는데, 여기서 벗어나 단순히 '기술실무적8)'인 자료들만 나열하는 것(기술실무화)은 글을 쉽게 쓰려는 안일한 집필태도 때문이라며 배격한다. 기사작성의 한 수법인 '당 정책화'는 궁극적으로는 김일성·김정일의 우상화와 체제찬양의 효과를 가져오는 이데올로기적 장치로 판단된다. 그것은 직접적으로는 당의 방침이나 정책이란 바로 김일성의 교시와 김정일의 말이나 교시를 구현한 것과 다름없기 때문이다. 실제로 기사에 담긴 메시지를 구현하는 언어양식을 분석해 보면 결국에는 김일성 부자의 얘기로 가 닿는다. 역시 홍성호(2001)의 인용이다.

드레로 물을 퍼서 적시던 그 땅에 어버이수령님께서는 관개수를 철철 넘치게 보내주셨고 오늘은 경애하는 장군님께서 뙈기논들을 다 없애여 락후하던 농촌의 마지막흔적마저 완전히 가셔 주시였다.
잠시 이야기를 멈추었던 할머니는 안경을 추슬러 올리며 의미심장한 목소리로 말하였다. ≪우리 장군님께서는 이 한드레벌 이름을 그냥 두어두라고 하셨다는데 정말 현명하시지. ……논밭이 이렇게 천지개벽도 하였으니……≫ 그러는데 텔레비죤에서는 ≪내나라 제일로 좋아≫의 노

8) 기술실무주의: 자주적인간의 높은 사상의식을 무시하고 오직 기술실무만을 내세우면서 그것을 절대화하는 그릇된 사상이나 태도(사회과학출판사, 1992)

래와 함께 화면음악으로 한드레벌의 새모습이 또 펼쳐지였다.

천리마 496호, p.39, 2000. 9.

이러한 글은 단순하면서도 교과서적이고 모범적 답안을 보는 듯한 플롯으로 구성돼 있어 남한의 시각으로 보면 별로 재미없는 형식이다. 그러나 대부분의 실화 등 공산주의 교양기사들이 그렇듯이 여기에는 북한체제의 신화가 담겨있다. 바르트(Barthes)의 방법론을 빌려 살펴보면 앞에서 언급한 표면적으로 전개되는 기호들(signifier) 속에는 '우리', 즉 인민대중의 하나됨과 경애하는 장군님이 가꿔주는 대가정의 한 식솔임을 확인하고, 당과 수령에 대한 고마움을 느낀다는 함축의미(signified)가 담겨 있다. 이것은 신화단계에서 위대한 공화국 건설의 가치에 대한 헌신과 충성심 배양으로 연결돼 궁극적으로 사회질서와 체제안정·유지의 효과를 가져오는 것이다.

이렇게 보도기사의 특성은 소식성과 신속성, 정확성, 간결명료성 등으로 이는 남한과 별로 다르지 않다. 그러나 구체적인 기사작성에 들어가면 기사는 당정책화를 실현해야 하므로 정치적 언어들로 채워진다.

다. 병영국가 유지를 위한 전투적 표현의 일상화

그러는데 저쪽에서 ≪전투시작!≫ 하는 지휘관의 목소리가 높이 울린다. 또다시 전투원들이 달려 나가고 불도젤, 뜨락또르 등 륜전기재들의 동음이 세차게 울려 퍼졌다.

천리마 501호, p.42, 2001. 2.

군내 돌격대원들중 30%가 녀성전투원들이다. 청년영웅도로건설자들은 마대전을 벌렸는데 그들은 지금 맞들이전, 질통전을 벌려 버럭을 처리하고 골재를 나르고 있다.

천리마 502호, p.39, 2001. 3.

토지정리 현장과 발전소 건설현장을 전하는 현지보도 기사이다. 그런데 이 기사들은 마치 군의 작전상황을 묘사하고 있는 듯하다. 두 글에서 사용된 기호들은 이밖에도 '전투속보, 돌격대원, 전투를 지휘하는 일군, 전투장, 섬멸전의 방법, 전투적인 축하공연, 기계화초병[9]들, 예술선전대원,[10] 전투를 시작한 전투목표, 지휘관, 전투원, 혁명적군인정신, 녀성전투원' 등으로 범주화돼 있다.

북한에서의 현지보도기사는 '근로자들의 새로운 집단적인 영웅적 투쟁모습을 생동한 화폭으로 보여주어 대중을 선동하는' 목격자의 글이다.

북한에서는 언어를 민족을 이루는 공통점의 하나이며, 나라의 과학과 기술을 발전시키는 힘있는 무기로 규정하고 있다(김정수, 1989: 226). 그래서 언어 그 자체로 인민을 무장시키고 불타는 투쟁정신을 갖도록 격렬한 어휘와 수사법적으로 강건한 문장을 구사하는 말이 많다. 소위 그들의 표준어인 문화어의 생성시기를 "영광스러운 항일혁명투쟁시기에 그 뿌리가 이룩되었으며 오늘 혁명과 건설의 요구에 맞게, 로동계급의 지향과 정서에 맞게 모든 측면에서 혁명적으로 세련되고 풍부화되였다."고 설명하고 있는 점으로 미루어도 어휘 자체가 전투적일 수밖에 없다(과학·백과사전출판사, 1989: 9).

또한 노동자 계급의 혁명위업을 달성하기 위해서는 기존의 언어에서 공산주의 국가건설에 저해요인이 되는 부르주아적인 퇴폐적 요소는 정리해 없애 버리고, 새로운 사회가 필요로 하는 언어를 거기에 맞게 발전시켜 나가야 한다는 원칙에 따라 전투적 용어를 많이 사용하고 있다.

---

9) 기계화초병: 기계화의 앞장에 서서 투쟁하는 일군(사회과학출판사, 1992)
10) 경제선동을 기본으로 하면서 문화혁명수행에도 이바지할 목적으로 무어진 예술단체. 다양한 형식의 화술소품과 노래, 춤 등을 가지고 군중 속에 들어가 공연활동을 벌린다(사회과학출판사, 1992).

어휘뿐만 아니라 전달하는 형태도 김일성이 가르친 바와 같이 현실에서 벌어지고 있는 생동하는 투쟁모습을 시기성 있게 기동적으로 전해야 하고 당정책관철을 위한 투쟁에 신심과 용기를 주며 한 점에서 일어나고 있는 혁신의 불길이 전국에 널리 퍼지도록 선전·선동 역할을 담당해야 한다고 강조하고 있다(리상벽, 1989: 376). '돌격의 나팔수, 사상적 기수'로서 방송이 앞장서서 나팔을 불고 북소리를 울려야 한다는 방송원화술의 요구는 전시방송 지침과 다를 바 없다는 것을 알 수 있다.

"우리 방송은 위대한 김일성주의를 실현하는 가장 예리한 사상적 무기이다. 우리 방송의 혁명적 본질은 방송으로 하여금 현실의 관조자나 비관적 전달자가 아니라 대중을 혁명과 건설투쟁으로 불러일으키는 돌격의 나팔수로, 시대의 앞장에서 전진하는 사상적 기수로, 적과의 투쟁에서 예리한 공격무기로 될것을 요구한다.

이러한 요구는 방송원의 말에서 높은 격조와 전투적 기백이 발양될 때 실현될수 있다. 전투적 기백이 없는 방송화술은 혁명하고 투쟁하는 시대의 요구에 따라갈수 없으며 인민들에게 투쟁의식을 고취할수 없다.

우리 방송은 또한 사회정치적 분위기를 조성하고 대중을 위대한 수령님의 교시와 친애하는 지도자동지의 말씀, 그 구현인 당정책관철에로 한결같이 떨쳐나서도록 조직동원하는데서 중요한 역할을 담당하고 있다. 방송이 앞장에 서서 나팔을 불고 북소리를 울려야 온 나라가 떠들썩하고 근로자들의 생활이 더욱 생기발랄해질 수 있으며 온 사회에 전투적 기상이 넘쳐나게 할수 있다. 사실상 나라의 전투적 분위기를 조성하는데서 방송의 힘을 따를 다른 선전수단은 없다(박재용·김영황, 1988: 103~104)."

 북한방송은 또한 전쟁상황이 아니더라도 '폭로기사'라는 분류로 남한에 대한 비판을 강하게 하도록 지도하고 있다. "<폭로기사>는 자본주의사회의 반동적 본질과 부패상, 지배계급의 반인민적 시책이 빚어낸 사회적 모순과 생활상을 그대로 세상에 공개하는 방송편집물이다. <폭로기사>는 주로 미제와 남조선괴뢰도당의 반동적, 반인민적 시책에 의하여 불행과 고통을 당하고있는 남조선인민들을 교양하고[11] 각성시키기 위한 선전물로서 대남방송에서 광범히 편집하고 있다. <폭로기사>는 방송에서만 쓰이는 글이지만 세상에 출현한 력사가 오래고 따라서 체계와 내용이 일정한 기사론적 체모를 갖추게 되였으며 그 생활력은 매우 크다.

 <폭로기사>의 특성은 사실적 자료를 구체적으로 까밝히는것으로서 그를 실지 체험하고 있는 남조선인민들의 인식교양에 힘있게 이바지하는데 있다. 론평, 단평도 역시 흡사한데가 있기는 하나 <폭로기사>는 분석, 평가를 위주로 하지 않고 적들의 반동적 본질, 그가 빚어낸 후과를 발가놓는데 있다. 때문에 <폭로기사>는 말그대로 남조선인민들의 보고도 알수 없었거나 볼수도 없게 숨어있었던 사실자료를 들추어내어 폭로함으로써 그들의 눈을 틔워주고 정치적으로 각성시키자는데 목적을 두고 있다.

 방송은 특정한 대상만 듣는것이 아니기때문에 항상 적들도 듣는다는것을 고려하고 있다. 그러므로 <폭로기사>에서는 놈들이 이 사실자료앞에서 옴짝달싹 못하게 날카롭게 까밝히며 예리하게 분석함으로써 간담이 서늘케 하도록 전개하기도 한다(박재용·김영황, 1988: 293~294)."

 북한방송에서는 일상적인 보도, 즉 스포츠나 생산 작업장, 건설현장, 학교 교육의 현장 등의 기사에도 쟁취, 속도전, 진군, 전투력, 작

---

11) 교양(敎養): 사람들을 사회생활과 활동에 능동적으로 참가할수 있도록 자질을 갖추게 하는 모든 과정(사회과학출판사, 1992)

전, 초병,12) 물고기 잡이 전투, 물질적 요새와 같은 군사용어들이 많
이 등장한다.

숭고한 투쟁정신을 본받아 경기마다에서 사상전, 투지전, 속도전, 기술
전을 힘있게 벌려

KBS, 남북의 창, 1989. 11. 7.

투쟁을 적극 벌려 먹이기지를 조성했습니다.

MBC, 통일전망대, 1989. 12. 10.

1990년대의 장엄한 진군길에 들어서

MBC, 통일전망대, 1990. 1. 14.

생산과 건설을 대담하게 작전하고 능숙하게 지휘해서

MBC, 통일전망대, 1990. 1. 21.

겨울철 물고기잡이 전투를 대담하고 통이 크게 벌려 나감으로써

KBS, 남북의 창, 1990. 1. 23.

농장의 일군들이 앞장서서 통이 크게 작전하며 개간 전투를 힘있게 이
끌어 나갔습니다.

KBS, 남북의 창, 1990. 1. 23.

탄부들은 당의 충직한 혁명전사로 더욱 튼튼히 준비해야겠다고 결의했
습니다.

KBS, 남북의 창, 1990. 1. 23.

(석탄생산장에서) 혁명적 기상과 속도전의 불바람이 세차게 몰아치고

---

12) '농장의 농기계 기사'를 말하는데, 이 말도 군사용어의 하나로 전쟁을
수행하고 있는 병영국가의 언어라고 할 수 있다.

있습니다.

공산주의에로 나아가는 길에서 반드시 점령하여야 할 사상·정치적 요새와
물질적 요새를 다같이 점령할 수 있는 길을 밝혀줄 불후의 고전적 문헌

　홍연숙(1991: 146)에서는 북한 문화어의 특징으로 그 언어의 폭력
성과 적개심, 상스러운 표현으로 만들어졌다는 점을 들고 있다. 아울
러 그와 같은 거친 표현은 노동자를 격앙시키고 사기를 드높이기 위
한 것인데, 이러한 성향은 언어사용의 가장 신성한 영역이라 할 수
있는 초등학생의 교과서 속에까지 스며들고 있다고 지적하고 있다.
예를 들면 '놈들이 비행기와 대포로 지랄을 부릴 때(4학년 국어 교
과서, p.23)', '미국놈들을 까눕혔습니다(3학년, p.31)' 등의 문장에서
몇 개의 전형적인 예를 볼 수 있다. 그리고 북한의 당기관인 로동신
문에서도 '미제의 각13)을 뜨자' 나 '돌탕14)을 쳐 죽이자'와 같은 폭
력적이고 상스러운 단어가 종종 등장한다.
　북한은 언어 그 자체를 무기로 보고 있기 때문에 모든 표현이 전
투적일 수밖에 없다. 김일성의 언어사상은 '언어는 사람들을 자주적
이며 창조적인 존재로 키우고 그들의 자주적이며 창조적인 활동을
보장하기 위한 무기로 보며 혁명과 건설에 더 잘 복무할 수 있게 목
적의식적으로 발전시켜야 할 대상(김일성종합대학출판사, 1989: 2)'
이라는 것이다. 그래서 어휘뿐만 아니라 수사학적으로도 강건체, 화
려체, 만연체 문장이 보도방송에까지 도입되고 있다.

---

13) 각을 뜨다: 잡아놓은 네발짐승의 몸에서 대가리, 네다리 등을 따로따로
　　잘라내다(사회과학출판사, 1992).
14) 돌탕: 돌로 함부로 막 때려서 짓이겨버리거나 짓부셔 버리는 것(사회과
　　학출판사, 1992)

2. 남북한 방송보도의 어휘적 차이

1) 남한 방송보도의 어휘적 특성

(1) 경어체의 제한과 비격식체의 사용 증가

신문기사와 방송문장을 구분하는 가장 큰 차이점은 대우법의 차이에 있다. 신문은 '-했다, -한다, -이었다, -이다'형태로 말을 마무리하는 종결어미 형태를 취하고 있으며, 방송은 '-했습니다, -합니다, -이었습니다, -입니다' 형태의 경어법을 취하고 있다.

인간관계에서 화자가 상대방이나 화중에 등장되는 인물 및 그들에 관련되는 사물에 대하여 공손한 어휘나 문체를 경어라고 한다(이웅백, 1987: 203). 이 경어가 특히 우리말에서 몹시 발달한 것은 그만큼 가정이나 사회에서의 신분, 친소관계를 깍듯이 나타냈던 우리 선인들의 언어습관이 빚어낸 전통이라 하겠다.

오늘날 복잡하게 발달한 우리말의 경어는 모국어로서의 우리말 학습에서도 그렇거니와 특히 우리말을 배우는 외국인들에게는 커다란 부담감을 주고 있는 것이 사실이다. 그러나 말은 그 사회에서 오랫동안 축적돼 내려온 문화의 총목록이며 관습이므로 편리한 것만을 취하기는 어렵다. 우리말의 경어가 몹시 복잡하다는 것은 우리말이 그만큼 세분화돼 있다는 것을 의미하며, 따라서 그것을 잘 익혀서 각기 해당하는 경우에 쓴다면 그때마다 새삼스레 신경을 쓸 필요 없이 예절에 맞는 적절한 언어구사가 될 수 있다. 이렇게 볼 때 우리

말에서 경어가 발달해 있는 것은 확실히 하나의 특징이며, 그것은 또한 장점일 수도 있는 것이다.

남한의 매체언어에 있어서 대우법에 관한 특징은 청자대우에서 현재 볼 수 있는 바와 같은 세대 간의 격차가 적었으며, 과거에는 비교적 단일체계였으나 후기에 와서는 상층체계와 하층체계로 이원화되었다는 점이다. 그리고 하오체와 하게체가 지금과 달리 일반적이었으나, 후기에 와서 이 두 화계(話階)의 사용은 제한을 받게 되었다. 아주높임, 예사높임, 예사낮춤, 아주낮춤의 격식체가 많이 쓰였던 점도 또 하나의 특징적인 현상이다. 후기에 오면서 격식성이 약화되면서 격식체의 사용이 감소되고, 상대적으로 해요체, 해체의 비격식체 사용이 증가하게 되었다(성기철, 1987: 148).

(2) 외래어의 수용과 표현

남한의 방송언어는 외래어나 외국어의 사용은 위의 조건대로 명사 형태의 용어가 아닌 용언이나 수식언으로 사용하면 격이 떨어지기 때문에 조심해야 한다는 원칙을 세우고 있다.

외래어에 대한 언어정책은 남북한이 겪은 공통적인 혼란의 하나이다. 그래서 남한의 외래어 표기법이나 북한의 외래어 적기법은 그 개정이 잦은 편이다. 남한은 1948년에 '외래어 표기법'이 제정되고, 1959년 '로마자의 한글화 표기법'으로 수정되었으며, 1985년에는 '외래어표기법'으로 다시 개정되었다. 외래어 표기 원칙은 한글 24자모로 적으며, 외래어의 1음운은 1기호이며, 종성에는 7개의 자음, 된소리(경음)를 쓰지 않고, 이미 굳어진 외래어는 관용을 존중하고 있다(국어연구소, 1986: 23).

다음 표에서 볼 수 있듯이 남한은 외래어 표기 기준을 영어에 두

고 있으나, 북한은 러시아어에 두고 있음을 알 수 있다. 그리고 북한
의 외래어중 일부는 남북분단 이전에 쓰던 관용형태의 외래어를 그
대로 사용하고 있음을 볼 수 있다.

〈표 9〉 외래어의 남북한 표기 비교(전수태·최호철, 1989: 258~260)

원 어	남한표기	북한표기
cup	컵	고 뿌
candle	캔 들	간데라
nut	너 트	나 트
napalm	네이팜	나 팜
tomato	토마토	도마토
data	데이터	데 타
radio	라디오	라지오
montage(프)	몽타주	몬따쥬
roller	롤 러	로 라
romance	로맨스	로만스
robot	로 봇	로보트
luman	루멘<물리>	류 멘
lux	룩스<물리>	룩 스
ribbon	리 본	리 봉
rail	레 일	레 루
race	레이스	레 스
razer	레이저	레이자
manufacture(러)	매뉴팩처	마뉴팍뚜라
mycine	마이신	마이싱
manteau(프)	망 토	만 또
minus	마이너스	미누스
missile	미사일	미싸일
balance	밸런스	바란스
baton	배 턴	바 통
bourgeois	부르주아	부르죠아

원 어	남한표기	북한표기
block	블 록	블로크
sack	색(고무제품)	사 크
shutter	셔 터	샤 타
shower	샤 워	샤 와
shampagne	샴페인	샴 팡
skirt	스커트	스카트
skate	스케이트	스케트
studio	스튜디오	스타지오
jazz	재 즈	쟈 즈
chuck	척(옷)	쟈 크
jack	잭<기계>	쟈 끼
dilemma	딜레마	지랜마
distoma	디스토마	지스토마
jelly	젤 리	째 리
cover	커 버	카 바
conveyer	컨베이어<기계>	콘베아
tank	탱크(물~)	탕 크
terror	테 러	테 로
television	텔레비전	텔레비죤
pulp	펄 프	팔 프
placard	플래카드	프랑카드
cabinet(러)	캐비닛(서류함)	까비네뜨
kayak	카약<해양>	까야크
dance	댄 스	딴 스
tractor	트랙터	뜨락또르
pomade	포마드	뽀마도

언어의 순화라는 단순한 목적이 아니라 한국어의 세계화라는 면에
서 해외 동포방송의 언어가 남북한 방송의 언어표현의 이질감으로
혼란을 겪고 있는 현실도 외면할 수 없는 우리의 과제가 아닐 수 없

다. 동포 방송중에서도 남북한 방송을 동시에 수용해야 하는 중국동
포 사회의 현실이 심각한 편이다. 중국 연변에서 출판된 '중국 조선
족 언어문자 교육 사용 상황연구'에 의하면 '조선과 한국의 말이 밀
려들고, 한어어휘가 조선말에 침투되고, 게다가 외래어가 범람하여
규범화에 곤난과 혼란을 조성하고있으며, 또 이미 규범한 어휘들이
제대로 사용, 보급되지 못하고 있다'고 우려하고 있다. 그들은 중국
에서 개혁개방 정책을 실시한 후, 특히 중국과 한국이 수교한 후부
터 중국은 조선과 한국의 우리말이 자유로이 쓰일 수 있는 중간지대
로 되고 있으며, 조선과 한국 언어의 일부 차이가 동시에 나타날 수
있는 특수지대로 되고있는데, 이것은 북한과 남한의 언어사용에서의
좋은 점을 배울 수 있는 유리한 조건도 제공해 주지만, 한편으로는
언어사용에서의 혼란을 조성하는 불리한 점도 가져다준다고 주장하
고 있다(전학석·남일성·방학철·최창범, 2000: 546).

서지문(2001: 185)은 방송국 차원에서 연예 오락 프로그램 뿐 아
니라 교양 프로그램이나 뉴스보도, 다큐멘터리 등 모든 프로그램에
서 외국어의 오·남용을 배제하는 사내 켐페인을 벌이고, 시청자들의
뇌리에 가장 강하게 각인되는 프로그램 제목이나 세부 프로그램 제
목에 외국어를 절대 쓰지 않는 것을 원칙으로 삼아야한다고 주장하
면서, 대담이나 토론 프로그램의 출연자들에게도 외국어 배제에 협
조해 줄 것을 당부한다면 사회적인 운동으로 확산될 수도 있다고 제
안하고 있다.

서지문은 방송사에 소속되거나 독립적인 프로덕션을 운영하는 방
송 관계자들을 위해 '외국어순화자료집'과 같은 자료를 제공하여 특
정 외국어 단어를 국어 단어로 교체하는데 도움을 주도록 하면서 전
반적으로 국어를 지키고 외국어의 잠식을 막는 방법에 대한 지혜를
얻도록 하거나, 정부 차원에서 또는 방송국 차원에서 흔히 쓰이는
외국어 단어를 대체할 국어 단어를 공모하고, 또 수시로 훌륭한 제

안을 하는 사람에게 사례를 한다면 크게 발전이 이루어 질 것이라고 주장하고 있다.

국어를 포기하는 것은 민족정체성을 포기하는 것이다. 우리는 이미 뿌리 깊이 잠식해 온 일본어를 우리말에서 추방하는 데 성공한 경험을 갖고 있다. 방송계는 지나친 외국어의 사용과 외래어의 오·남용을 추방하고 올바른 방송언어를 바르게 쓰는 습관을 갖도록 계도할 필요가 있다.

(3) 수량단위 정보의 표현

신문이나 방송의 정도는 정보전달의 기능이 크다. 그래서 각종 수의 표현이 많이 등장한다. 방송언어의 일부분이면서 정보전달을 위해 중요한 몫을 차지하고 있는 수의 표현에 관해서 남한의 방송에서는 몇 가지 원칙을 정해 사용하고 있다(김상준, 2001: 140~145).

수의 표현도 문자로 쓸 때는 간단하지만 같은 1, 2, 3, 4라도 읽을 때는 한자어의 발음으로는 일, 이, 삼, 사가 되며, 우리말의 고유어의 발음으로는 하나(한), 둘(두), 셋(세·서·석), 넷(네·너·넉)이 된다.

일반적으로 수라고 하는 말 중에는 수사가 있고 수관형사가 있지만 그것을 구분하지 않고 통틀어 수사라고 하는 경우가 많다. 수사는 수나 차례를 나타내는 품사를 말하는데 비록 수를 나타냈어도, 그것이 명사를 수식하는 자리에 위치하면 수관형사가 된다. 우선 수사와 수관형사를 표로 나타내서 구분해 보면 다음 <표 10>과 같다.

〈표 10〉 수사와 수관형사

수 사	양수사	정 수	일, 이, 삼, 십, 백, 천……
		(기본수)	하나, 둘, 셋, 열, 스물, 서른, 마흔, 쉰……
		부정수	두셋, 서넛, 너더댓, 예닐곱, 여남은, 몇, 여럿
	서수사	정 수	제일, 제이, 제삼, 첫째, 둘째, 셋째, 열째,
		(순서수)	열두째, 꼴찌……
		부정수	한두째, 두셋째, 서너째, 너덧째, 여남은째……
수관형사		정 수	한, 두, 세(서·석), 네(너·넉), 열, 스무, 첫째, 둘째……
		부정수	한두, 두어, 너덧, 여러, 모든, 몇, 몇째, 여러째……

이 표를 보면 같은 말들이 수사에도 있고 관형사에도 있는데, 이 것은 우리말의 특징을 나타내는 좋은 본보기이다. 수사는 양수사나 서수사에 관계없이 조사 '은, 는, 이다, 입니다' 등을 붙일 수 있으 나, 수관형사에는 조사를 붙일 수 없다. 또한 수사는 단독으로 주어 나 목적어 등이 될 수 있으나 관형사나 형용사의 수식을 받을 수 없 다. 수사는 복수 표시를 할 수 없다. 또한 '여러'라는 관형사와 '분' 이라는 의존명사가 합해져서 만들어진 '여러분'이라는 말에는 '들'이 라는 복수 접미사를 붙일 수 없다.

방송에서 우리말로 표기된 말은 별 문제가 없으나, 1, 2, 3, 4 등 아라비아 숫자로 표기된 수사나 수관형사는 발음이 문제가 된다. 3, 4는 세, 네로 읽게 돼 있으나 말<斗>, 장<張> 앞에서는 그 모습을 달리 한다. 그리고 다섯, 여섯도 말<斗> 앞에서 닷, 엿 등으로 바뀌 지만 반드시 그런 것은 아니어서 수의적으로 바뀌는 경우가 있다.

수관형사에서도 수는 아니지만 수의 개념을 가진 한자로 된 말이 있다. 예를 들면 전생애, 반평생 등에서 전, 반 등이 그것이다. 수관 형사는 독립적으로 쓰이지 않고 반드시 의존명사와 합해져서 말을 만든다. 한국어에서는 수사보다 수관형사가 더 많이 쓰이고 있다. 수 관형사와 함께 쓰이는 의존명사는 단위성 의존명사라고 해서 수량이나 단위를 나타낼 때 쓰인다.

단위성 의존명사는 미터법의 m, ㎝, g, ㎏, ㏊ 등을 비롯해서 개(個), 장(張), 살(歲), 명(名), 자(尺), 치(寸), 푼(分), 대(臺), 척(隻), 시(時), 분(分), 초(秒), 냥(兩), 돈, 필(匹), 머리(頭), 채(戶), 그루(株), 층(層), 자루, 켤레, 가지(種), 번(番), 섬(石), 말(斗), 되(升), 홉(合), 년(年), 월(月), 일(日), 원, 전, 리, 부대(負袋, 包袋) 등이 있으며 퍼센트(%), 옴(Ω), 와트(W), 헬츠(hz) 등도 단위성 의존명사이다. 한국어에서의 수관형사는 고유어는 고유어끼리 한자어는 한자어끼리 어울리는 것이 원칙이다. 또한 관용에 의해서 1부터 10까지의 수는 우리말 발음으로 하고 11이 넘어가면 한자어 발음으로 하는 경향이 있다.

따라서 의존명사가 우리말 계통이면 수관형사도 한·두·세·네 등으로 하고 한자어 계통이면 일·이·삼·사로 하는 것이 원칙이다.

자동차 153대 → 백쉰석 대 / 사람 153명 → 백쉰세 명, 혹은 백오십삼 명 / 벼 153섬 → 백쉰석 섬[15] / 비단 153자 → 백쉰석 자 / 집 153채 → 백쉰세 채 / 아파트 153가구 → 백쉰세 가구, 혹은 백오십삼 가구 / 사과 153개 → 백쉰세 개 / 관광지 153개소 → 백쉰세 군데, 혹은 백오십삼 개소 / 나무 153그루(株) → 백쉰 세 그루 / 종이 153장 → 백쉰석 장 / 소 153마리 → 백쉰세 마리 / 공산품 153가지(種) → 백쉰세 가지 /

수의 발음에서 0~9까지의 수에서 긴소리(長音)는 '2, 4, 5, 둘, 셋, 넷, 열, 쉰, 만'이며, 나머지는 모두 짧은소리(短音)로 발음한다. 그밖에 십, 백, 천, 만, 억, 조에서는 만(萬)이 장음이고 나머지는 단음이다.

그러나 1(일)은 짧은 발음이지만 경우에 따라 길게 나는 경우도 있다. 예를 들면 일생(一生), 일대(一代), 일세(一世) 등은 단음이지만

---

15) 공양미 삼백석은 한번 굳어진 말이어서 '삼백섬'으로 하면 어색해진다.

한 집안이나 가족을 말할 때 쓰는 일가(一家)는 장음을 거의 모두 발음하고 있는 것이다. 같은 일가(一家)라도 학문이나 기예 등에서 독립된 유파를 이룬다는 뜻으로 쓸 때는 원래대로 단음으로 발음한다.

2) 북한 방송보도의 어휘적 특성

(1) 통제를 위한 설득우위의 화용론적 표현

북한방송원화술은 어휘를 '단어나 성구, 또는 그것들의 전체를 통틀어 이루는 말'로 정의하고, 말이나 글은 어휘들이 일정한 규칙에 의하여 결합될 때 이루어지며, 어휘가 없으면 말이나 글이 이루어질 수 없고, 언어의 기능도 수행할 수 없다고 정의하고 있다. 또한 화술은 다양한 어휘들을 말로 형상하는 솜씨라고 정의하면서 '방송원이 풍부한 어휘와 그 뜻을 깊이 체득하면 하는 것만큼 화술형상에 반영된다'고 강조하고 있다(박재용·김영황, 1988: 494~495).

방송원화술은 또한 아는 것만큼 말한다는 말을 전제로 "방송원으로 되였을 초기에는 뛰여난 목소리, 정밀한 발음, 섬세한 형상력, 류창한 독보력[16]으로 하여 사람들을 경탄시키고 또 무한히 발전할것 같이 보이던 방송원이 꼭 예견한대로 되지 않고 몇 해후부터는 답보하거나 퇴보하는 경우가 있다"고 말하면서 "여기에는 여러가지 원인이 있겠지만 중요한 원인의 하나가 바로 어휘지식의 빈곤에 있다"고

---

16) 독보(讀報): 신문을 비롯한 여러 가지 교양자료를 여러 사람에게 알리기 위하여 소리내여 읽는 것 또는 그런 선전활동(사회교육출판사, 1992).

비판하고 있다. 때문에 방송원의 화술은 목에서 나오는 것이 아니라 궁극에 가서는 머리에서 나온다고 강조하고 있다.

또한 북한의 이름난 방송원들 가운데는 목소리나 발음 같은 기초 조건이 별로 우월한 것도 없지만 훌륭하게 방송을 하는 사람이 많은 데, 그 원인의 하나가 어휘지식이 풍부해서 남들이 느끼지 못하는 사상과 감정을 깊고 폭넓게 체현하고 있기 때문이라고 지적하고 있다.

그들은 어휘지식을 풍부하게 습득하기 위한 방법으로 다음과 같은 주문을 하고 있다.

"첫째로, 어휘지식학습은 매 시기 발표되는 위대한 수령님과 친애하는 지도자동지의 불후의 고전적 로작17)들을 깊이 연구학습하고 로작의 사상적 내용과 새로운 어휘들을 자기의 것으로 만드는 것이다.

례를 들어 위대한 수령님과 친애하는 지도자동지의 수많은 불후의 고전적 로작들에는 <석탄은 검은금>, <철과 기계는 공업의 왕>, <일당백>, <이신작칙18)>, <속도전>, <정치적 생명> 등 실로 헤아릴수 없이 새로운 어휘들이 많다.

둘째로, 경애하는 수령님과 친애하는 지도자동지에 대한 흠모와 충성의 마음을 나타내는 어휘와 표현들을 깊이 연구하여 자기의 것으로 만들어야 한다.

---

17) 로작(勞作): '로동계급의 혁명리론발전에서 커다란 리론실천적의의를 가지는 고전적저서'를 이르는 말. 혁명의 영재이시며 위대한 사상리론가이신 경애하는 수령 김일성동지의 불후의 고전적로작들에는 현시대와 공산주의 미래의 전력사적시대를 대표하는 주체의 사상, 리론, 방법이 전면적으로 집대성되여있으며 민족해방과 계급해방을 위한 투쟁. 사회주의, 공산주의 건설, 세계혁명 등 혁명과 건설에로 제기되는 모든 리론실천적문제들과 그것을 풀기 위한 구체적인 방도들이 명백히 밝혀져있다(사회과학출판사, 1992).

18) 이신작칙(以身作則): 실지 행동으로써 모범을 보이는 것, 곧 언제나 군중의 앞장에 서서 자기의 실천적모범으로 사람들을 교양하며 이끌고 나아가는 것 또는 그러한 공산주의적 품성이나 사업작풍(사회과학출판사. 1992)

우리가 자주 쓰는 <끝 없는 경모의 마음>, <솟구쳐오르는 경모의 정>, <다함없는 흠모의 마음>, <열화와 같은 충성심>, <가장 높은 열도의 충성심>, <불타는 충성의 한마음>, <불보다 뜨거운 충성심>, <충성의 피가 가슴마다에 맥박쳐흐른다>, <세월은 흐르고 강산은 변해도 충성의 한마음은 변함없으리>, <천만년 흘러가도 하늘땅이 변해도 수령님 한분만을 모시렵니다>와 같은 어휘와 표현들은 아무 때이고 말할수 있도록 그 참뜻을 깊이 파악하고 자기의 것으로 만들어야 한다."

(2) 특이형태의 접미사와 어미활용

북한에서는 명사나 관형사를 만들어 주는 접미사 '~적'과 복수 접미사 '~들'이 남한보다 많이 쓰이고 있다. 특히 접미사 '적'은 어떤 말에 붙어 명사나 관형사, 부사를 만들어 주는 구실을 하는 말인데 북한의 방송언어에서 많이 보인다. 이것은 인접한 중국문화의 영향을 계속 받고 있다는 것을 증명한다. 중국어에는 형용부가어라고 해서 '적'이 많이 쓰인다. '유명적, 고상적, 명백적, 온화적, 청록적, 위대적'과 같은 형태의 중국어처럼 심하지는 않으나, '책임적, 로력적'과 같은 형태의 말이 많이 등장하여 중국문화의 영향을 받고 있음을 암시해 준다.

북한에서는 '~적'을 "주로 한자말의 명사 뿌리에 붙어 그 말 뿌리가 나타내는 <그것에 관계되거나 그것의 성격을 띠거나 그런 상태로 되거나 하는 것 등>을 나타낸다"고 풀이하고 있다(사회과학원 언어학연구소, 1988). 물질적, 기술적, 대중적, 혁명적, 영웅적, 고전적이라는 말은 남한에서도 많이 쓰이지만, 형제적, 책임적, 로력적이라는 말은 이질감을 느낄 정도로 북한방송에서 많이 나타나고 있다.

또한 북한말에서는 몇 개의 형태소가 생성적인 발달을 보이고 있는데 그 중에는 보통 남한에서도 생략되는 복수형태소 '들'이 북한 문헌이나 말에서 나타나는 경향이 두드러진다(홍연숙, 1989: 20~21). 남한에서는 '들'이 셈의 대상이 되는 명사나 대명사에 붙어 복수를 표시하고, 셀 수 없는 명사나 장소, 표시의 대명사에는 붙을 수 없다고 규정하고 있다(강신항, 1988: 273).

문법의 이론에도 차이가 있어서 남한에서는 복수 접미사로 분류하고 있으나, 북한에서는 '토'로 분류하여, "복수란 대상이 둘 이상 있다는 것을 나타내는 문법적 범주이며, 복수토는 모든 명사에 다 붙을 수 있는 것이 아니라 오직 셀 수 있는 단어에만 붙는다"고 규정하고 있다(과학·백과사전출판사, 1989: 267). '누구, 성과, 토론, 보도, 마음'과 같은 경우에 '들'접미사는 남한에서는 거의 쓰이지 않으나, 북한방송에서는 많이 쓰이고 있다. '들'을 붙이지 않더라도 의미상으로 복수라는 것을 나타내는 '여러분'과 같은 말에 굳이 붙여서 의미를 중첩시키는 것은 규범의 적용을 너무 엄격하게 하기 때문일 것이다.

이상에서와 같이 특이한 형태의 접미사의 사용과 함께 어미의 형태와 발음에도 차이를 보이고 있는 말이 많다. 북한의 방송언어에 나타난 특이한 형태의 어미로 '자요'형태가 있다. '조선문화어문법'에서는 '자요'어미가 '해요'계열의 토로서 흔히 사사롭게 말하는 경우에 쓰이는데, 가까운 사이면 대등한 사이나 웃사람에게도 쓰이며, 이 때 이 말들은 친밀감을 주기도 한다고 설명하고 있다. 그리고 이 말은 이야기를 듣는 사람을 높여 말하는 '높임토'로 분류하고 있다.

이밖에 합성어를 위한 새로운 어미활용으로 '-ㄹ(을)데 대하여'가 있다(홍연숙, 1989: 21). 이 말은 '모든 사람이 동지적으로 협조할데 대하여'와 같이 쓰는 말인데, 북한방송에서는 제목으로도 사용하고 일반적인 방송언어로도 사용하고 있다.

(3) 한자어와 외래어의 인위적 통제

북한은 1949년 초에 한자폐지를 완료하여 신문, 잡지 등 인쇄물에 한자를 쓰지 않았고, 1949년 말에는 과학기술 서적과 민족고전까지도 우리 글자로 내기 시작했다.

편집 제작에 있어서 북한신문의 가장 중요한 변화는 한글전용과 가로쓰기이다. 북한신문이 가로쓰기를 시작한 것은 1956년 4월이었다. 로동신문은 조선로동당 제3차대회가 열리기 전날인 4월 16일, 그리고 이튿날인 17일에는 민주조선이 가로쓰기 편집으로 바꾸었다. 로동신문을 비롯한 북한의 모든 간행물은 현재 한자를 일절 쓰지 않으며 한글을 전용한다. 북한은 1949년 9월 한글전용 방침에 따라 한자의 사용을 전폐하는 조치를 취한 것이다. 이는 북한 주민들에 대한 정치교양, 사상교양, 당책의 선전, 전달사업을 수행하고 강화하기 위해서 취한 조치였다.

김일성은 1964년 1월 3일 언어학자들에게 행한 '조선어를 발전시키기 위한 몇 가지 문제'라는 제목의 담화에서 김두봉(金枓奉)이 제안했던 문자 개혁론의 부당성을 지적하고 한자어와 외래어를 쓰지 말도록 지시했다(정진석, 2001: 6). 구체적으로는 돈육(豚肉), 상전(桑田), 연초(煙草), 석교(石橋) 등은 돼지고기, 뽕밭, 담배, 돌다리로 해야 하며, '로동계급'을 중국식으로 '공인계급(工人階級)'이라고 쓰지 말 것과 '이데올로기야', '헤게모니야' 등의 외래어를 써서 한국말을 러시아어화해서도 안되며, '양복저고리'를 일본말인 '우와기' '등으로 불러서는 안된다고 했다.

한자와 한자어에 대한 북한의 언어정책은 1964년 1월, 1966년 5월, 1970년의 김일성 교시에 의해 기본방침이 확정되고 실행방안이 수정되고 구체화되어 왔다. 특히 김일성의 1966년 5월 14일 언어학자들과 한 담화 '조선어의 민족적 특성을 옳게 살려나갈데 대하여'

에 보면 몇 가지 어휘를 예를 들어가면서 고유어로 바꿀 것은 바꾸고, 한자어로 그대로 둘 것은 고치지 말도록 지시하고 있다(김민수, 1989: 406~416).

이상과 같이 융통성을 두면서 "지하와 땅속, 심장과 염통은 뜻이 같지만 그 폭이 다르므로 한자말과 고유어를 다 그대로 두는 수밖에 없다"고 교시하고, "만일 지하 투쟁이란 말을 땅속 투쟁이라고 고치거나, 평양은 나의 심장이란 말을 평양은 나의 염통이라고 고치려고 해서는 안 된다"고 강조하고 있다. 이러한 김일성의 융통성 있는 교시 때문인지 일반적인 소식을 전하는 뉴스에는 고유어가 많으나, 김일성·김정일 부자 관련 방송에는 한자어가 많이 들어 있다.

다음으로 외래어에 대한 언어정책은 남북한이 겪은 공통적인 혼란의 하나이다. 그래서 남한의 외래어 표기법이나 북한의 외래어 적기법은 그 개정이 잦은 편이다. 북한은 1956년에 '조선어 외래어 표기법'에 의해 외래어를 표기하고 있다(성광수, 1989: 100~101). 북한은 외래어에 대해 대단히 폐쇄적인 언어정책을 세우고 있는데, 남한의 말을 '고유한 우리말은 얼마 없고 영어, 일본말, 한자어가 절반이상이나 섞인 잡탕말'이라고 비판한 것을 보면 단적으로 알 수 있다.

북한의 외래어 적기법에 따른 원칙은 김일성의 교시에 따라 세워졌다. 외래어, 특히 고유명사는 원지음을 따르고, 조선말 소리의 특성을 존중하며, 조선말의 글자 체계를 따르되, 이미 굳어진 말은 예외로 한다고 정해져 있다(성광수, 1989: 104).

대체적으로 남북한의 외래어 표기 원칙은 같으나 각론에 들어가면 약간의 차이가 있는데, 남한에서는 'ㅈ, ㅊ'으로 표기되는 말에서 이중모음 'ㅑ, ㅕ, ㅛ, ㅠ'로 나는 말은 단모음 'ㅏ, ㅓ, ㅗ, ㅜ'로 표기하도록 하고 있으나, 북한은 이중모음 그대로 표기하고 있다.

예를 들어 남한에서는 'ㅈ, ㅊ, ㅉ'에 'ㅑ, ㅕ, ㅛ, ㅠ'가 붙으면 '자, 저, 조, 주, 차, 처, 초, 추, 짜, 쩌, 쪼, 쭈'로 소리나기 때문에 외래어도 '죤슨은 존슨, 챨스는 찰스'로 발음하고 표기도 그렇게 하도록 했다.

　　그러나 북한은 '텔레비죤, 몬따쥬'처럼 이중모음을 사용하고 있다.

　　<표 11>은 다듬은 말의 비교표이다. 다듬은 말은 다듬기 전의 외래어 앞에 X 표를 하여 다듬은 말만을 쓰도록 규정하고 있다. 다듬은 말에도 한자어가 섞여 있다는 것에 주목할 필요가 있다.

〈표 11〉 다듬은 말 정리(외래어)(전수태·최호철, 1989: 263~264)

원　어	북한 표기	다듬은 말
castella	가스테라	설기과
dial	다이얄	눈금판, 글자판
detail	디테일	예술적 세부
lanolin	라놀린	양털기름
rahmen	라멘<건설>	틀
roll	롤	굴 대
lignin	리그닌<생물>	나무소[19]
lima	리 마	다듬송곳
ribet	리베트	말머리못
massage	마싸지	문지르기
montage	몬따쥬	판조립
melon	메 론	향참외
variety	바라이데	노래와 춤 묶음
bite	바이트	쇠 칼
beret	베 레	둥글모자
scrubber	스크레빠<기계>	긁개칼, 긁개삽
tube	쥬 브	속고무
curtain	카 텐	창가림
calpis	칼피스	신젖단물

---

19) 나무, 참대, 볏짚 등 식물체에 중요성분으로 들어있는 고분자화합물의 하나(사회과학출판사, 1992)

원 어	북한 표기	다듬은 말
caramel	카라멜	기름사탕
cold cream	콜드크림	기름크림
clutch	크라치	조종축잇개
crusher	크랏샤	바숨기계
cross bar	크로스바	가름대
climax	클라이막스	절 정
terrace	트라스<건설>	살 틀
thema	테 마	주 제
pipe	파이프	관
pipe organ	파이프 오르강	관풍금
forte(이)	포르테<음악>	크 게
poster	포스터	선전화, 선동화
hook	호 크	걸단추, 맞단추
hoop	호쁘<체육>	돌림틀
fuse	휴즈<전기>	녹는쇠
headlight	헤드라이트	앞 등
catalogue	까다로그	상품목록
committee	꼬미씨야	위원회
punch	뽄 찌	구멍따개
ball	뽈	공
siren	싸이렌	고 동
jam	쨤	단졸임
adagio(이)	아다지오<음악>	조용하고 느리게
arc	아이로니<문예>	비 양
icecream	아이스크림	얼음보숭이
off side	옵사이드<체육>	공격어김
ink roller	잉크로라	잉크굴개
wire	와이야	쇠바줄
one piece	원피스	달린옷
knock	노 크	손기척

다음은 북한의 방송보도에서 실제로 사용된 외래어의 용례를 몇 개 들어본 것이다(김상준, 2001: 519).

농촌문제에 관한 테제 발표

KBS, 남북의 창, 1989. 11. 7.

텔레비죤 앞에서 손뼉 쳐 칭찬해 주자요

KBS, 남북의 창, 1989. 11. 7.

쏘비에트 상임위원회

MBC, 통일전망대, 1989. 11. 19.

막스 레닌주의와 프로레타리아 국제주의에 기초하여

MBC, 통일전망대, 1989. 11. 19.

꾸바 공산당 중앙위원회 기관지 그란마 사장

MBC, 통일전망대, 1989. 11. 19.

열(10) 키로그람의 먹이

MBC, 통일전망대, 1989. 12. 10.

한(1) 톤 열한 키로그람

MBC, 통일전망대, 1989. 12. 10.

백반 네(4) 그라무

KBS, 남북의 창, 1990. 1. 16.

니꼴라이 차우세스꾸 동지

MBC, 통일전망대, 1990. 1. 21.

스무(20) 톤 이상의 거름

MBC, 통일전망대, 1990. 1. 21.

그의 뜨락또르는 언제나 만가동입니다

MBC, 통일전망대, 1990. 1. 21.

다섯 키로와트의 전기

KBS, 남북의 창, 1990. 3. 13.

이밖에 인명과 지명으로 '모스크바, 미하일 세르게예비치 고르바초프, 베르린, 에곤 크렌츠, 등소평, 강택민, 이붕, 에레나 차우세스꾸, 로므니아, 부꾸레슈띠'등의 외래어가 보인다. 북한은 외래어의 표기를 "조선말 소리의 특성을 존중하며 조선말의 글자 체계를 따르도록 하며 이미 굳어진 말은 예외로 한다(성광수, 1989: 104)"는 규정에 따라 표기와 발음에 융통성도 부여하고 있다는 사실에 유념할 필요가 있다.

남한에서는 문화체육부 고시 제1995-8호(1995. 3. 16.)로 외래어표기법을 고시하여 외래어 사용의 준거를 마련했다. 그러나 남한의 외래어 표기는 지나치게 원음주의을 채택하여 주체적인 언어정책에서 벗어나고 말았다. 남한의 경우에도 외래어 표기법 제1장 제2항에 "이미 굳어진 외래어는 관용을 존중하되, 그 범위와 용례는 따로 정한다."고 규정하여 북한의 '이미 굳어진 말은 예외로 한다'는 규정을 삽입하기는 했으나, 북한과는 달리 원음주의를 지나치게 적용하고 있다. 예를 들어 인명의 경우 북한은 '강택민, 이붕'처럼 '한자음'을 그대로 사용하고 있는 데 비해, 남한은 '쟝쩌민, 리펑'처럼 중국의 원지음을 채택하고 있다. 지명도 북한은 '길림성, 연변'을 우리말 발음으로 하고 있으나, 남한은 '지린성, 옌벤'처럼 중국어 원음을 원칙적으로 채택하고 있다.

외래어의 표현과 함께 외래어를 수량단위 의존명사로 사용하는 수의 표현에 차이가 있다. 남한의 방송에서는 단위가 우리말이거나 한자어 계열이면 '한 그릇, 한 개, 한 명, 한 장'으로 발음하고 외래어 계열이면 '일 킬로, 일 톤, 일 그램'으로 하는 것이 일반적인데, 북한에서는 '키로, 그람, 톤, 메터, 센찌메터'와 같은 외래어 앞에 '일, 이, 삼, 사'와 같은 한자어가 아니라 '한, 두, 세, 네'와 같은 고유어 계열의 수관형사를 쓰는 경우가 많다.

3. 남북한 방송보도의 음성언어적 차이

1) 남한 방송보도의 음성언어적 준거(準據)와 특성

(1) 자모음(子母音)의 발음과 장단음

남한의 방송에서는 음성언어로서의 방송언어가 갖춰야 할 조건 중에서 가장 기본적인 것을 표준어로 보고 있다. 표준어의 조건은 표준적인 어휘와 표준적인 발음을 말하는데 남한의 방송언어는 표준발음을 사용하도록 하고 있다. 이외에 표준억양을 비롯한 끊어 읽기, 호흡법, 발성법, 소리의 높낮이 조절 등 여러 가지 조건을 만족시켜야 한다. 한국어에서 모음은 길게도 소리 낼 수 있고 짧게도 낼 수 있다. 따라서 음절도 길거나 짧을 수 있다. 한국어에서 이 소리의 길이는 단어의 뜻을 변별하는 힘이 있다. 이런 점에서 소리의 길이는 자음이나 모음과 같은 역할을 한다.

모국어를 어느 정도 익힌 계층에서 언어의 변별력을 흐리게 하는 요인 중의 하나는 모음의 발음을 잘못 했을 때일 것이다. 역시 한국어에서도 어느 정도의 수준에 도달한 언어사용자층에서 변별에 장애가 되는 음가는 모음이며, 그 중에서도 완벽한 발음에 도달하기 어려운 것은 단모음의 발음이다.

한국어의 표준발음법에서 규정한 단모음은 10개로 되어 있다. 모음의 발음법은 우선 단일구조의 단모음 'ㅏ·ㅓ·ㅗ·ㅜ·ㅣ'를 연습한 후에 'ㅟ·ㅚ'를 익히고 가장 어려운 'ㅐ·ㅔ'를 완벽하게 발음하도록 하고 있다. 이중모음도 방언형태의 발음이나 발음법칙에 어긋난 단모음으로 소리나는 일이 많이 있다. 이중모음은 'ㅑ·ㅒ·ㅕ·ㅖ·ㅘ·ㅙ·ㅛ·ㅝ·ㅞ·ㅠ·ㅢ' 11개이다. 이중모음 '의' 발음은 첫소리에서는 이중모음으로, 둘째 음절 이하에서는 '이'로, 조사는 '에'로, 자음에 붙으면 '이'로 발음하도록 한다.

한국어와 같은 모국어를 사용하는 사람들의 경우는 자음의 난이도보다 모음의 난이도가 상대적으로 어렵다. 그러나 상대적으로 쉬운 자음을 발음함에 있어서도 발음장애나 습관에 따라 'ㄴ, ㄷ, ㄹ'의 발음이 불분명하게 나오는 경우가 있으며, 'ㅎ'이 묵음화하거나, 쌀을 살로 발음하고, 초성의 'ㅈ'이 유성음화해서 어색하게 들리는 일이 있다. 한국어의 음운론에서 규정한 자음의 수, 즉 한국어 표준발음법에서 규정한 자음의 수는 모두 19개이다.

〈표 12〉 자음의 분류

	입술소리	혀끝소리	구개음	연구개음	목청소리
예사소리	ㅂ	ㄷ, ㅅ	ㅈ	ㄱ	ㅎ
거센소리	ㅍ	ㅌ	ㅊ	ㅋ	
된 소 리	ㅃ	ㄸ, ㅆ	ㅉ	ㄲ	
비 음	ㅁ	ㄴ			ㅇ
유 음		ㄹ			

한국어에서 자음받침의 소리는 'ㄱ, ㄴ, ㄷ, ㄹ, ㅁ, ㅂ, ㅇ'의 7개 자음만 발음한다. 이러한 받침이 연음이 되면 꽃을[꼬츨], 부엌이[부어키], 밭에[바테], 팥으로[파트로]와 같이 소리난다. 그러나 일상 언어에서는 [꼬슬], [부어기], [바세/바데], [파스로]와 같이 소리나는 오발음현상이 많이 일어난다. 겹받침도 연음이 되면 넋이[넉씨], 곬이[골씨], 닭을[달글], 값을[갑쓸]처럼 발음한다.

그러나 십오 원을 발음할 때 [십·오·원]으로 또박또박 하려고 해서 틀린 발음을 만들어 내기도 한다. 이것은 [시보: 원]으로 연음해서 발음해야 한다. 이렇게 발음규칙을 잘 모를 때는 분절음을 그대로 다 발음하려고 해서 일상 언어에서 보다 방송에서 틀린 발음을 하는 경우도 많다.

받침 뒤에 실질형태소가 오면 값어치[가버치], 밭 아래[바다래], 꽃 위[꼬뒤], 닭 앞에[다가페]로 소리난다. 겹받침의 발음에서 흔히 일어나는 잘못은 여덟을 [여덥]으로, 맑다를 [말따]로, 읊다를 [을따]로 발음하는 현상이다. 이 밖에 받침 'ㅎ'의 발음은 제대로 소리내기가 어려운 발음이다.

또한 한국어의 사투리 발음 중 남도방언에서 생각하고를 '생가가고'로 하거나, 곱하기를 '고바기'나 '꼬파기'로 하는 등 방언형태의 발음이 방송에서도 사용되는 경우도 있다.

(2) 소리의 동화에 의한 변이음(變異音) 처리

소리의 동화는 미닫이가 [미다지]로 소리나는 구개음화나 먹는이 [멍는], 국물이 [궁물]로 바뀌는 비음화 등의 자음동화를 말한다. 이것은 문자를 그대로 음성으로 다 나타낼 수도 없고, 음성을 문자로 나타낼 수도 없다는 것을 보여주는 단적인 예이다.

이밖에 한국이 [항국]으로, 신문이 [심문]으로, 헌법이 [험뻡]으로, 엊그제가 [억끄제]로, 꽃길이 [꼭낄]로, 솥걸이가 [속꺼리]로 발음되거나, 전기가 [정기]. 선교사가 [성교사], 감가상각이 [강까상각], 선물이 [섬물], 젖먹이가 [점먹이]로 소리나는 자음동화의 오류는 방송언어에서 광범위하게 사용되고 있다.

한국어에서는 합성어의 경우에 둘째 형태소에서 경음화와 격음화 현상이 일어나는 경우가 많이 있으며, 단일 형태소의 말에서도 필요에 따라 일어나는 경우가 있다.

갈등[갈뜽] / 불소[불쏘] / 불세출[불쎄출] / 말살[말쌀] / 몰상식[몰쌍식] /
만날사람[만날싸: 람] / 문고리[문꼬리] / 신바람[신빠람] / 눈동자[눈똥자] /
산새[산쌔] / 잠자리[잠짜리](잠을 자는 자리) (국립국어연구원, 1995: 111)

위의 경우는 자연스러운 현상이지만 단일 형태소에서 불필요하게
일어나는 경음화현상으로 가득이 가뜩, 진하다가 찐하다. 곧장이 꼬
짱, 창고가 창꼬로 변하는 것은 잘못이다. 또한 나침반이 나침반으
로, 폭발이 폭팔로, 병풍이 평풍으로, 선착장이 선착창, 확장이 확창
으로 소리나는 격음화현상도 자주 일어나고 있다.

한국어에서는 발음을 편히 하기 위해서이거나 관습에 의해서 복합
어일 경우에 소리가 첨가되는 말이 있다. 복합어가 아닌 단일어에서
촬영이 [촬령], 절약이 [절략], 활약이 [활략]으로 소리나는 것은 잘
못이다. 촤령, 저략, 화략으로 발음해야 한다.

이 밖에 복합어에서 음운을 첨가시켜야 할 경우에 연음으로 발음
하는 잘못이 많이 일어나고 있다. 특히 음운이 첨가된 발음은 일상
언어에서는 자연스럽게 사용하다가도 방송에서 오히려 틀리는 경우
가 있다. 이것은 원고를 낭독하는 방송에서 더욱 심한 편인데, 방송
이기 때문에 정확하게 해야한다는 강박관념에서 일어난 현상이다.
다음은 자연스러운 음운의 첨가이다.

솜이불 → [솜: 니불] / 막일 → [망닐] / 맨입 → [맨닙] / 내복약 → [내: 봉
냑] / 색연필 → [생년필] / 늑막염 → [능망념] / 영업용 → [영엄뇽] / 식용
유 → [시공뉴] / 서울역 → [서울력] / 휘발유 → [휘발류] / 옷입다 → [온
닙따] / 잘입다 → [잘립따] (국립국어연구원, 1995: 112)

발음에 관한 한 문자를 그대로 옮기면 된다는 생각에서 벗어나야한다. 음성언어는 문자언어의 맞춤법과 달리 음성적인 특징이 있어서 표준적인 발음에 대한 이론과 실제에 밝아야 정확한 표현을 할수 있다.

다음은 방송에서도 틀리기 쉬운 음운첨가 현상의 일부를 소개한 것이다.

대학야구 → [대: 항냐: 구] ○ [대하갸구] X / 구속영장 → [구송녕짱]
○ [구소경짱] X / 한독약품 → [한: 동냑품] ○ [한도갹품] X / 박영숙양
→ [바경숭냥] ○ [바경수걍] X (김상준, 2001)

2) 북한 방송보도의 음성언어적 준거와 특성

(1)동질성 회복의 대표적 장애요소인 두음법칙

북한의 문화어 발음법 제5항에서는 '르'은 모든 모음 앞에서 [리]로 발음하는 것을 원칙으로 하고, 'ㄴ'도 마찬가지로 규정했다(이은정, 1990: 51~52). 남한의 방송언어는 한글맞춤법의 규정을 지켜서 첫소리에서는 의존명사나 외래어를 제외하고 규정대로 발음하고 있다. 북한의 방송언어에서도 역시 '발음하는 것을 원칙'으로 해서인지 예외적인 발음으로 남한의 경우처럼 두음법칙을 적용한 발음을 가끔발견할 수 있다. 이렇게 이중으로 발음되는 것은 리상벽의 '조선말화술'에도 '허용발음'으로 인정하고 있다(리상벽, 1989: 63~65).

래일 → [내일], 로인 → [노인], 로력동원 → [노력동원], 래력 → [내

력], 량강도→[양강도], 력력하다→[역역하다], 료리→[요리], 녕변→
[영변] 등과 같이 남한처럼 두음법칙을 인정한 말도 있는 것으로 미
루어 두음의 발음에도 융통성이 있음을 알 수 있다.

(2) 소리의 길이와 자모음(子母音)의 발음

북한의 경우 '조선문화어문법'에 '웃: 다와 웃집, 일: 과 일(1), 길:
다와 길가, 사: 람과 사슴' 등의 예시어를 들면서, '말소리의 길이는
발음시간의 길이에 의하여 표현된다'고 규정하고 있다.

그러나 실제 방송에서는 장단음의 구분이 혼란스러울 뿐만 아니라
변형이 많으며, 김일성 관계기사나 김일성 부자를 수식하는 말은 단
음까지도 장음으로 발음하는 경우가 있다. 특히 김일성의 저서를 지
칭하는 '로작'은 필요이상으로 길게 발음하는 경향이 많다(과학·백
과사전출판사, 1989: 107~108).

이렇게 장단음의 구분이 모호해진 것은 남북한을 막론하고 일반사
전에 장단음 표시가 없기 때문에 더욱 가속화된 듯하다. 1981년에 간
행한 북한의 '현대조선말사전'에도 '발음 표시'에 장단음 표시가 빠져
있다(사회과학원 언어학연구소, 1988: 3 참조). 이밖에 모음의 특이한
발음형태도 나타나고 있다. 한국어의 모음은 단모음이 모두 10개로
규정되어 있는데, 북한도 마찬가지다(과학·백과사전출판사, 1989: 2
2~23). 홑모음(단모음)은 'ㅏ, ㅓ, ㅗ, ㅜ, ㅡ, ㅣ, ㅐ, ㅔ, ㅚ, ㅟ'로 남
북한과 똑같이 규정하고 있다.

그러나 남한에는 규정에는 없으나 실제 발음을 인정하여 표준발음
법 해설에서 언급한 모음의 음가가 하나 있다. [ㅓ]모음이면서 긴소
리(장음)일 경우에 혀를 조금 높여 [ㅡ]의 위치에 가까운 모음으로
발음하는 장음 [ㅓ:, ə:]가 있다(이병근, 1988: 48~49). 말하자면 긴

소리로서의 [ㅓ]는 [ㅡ]와 짧은 [ㅓ]의 중간모음이면서 긴 [ㅓ:]로 하는 발음이 교양 있는 서울말의 발음이다. '걸다, 더럽다, 덥다, 멀다, 번지다, 썰다, 얻다, 얼다, 적다, 젊다, 헐다'등의 첫째 음절이 긴소리인데, 이 때에 올린 'ㅓ'로 발음한다.

그런데, 이 상대적으로 고모음인 ㅓ[ə]음이 북한의 방송언어에 많이 나타난다. 장음에서는 관계없지만 단음에서 나타나기 때문에 어색하게 들린다. 북한의 방송언어에서 짧은 소리인 [ㅓ]모음이 [ʌ]가 아니라 [ə] 형태의 발음이 되는 말은 '열렬, 형제적, 선봉군, 먹이' 등의 발음에서 주로 나타난다. 이밖에도 모음의 발음이 상대적인 고모음으로 올라가는 경우가 많은데, 이것은 방언의 영향과 선전·선동 방송의 영향을 받아 조음점이 올라가면서 나타나는 발음형태로 보인다.

남한에서 1989년 3월 1일부터 시행되고 있는 표준 한국어의 발음에서 '의'의 발음은 원래의 이중모음이 아닌 다른 몇 가지의 발음도 허용하고 있다.

첫째, 자음을 첫소리로 가지고 있는 음절의 '의'는 [이]로 발음한다고 표준발음법 제5항에서 규정하고 있다. 이상의 원칙과 북한의 방송언어에 나타난 언어 현상은 대체로 일치하고 있다. 다만 앞의 둘째 항에 예시한 것 중에서 남한에서는 원칙이 아니라 '허용'으로 규정한 [주이, 혀비, 우리에, 강: 이에] 같은 말을 북한에서는 거의 모두 쓰고 있다.

북한의 이중모음 규정은 상당히 세분되어 있다. 겹모음을 'ㅑ, ㅕ, ㅛ, ㅠ, ㅒ, ㅖ, ㅢ, ㅘ, ㅝ, ㅙ, ㅞ' 11개로 규정하고 순수한 의미에서의 겹모음은 온전한 모음이 두 개 이상 하나의 소리마디 안에서 연이어 발음되기 때문에 이런 관점에서 보면 북한말에는 겹모음이 'ㅢ' 하나밖에 없다고 했다(과학·백과사전출판사, 1989: 23).

즉 'ㅢ'는 'ㅡ'와 'ㅣ'의 결합이지만 나머지 겹모음은 'ㅑ, ㅕ, ㅛ, ㅠ, ㅒ, ㅖ'는 반자음 ㅣ[j]가 첫소리로 나며, 'ㅘ, ㅝ, ㅙ, ㅞ'는 반자음 ㅜ[w]가 첫소리로 나기 때문에 이런 모음은 겹모음적인 것, 또는 준겹모음이라고도 한다.

남한에서는 '의사'를 '으사'(서남방언)나 '이사'(동남방언)로 하는 잘못된 발음이 많으나 북한방송에서는 발견되지 않았다. 그리고 '사람의'를 '사람으'나 '사람이'로 하는 잘못된 발음이나 '사람으이'로 발음하는 어색한 발음도 없었다. 관형격조사 '의'는 거의 모두 원음인 [으이]나 [에]로 발음하는 것으로 돼 있다.

(3) 소리의 동화에 의한 변이음

북한에서도 형태부들이 이어질 때 관습에 의해 다른 말소리로 바뀌는 현상을 소리바뀌기라고 해서 음운의 변이현상을 규정하고 된소리되기를 규정했다(과학 · 백과사전출판사, 1989: 98~102). 몇 개만 예를 들면 다음과 같다.

막다[막따] / 직접[직쩝] / 신고[신꼬] / 검다[검따] / 앉다[안따] / 밝기[발끼] / 올것[올낀] / 손길[손낄] / 신바람[신빠람] / 봄소식[봄쏘식] / 물줄기[물쭐기] / 열장[열짱] / 헌법[헌뻡] / 려권[려꿘] / 당적[당쩍] / 생활적[생활쩍] / 2점[이쩜] / 염증[염쯩] / 효과[효꽈] / 수자[수짜]

이상의 예시어는 남한의 발음과 거의 같다. 하지만 '혁명적, 협동적, 핵심적, 난관적, 헌신적'이라는 말에서 '-적'은 남한의 방송언어에서는 [적]으로 소리나는데, 북한에서는 [적]으로 발음되는 경우와 [쩍]으로 발음되는 경우가 있다고 규정하고 있다(과학 · 백과사전출판사, 1989: 101). 적(的)이라는 접미사가 붙으면 북한의 뉴스에서는 모음 아래, 즉 받침이 없으면 [적]으로 소리나지만 받침이 있을 경우는 거의 모두 [쩍]으로 발음하고 있어서 남한의 방송언어와 대조를 보여주고 있다. '생활적, 형제적'이라는 말과 같이 중국어의 영향을 받아 적이라는 접미사를 유난히 많이 사용하는 특징과 아울러, 발음과 관련하여 북한의 방송언어에 나타난 큰 특징 중의 하나로 꼽을 수 있다. 북한의 방송언어에서의 변이음으로 음운이 첨가되는 현상은 'ㄴ, ㄹ'의 첨가현상이 가장 많다. 특히 'ㄴ'의 첨가현상이 많은 편이다.

   남한의 방송언어에서는 촬영이 [촬령], 활약이 [활략], 절약이 [절략], 박양이 [방냥], 동양이 [동냥]으로 발음되는 현상을 순화의 대상으로 삼고 있다(김상준, 2001: 341). 북한에서는 남한과 마찬가지로 짓이기다를 [진니기다], 어금이[어금니], 꽃열매[꼰녈매] 등으로 'ㄴ'의 첨가를 인정하고 있다. 그러나 평양[평냥], 동양[동냥], 영양[영냥] 등의 발음은 표준적인 발음으로 규정하지는 않고 있으나, 실제의 방송에서는 양→[냥] 형태의 발음이 많이 나타나고 있다. 이상과 같은 첨가현상 이외에 벌이다를 [벌리다]로 하고 있는데, 이것은 남북한이 맞춤법을 달리하고 있는 예이다.

   남한에서는 벌이다와 벌리다를 구분해서 쓰고 있다. 위의 벌리다로 소리나는 말은 '현대조선말사전'의 표제어 '벌이다'의 잘못된 발음으로 보인다. 리상벽은 활약, 촬영, 일요일, 월요일, 필요를 [활략, 촬령, 일료일, 월료일, 필료]로 발음하는 것은 그릇된 발음이라 하고 있다(리상벽, 1989: 73). 그러나 실제의 방송에는 그릇된 발음인 'ㄹ' 첨가형태의 말이 많이 보인다.

(4) 방언형태의 음운탈락 현상

   남북한 방송언어에서 두드러진 차이점이라고 한다면 ㅎ[h]과 ㅇ[ŋ]의 탈락현상도 들 수 있다. 'ㅎ'을 받침에서 발음하는 데 있어서는 남북한에 별 차이가 없어서 어떤 자음이 다른 자음과 결합되어서

'북한'이 [부칸]으로 '입학'이 [이팍]으로 소리나는 격음(거센소리)으로 되거나 'ㅎ'소리가 없어지는 경우가 있는데 북한에서도 비슷하다(김민수, 1989: 406~416).

이상의 경우는 남북한이 비슷하지만 북한은 소리마디의 첫소리 'ㅎ'의 유성음화 현상을 인정해서 다음과 같은 말은 부드럽게 'ㅎ'을 발음해야 한다고 규정하고 있다(김민수, 1989: 469). 예시어는 다음과 같다.

마흔, 아흐레, 안해, 열흘, 부지런히, 확실히, 험하다, 말하다.

남한의 표준발음법에는 이런 규정이 없으나 방송사 나름대로 방송인을 위한 교재에는 'ㅎ'에 대한 발음을 규정하여 교육하고 있다(김상준, 1989: 221~222). 즉 'ㅎ'은 원래의 음인 [h]은 초성에서 사용하고, 유성음 뒤에서는 [ɦ]으로 발음하도록 하고 있다. [ɦ]은 [h]보다는 부드러우나 묵음형태인 [ø]은 아니다. 북한에서는 'ㅎ'을 울림자음<유성자음> 뒤에서 약하게 발음하도록 규정하고 있으나, 뉴스방송으로 분석한 결과 거의 모두 묵음형태가 되어 소리를 내지 않았다. [ŋ]의 발음이 탈락하는 현상은 평안도 방언으로 보인다.

'ㅇ'이외의 음운이 탈락하는 현상은 소리빠지기라고 해서 북한의 문화어 문법에서도 인정하고 있다. 'ㅇ' 받침을 쓴 평양, 중앙, 영웅 등은 '펴양, 주앙, 여웅'과 같은 형태의 발음이 많이 있고, 평양은 또 [평냥]과 같은 음운의 첨가현상도 보인다. 뿐만 아니라 한국의 표준어처럼 [평양]으로 맞게 발음하는 경우도 있다. 리상벽은 '중앙, 영양, 앙양, 당황'을 '한자한자 끊어 발음하지 말고 받침소리를 끌면서 다음 발음으로 넘어간다'고 설명하면서 [펴양, 주앙]이 아니라 [펴ㅇ양], [주ㅇ앙]으로 해야 한다고 설명하고 있다(리상벽, 1989: 59~60). 하지만 실제로는 ㅎ[h]과 ㅇ[ŋ]이 탈락하는 경우가 많았다.

4. 남북한 방송보도의 언어서열적 차이

1) 남한 방송언어의 수용자 중심 경어법

○○○ 대통령께서 경축식장에 들어오시고 계십니다. / ○○○ 장관님께 여쭤 보겠습니다. / ○○○ 장관님 모시고 말씀 나눠 보겠습니다.

이상과 같은 말들은 남한의 방송에서는 쓰지 않도록 권장하고 있는데 이것은 방송인은 시청자를 대신해서 궁금한 것을 알아보거나, 시청자에게 알려주는 것을 주된 임무로 하기 때문이다. 그래서 방송 출연자와 1대 1로 상대하거나 방송대상 인물에 대해 객관적으로 묘사할 때도 지나친 경어를 쓰지 않도록 하고 있다.

위의 용례는 다음과 같이 고쳐야 남한방송이 현재 사용하고 있는 경어법에 근접한다.

○○○ 대통령 입장하고 있습니다. / ○○○ 장관께 여쭤 보겠습니다. / ○○○ 장관 모시고 말씀 나눠 보겠습니다.

방송언어의 문체는 문어체와 구어체, 그리고 격식체와 비격식체로 나눌 수 있는데, 방송에서는 주로 구어체와 격식체가 주종을 이루었을 것으로 이해된다. 이러한 현상은 전후기 사이에 별 차이가 없었을 것이나, 전기에서 후기로 오면서 문어체 요소가 감소되어 구어체의 세력이 강화되고, 격식체는 다소 완화되는 경향을 보인다.

2) 북한 방송언어의 절대권력자 중심 언어서열 준수

(1) 김일성·김정일에 대한 호칭과 언어예절

북한방송언어의 특징은 '조선말화술'의 '방송화술'에서 '김일성에 대한 존경과 흠모의 정을 나타내는 어휘와 표현 및 김일성의 교시와 로작전문<김일성의 글>을 전달하는 화술'에 대하여 무려 20면이나 할애하여 원칙을 세울 정도로 김일성에 대한 충성 일변도와, 거기에 따르는 언어의 경직성으로 특수한 경어법이 생성됐다는 데서 그 특징을 찾을 수 있다.

김일성을 위한 방송화술은 따로 분류해서 존경과 흠모의 정을 나타내는 어휘와 표현을 위해 어휘와 표현에서 주격토 '께서', 여격토 '께', 존경토 '시'와 존경어를 사용하며, 발음법의 원칙을 준수하도록 주문하고 있다(리상벽, 1989: 355~375).

다음은 김일성, 김정일 부자와 외국의 국가원수, 일반인의 순서로 호칭 사용의 예를 들어본다.

조선로동당 중앙위원회 총비서이시며 조선민주주의 인민공화국 국가 주석이신 위대한 수령 김일성 동지께서는 다음과 같이 교시하시였습니다.

MBC, 통일전망대, 1989. 11. 19.

우리 인민들에게 보다 좋은 생활 조건을 안겨주시기 위해서 모든 것을 다 바치고 계시는 위대한 수령님

KBS, 남북의 창, 1989. 11. 7.

위대한 수령님께서 하신 력사적인 신년사

MBC, 통일전망대, 1990. 1. 21.

아버지 원수님과

KBS, 남북의 창, 1989. 11. 21.

김일성에 대한 호칭으로 특이한 것은 1948년 9월에 만든 그들의 선전영화 '조선시보' 제16호에 나타난 '장군'의 호칭이다. '조선민족의 절세 애국자이시며 민족적 영웅이신 김일성 장군'으로 표현되는데 이것은 당이나 국가의 개념이 개입되지 않은 상태의 표현이다.

북한은 '조선말예절법'(1983)에서 김일성에 대한 언어예절을 가르치고 있다(전수태·최호철, 1989: 394~398). 여기에서 그들은 "김일성에 대한 끝없는 존경과 흠모는 주체형의 공산주의 혁명가들과 우리 인민들이 지켜야 할 언어예절의 근본 문제로 되며 그 진수를 이룬다'고 규정하고 있다. 김일성에 대한 언어예절의 주요내용은 다음과 같다.

① 김일성에 대하여 말을 하거나 글을 쓸 때 존경토 '시'나 여격토 '께'를 쓴다.

　김일성 수령님께서는 인민의 자애로운 어버이시다.
　김일성 수령님께 끝없이 충성다한

존경의 뜻을 가진 단어가 따로 있으면 그런 단어를 골라 써야 한다.

　수령님께서야~주무시였겠습니까?
　최고 사령관동지께서는 낮과 밤이 없으시였다.
　수령님의 존함

김일성을 정중히 일러 모시는 말

　위대하신 최고 사령관동지

일일천추로 기다리던 우리 장군님

김일성을 위한 에두르는(짐작하여 알아듣도록 말하는) 표현법

사령관 동지 점심식사는 준비된지 오랩니다.
그런데 벌써 저녁때가……아침식사도 번지시고

김일성과 다른 사람이 이야기에 오를 때 그 사람에 대한 표현을
제한하거나 낮춤

우리 할아버지가 이야기하는데 김일성 장군님께선 혁명의 영도자시래.

김일성에 대한 표현을 문장의 앞에 내세운다.

위대한 수령 김일성 동지의 특사를 베인공화국 대통령이 만났다.

② 김일성에게 말을 하거나 글을 쓸 때
가장 정중한 말차림토를 쓴다 <습니다 계열의 토, ～리다. ～리까
등을 쓴다>.

산인들 바다인들 못넘으리까.
가시덤불길이라도 두려우리까.

존경의 뜻과 관련된 단어들을 골라 쓰며, 말법을 바꾸는 수법을
쓴다. 즉 추김이나 알림 또는 물음의 방법으로 바꾸어 표현한다.

수령님, 밤이 퍽 깊었습니다.

북한에서는 이렇게 그들의 언어규범에까지 김일성에 대한 경어법을 따로 분류할 정도로 비중을 두고 있다. 방송 또한 남한에서는 청취자를 최대한으로 공경하는 경어를 쓰는 데 반해서 북한의 방송은 김일성 부자에게만 최대한의 경어를 쓰기 때문에 일반 시청취자에게는 상대적으로 하대어를 쓰는 것이나 다름이 없게 돼 있다. 김일성에 대한 방송화술은 자유세계의 방송이 시청취자 즉 수용자를 위한 방송, 수용자에게 봉사하는 방송을 지향하면서, 사용하는 언어도 '수용자 중심의 경어'를 방송언어의 기본으로 하고 있는 데에 비하면 많은 차이가 있다(김상준, 1988: 613).

시청자를 어떻게 파악하는가는 시청자관과 직결되는 것으로, 값싼 대중, 어리석은 대중, 마음대로 조작되는 대중 등으로 시청자의 능력을 과소평가하고 대중의 수동적인 특성만으로 파악한다면 그 사회의 미래는 절망적일 것이다(손용, 1989: 341~342).

6·15 남북 정상회담 관련 북한의 조선중앙방송뉴스를 보면 김일성 주석의 생전의 모습처럼 김정일 국방위원장에 대한 표현도 최상의 경어를 사용하고 있음을 알 수 있다.

> 우리당과 우리 인민의 위대한 령도자 김정일 동지께서 김대중 대통령과 함께 타신 자동차가 연못동 입구에 들어섰습니다. 순간 폭풍같은 만세의 환호성이 하늘땅을 뒤흔들며 온 연도가 끝없는 감격의 파도로 세차게 설레였습니다. 녀성근로자들이 차에서 내린 김대중 대통령과 부인에게 꽃다발을 드렸습니다. 연못동 입구로부터 시내 수십리 연도에서 60여만의 각계층 시민들이 조국통일을 위해 끊임없는 심혈을 바치며 조국통일사에 불멸의 업적을 쌓으신 경애하는 장군님께 최대의 영광과 가장 뜨거운 감사를 드리며 역사적인 평양상봉과 북남 최고위급회담을 위해 평양을 방문한 김대중 대통령과 그 일행을 동포애 정으로 뜨겁게 환영했습니다.
>
> 조선중앙TV, 2000. 6. 13.

  김대중 대통령을 맞이하는 평양 시민들의 모습은 김대중 대통령보다 김정일 위원장에게 모든 시선이 몰려 있음을 알 수 있다. '조국통일을 위해 끊임없는 심혈을 바치시며 조국통일사에 불멸의 업적을 쌓으신 경애하는 장군님께 최대의 영광과 가장 뜨거운 감사를 드리며'로 시작해서 '평양을 방문한 김대중 대통령과 그 일행을 동포의 정으로 뜨겁게'라는 조건을 걸고 '환영했습니다'로 맺고 있는 문장도 결국은 김정일 위원장을 염두에 둔 문장표현이라 할 수 있다.

  또한 김정일 위원장에 대한 극상의 존경을 보내면서도 곳곳에 김일성 주석에 대한 언급도 빠지지 않고 있다. 김대통령과 동승한 김위원장의 모습을 보면서 평양시내 주요거리를 지날 때마다 김위원장에 대한 찬사를 빼놓지 않고 전하고 있다. 김대통령을 맞이하는 근로자들도 김대통령이 아닌 '경애하는 장군님을 우러러 목청껏 만세환호를 올리는' 것이다.

    하기에 경애하는 장군님을 우러러 목청껏 만세환호를 울리며 김대중 대통령을 맞이하는 각계층 근로자들의 얼굴마다에는 위대한 장군님만 계시면 조국통일도 가까운 앞날에 반드시 실현될 수 있다는 충심으로 가슴을 불태우고 있습니다. 하늘가에 울려퍼지는 만세환호소리, 그것은 바로 어버이 수령님의 조국통일에 대한 숭고한 뜻과 염원을 실현하시기 위하여 온갖 심혈을 기울이시며 조국통일의 밝은 전망을 열어주신 장군님을 높이 모신 우리 인민의 크나큰 긍지와 반영입니다.
    나라와 민족을 끝없이 사랑하며 인민대중의 자주위업에 충실하며 인민대중을 묶어세우고 승리에로 이끌어 나가시는 경애하는 김정일 동지께서는 조국통일 문제의 본질과 근본성격을 명철하게 밝히시고 혁명발전의 매시기 통일운동에서 나서는 모든 문제들을 구체적으로 가르쳐주시며 민족의 통일운동이 곧바른 승리의 한길로만 나가도록 현명하게 이끌어 주십니다.
    총과 총이 맞부딪치는 전초선 판문점을 시찰하시어 인민군 병사들에게 어버이수령님의 통일유훈을 기어이 관철할 절대적인 신념과 의지를 부어주신 것도, 해마다 진행되는 범민족대회를 전민족적인 통일대축전으로 되게 하신 것도, 민족적 화해와 단합, 통일의 총서인 민족대단결 5대방침을 제시하신 것도 다 그 무엇으로써도 꺾을 수 없는 장군님의 통일의지와 신념의 결실이었습니다.

위대한 령도자 김정일 동지를 민족의 태양으로 영원히 높이 모시려는 우리 인민의 뜨거운 충성의 마음인냥 수도의 거리마다에 펼쳐진 화려한 꽃바다는 끝없는 감격과 기쁨에 설레이고 있습니다. 그것은 정녕 경애하는 김정일 동지께서 제시하신 민족대단결 5대방침을 강력한 투쟁의 투기로 받아안은 북과 남, 해외동포들이 김정일 동지의 두리에 굳게 뭉쳐 반드시 조국을 통일하려는 일심단결의 대화폭입니다. 이 위대한 화폭을 보며 우리는 만사람을 한품에 안아주시는 경애하는 김정일 동지의 인간사랑의 인덕정치, 광폭통치에 대해서 가슴뜨겁게 돌이켜 봅니다.

사상과 제도, 계급과 계층에 관계없이 민족의 넋을 귀중히 여기고 나라와 민족을 사랑하는 모든 사람들을 한품에 안아주신 경애하는 장군님! 이, 위대한 민족의 어버이 사랑의 품을 찾아 얼마나 많은 유명무명의 각계층 해외인사들과 남조선 동포들이 평양방문의 길을 걸었던가! 이 모든 것은 위대한 장군님의 숭고한 덕망이 온 겨레를 승리를 위한 하나의 흐름에 합류시키고 단결시키는 위대한 애국, 애족, 애민의 인덕임을 실증하는 생동한 화폭이었습니다. 참으로 우리 민족의 통일운동은 경애하는 장군님의 위대한 신념으로 차넘치고 장군님의 위대한 영도로 전진하며 장군님의 도량으로 승리하고 있는 것입니다.

경애하는 김정일 동지께서는 수도시민들의 열렬한 환영을 받으시며 김대중 대통령과 함께 보통문을 가까이 하고 있습니다.

조선중앙TV, 2000. 6. 13.

이렇게 김정일 위원장과 함께 평양 보통문을 가까이 하고 있는 김대중 대통령은 '경애하는 장군님을 우러러 목청껏 만세환호를 울리는' 군중들 사이로 지나가면서 약간의 환영을 받는 형국이 되고 있다.

'위대한 김일성주의를 실현하는 가장 예리한 사상적 무기'인 방송이 '사회정치적 분위기를 조성하고 대중을 위대한 수령님의 교시와 친애하는 지도자동지의 말씀, 그 구현인 당정책관철에로 한결같이 떨쳐나서도록 조직동원하는데서 중요한 역할을 담당'하고있는 현장을 그대로 보여주고 있는 것이다. '방송이 앞장에 서서 나팔을 불고 북소리를 울려야 온 나라가 떠들썩하고 근로자들의 생활이 더욱 생기발랄해질수 있으며 온 사회에 전투적 기상이 넘쳐나게 할수 있다. 사실상 나라의 전투적 분위기를 조성하는데서 방송의 힘을 따를 다른 선전수단은 없다(박재용·김영황, 1988: 104)'는 방송원화술의 요구가 그대로 나타난 것이라 할 수 있다.

　김정일에 대한 호칭은 김일성에 대한 호칭에 못지않게 언어서열을 엄격하게 지키고 있음을 알 수 있다. 특히 6·15 남북 정상회담에 나타난 언어와 은유적 표현 꽃을 흔들면서 발을 구르고 열광하는 평양 시민들의 모습은 김일성에 대한 것에 못하지 않았다. 이러한 현상은 김일성의 사망 이전에도 이미 나타나고 있었다.

　친애하는 김정일 동지께서

　　　　　　　　　　　　　　　　KBS, 남북의 창, 1989. 11. 7.

　아버지 원수님과 친애하는 지도자 선생님께

　　　　　　　　　　　　　　　　KBS, 남북의 창, 1989. 11. 21.

　조선로동당 중앙위원회 정치국상무위원이시며 당중앙위원회 비서이신 김정일 동지께서는

　　　　　　　　　　　　　　　　MBC, 통일전망대, 1989. 12. 10.

(2) 외국의 국가원수에 대한 호칭

　소련공산당 중앙위원회 총비서이며 소비에트 사회주의 공화국 연맹 최

고 소비에트 위원장인 미하일 세르게예비치 고르바초프 동지에게
MBC, 통일전망대, 1989. 11. 19.

독일 사회 통일당 중앙위원회 총비서이며 독일 민주주의 공화국 국가
소비에트 위원장인 에곤 크렌츠 동지에게
MBC, 통일전망대, 1989. 11. 19.

중국 공산당 중앙 군사위원회 주석이시며 중화인민공화국 중앙군사위
원회 주석이신 등소평 동지
MBC, 통일전망대, 1989. 11. 19.

이상에서 본 바와 같이 고르바초프와 크렌츠는 김일성이나 김정일에 대한 경어법이나 호칭법보다 한 단계 아래임을 알 수 있다. 그러나 생전의 등소평에게는 고르바초프에게는 '소비에트 위원장인'으로 수식하고 크렌츠에게도 '소비에트 위원장인'으로 수식하는 것에 비해 외교적인 예우가 크다는 것을 알 수 있는데 '중앙 군사위원회 주석이시며, 주석이신'이라는 경어를 사용하는 것으로 알 수 있다.

(3) 일반인에 대한 호칭

사로청 중앙위원회 최영해 위원장이
KBS, 남북의 창, 1989. 11. 7.

정무원 부총리 겸 외교부장인 김영남 동지
MBC, 통일전망대, 1989. 11. 9.

연합기업소 당위원회 책임비서 홍인범의 보고
KBS, 남북의 창, 1990. 1. 16.

국제관계대학 주홍태 부학장 선생님

KBS, 남북의 창, 1990. 1. 23.

기계화 작업 반장 박신실 동무

MBC, 남북의 창, 1990. 1. 21.

함경남도 수산총국 기사장 최현기

MBC, 남북의 창, 1990. 1. 21.

서호 수산 사업소 선장 로력영웅 김용익이 토론했습니다

KBS, 남북의 창, 1990. 1. 23.

쿠바 공산당 중앙위원회 기관지 그란마 사장

MBC, 통일전망대, 1989. 12. 10.

이처럼 일반인에 대한 호칭은 다양하며 김일성 부자나 외국의 원수인 등소평에 대한 호칭에 비해 차등을 두는 것이 특징이다. 이러한 차등은 김대중 대통령의 평양방문을 수행한 남한의 장관급들에게 붙인 호칭과 같다. 또한 그들의 적대국이 아닌 우방국 원수가 몰락한 경우에도 더욱 심하게 적용되고 있다. 생시에는 '동지'라는 호칭을 사용했던 루마니아 차우세스쿠의 사형 소식은 전직에 대한 예우는 물론이고 과거의 직함마저 붙이지 않을 정도로 최하위의 언어서열을 적용하고 있음을 알 수 있다.

외신 보도들에 의하면 로므니아의 수도 부꾸레슈띠에 소요사건이 있은 이래 이 도시의 정세가 점차 안정돼 가고 있다고 합니다. 그에 뒷이어 로므니아 특별 군사 재판소가 니꼴라이 차우세스꾸와 에레나 차우세스꾸에게 사형을 언도했으며 사형이 집행됐다고 전했습니다.

MBC, 통일전망대, 90. 1. 21.

5. 남북한 방송보도의 문체적 차이

1) 남한 방송보도의 문체적 특성

(1) 문어체에서 구어체로의 이행과정

방송언어는 일상 언어와 큰 차이는 없으며, 문어체가 아닌 구어체 문장이라는 것이 과거의 통념이었다. 그러나 방송보도 문장은 신문 문장으로 시작된 문어체적인 틀에서 구어체로 이행하기 위한 끝없는 시도와 거기에 따른 갈등으로 이어지고 있다.

방송언어의 문장과 관련하여 고려되는 문체는 문어체와 구어체, 그리고 격식체와 비격식체이다. 일상 언어는 구어체와 비격식체로 이행하고 있는데, 방송에서는 구어체를 지향하면서도 특유의 권위를 유지하기 위한 격식체가 아직도 주종을 이루고 있다고 할 수 있다. 이러한 현상은 방송 초창기와 전후기 사이에 별 차이가 없었을 것이나, 전기에서 후기로 오면서 문어체 요소가 감소되어 구어체의 세력이 강화되면서도, 격식체적인 요소는 많이 남아 있다.

방송의 구어체적인 형태의 대표적인 표지는 '하여, 되어'와 같은 말을 쓰지 않는다는 사실이다. 그러나 구어에 가장 근접한 말인 '한테, 하고'와 같은 조사를 기피하는 현상도 계속되고 있다.

○○○ 장관은 미국의 ○○○ 장관하고 만나 회담하였으며, ○○○ 장관한테 전통적인 한복을 선물하였습니다.

위의 뉴스문장에서 '회담하였으며, 선물하였습니다'와 같은 말은 문어체이다. 그리고 '장관하고, 장관한테'와 같은 말은 구어체로서 일상 언어에서는 무리가 없이 사용할 수 있지만 방송에서는 격이 떨어진다. 방송문장의 품격을 유지하면서 구어적인 표현을 하려면 다음과 같이 고쳐야 한다.

○○○ 장관은 미국의 ○○○ 장관과 만나 회담했으며, ○○○ 장관에게 전통적인 한복을 선물했습니다.

이상의 예는 뉴스방송에 있어서 구어적 표현의 가장 대표적인 형태라 할 수 있다. 인류역사에서 문자 커뮤니케이션 시대 이전에는 구두 커뮤니케이션이 설득의 한 방법으로 많이 활용됐었다. 특히 고대 그리스 사람들에게 있어서 커뮤니케이션의 모든 형태는 확실한 목적과 의도가 있었다. 그들은 현재의 뉴스보도에서 말하는 '객관성'이라는 개념을 이해할 수 없었을 것이다. 그 이유는 아리스토텔레스 같은 사람들은 수사학이 설득의 가장 효과적인 방법이라고 생각했기 때문이다. 아리스토텔레스는 세 가지 주된 설득방법들을 제시했는데, 그것은 다음과 같다(김정탁, 1998: 115).

첫째, '논리(logos)'로서 이성적인 주장에서 증거를 사용하는 것이다.
둘째, '윤리(ethos)'로서 신뢰성과 권위를 주는 개인적인 특성들을 사용하는 것을 말한다.
셋째, '감정(pathos)' 즉 증오와 같은 감정을 사용하는 것이다.

구두 커뮤니케이션의 수용자들은 오늘날의 거대한 텔레비전 수용자들과 비교해 보면 상대적으로 동질적인 면이 있으며, 필기 및 인쇄 커뮤니케이션은 구두 커뮤니케이션과 형식적인 면에서 이질적일 수밖에 없다. 필기 및 인쇄 커뮤니케이션에 의해서 인간 커뮤니케이션의 주요수단이 청각적인 데서부터 시각적인 곳으로 옮아가는 물리적인 이동이 발생했다. 그 결과 눈이 지배적인 커뮤니케이션 기관이 되었다.

필기는 공간지향적(space oriented)인데, 그 이유는 필기는 선형(linear)적으로 단어들이 조직되기 때문이다. 필기의 핵심적인 특징은 개인주의를 촉진하는 것이기 때문에 구두 커뮤니케이션의 대인적 특성과는 거리가 멀어지게 된다. 필기는 기본적으로 선형적, 논리적이고 점진적이기 때문에 추상적인 사고를 촉진하게 된다.

신문과 방송의 문장은 이질적인 차이가 크게 나며, 같은 방송문장일지라도 라디오 뉴스는 문어체에 가까운 뉴스가 많고, 텔레비전 뉴스는 구어체적인 뉴스가 많다. 이것은 커뮤니케이션의 집중도를 핫 미디어(hot media)와 쿨 미디어(cool media)로 표현하는 맥루한의 이론으로 설명이 가능할 것이다. 핫과 쿨에 대한 맥루한의 설명은 다음과 같다.

라디오와 같은 핫 미디어와 전화와 같은 쿨 미디어, 또는 영화와 같은 핫 미디어와 TV와 같은 쿨 미디어 등으로 구별하는 데는 기본적인 원리가 있다. 핫 미디어라는 것은 단일한 감각을 고도의 정세도(精細度: definition)까지 확장하는 것이다(김정탁, 1998: 172). 고도의 정세도라는 것은, 데이터가 충실해 있는 상태를 말한다.

예컨대 사진은 시각적으로 높은 정세도에 있다. 만화는 지극히 근소한 시각적 정보를 보여주는 데 불과하므로 낮은 정세도에 있다. 전화는 귀에 주는 정보량이 적기 때문에 쿨 미디어, 낮은 정세도에 있는 것이라고 하게 된다. 말은 듣는 사람에게 주어지는 것이 적고, 오히려 하는 쪽에서 여러모로 메워나가지 않으면 안 되기 때문에 낮은 정세도에 있는 쿨 미디어인 것이다. 그렇지만 핫 미디어는 듣는 쪽에서 메우는 부분, 또는 보완하는 부분이 지극히 적다. 따라서 핫 미디어로는 듣는 쪽의 참여도(參與度: participation)가 낮고, 쿨 미디어는 참여도를 보완하는 정도가 높다. 그래서 당연한 일이지만, 라디오와 같은 핫 미디어를 이용하는 사람들에게는 전화처럼 쿨 미디어를 사용할 때와 서로 다른 효과를 주게 되는 것이다.

방송의 텔레비전 뉴스는 라디오에 비해 낮은 정세도와 높은 참여도를 요구하는 쿨 미디어로 보아야 한다. 이것은 라디오보다 텔레비전 뉴스가 '말하듯이'에 가깝다는 것을 증명한다. 기사를 취재하고 편집해서 전달하는 과정을 맡게 되는 기자만 하더라도 신문기자와 방송기자가 각기 공통적인 면과 이질적인 면을 가지고 있게 마련이다.

방송기자에 필요한 기술을 이야기할 때, '타자기에게 말로 하라'고 설명한다(Boyd, Andrew, 1997: 71). 방송 초창기의 수년 동안 BBC 기자들은 종이에 초고를 쓰는 일이 없이 기사를 비서에게 직접 읽어 주었다. 기사가 구어체로 작성되었는지 확인하는 방법인 것이다. 방송기사는 귀에 자연스럽게 들려야 하고, 소리 내서 읽기 쉬워야 하며, 읽다가 단어에 걸려서 호흡을 방해하는 경우가 없어야 한다. 방송문장에 있어서 문어체에서 구어체로의 이행과정은 방송 초창기부터 시작된 거대한 흐름이지만 현재도 서로 간에 갈등을 일으키면서 꾸준히 진행되고 있다고 보아야 한다.

이 경우는 패어클루(Norman Fairclough)의 회화체의 담론에 대해 귀를 기울일 필요가 있다. 그는 말하는 사람들, 즉 화자는 보통사람들과 공통적인 '삶의 세계'('life world', Habermas, 1984)를 공유하며, 일상의 경험을 통한 상식의 세계를 나누는 평범한 이야기를 구성하여 서로 나누게 되는데, 회화체의 한 특징은 원형적 소리를 모방하고자 하는 시도를 포함한, 다른 이의 이야기의 직접적인 묘사에 있다고 했다. 회화체의 담론은 또한 다양한 언어학적 특징을 실현하는데, 격식을 차리지 않는 단어들과 구어체의 숙어들에서 이는 가장 분명하게 드러난다고 했다. (Fairclough, 1995: 10)

이렇게 스트레이트 뉴스보다 리포트 뉴스는 회화체에 가까운 문체로 바뀌어 가고 있다. 다음에 소개한 청와대 회동관련 보도는 리포트로서 문어체 성격이 강한 스트레이트 기사보다 구어적이고, 국가원수 등에게 사용했던 지칭어가 과거보다 훨씬 파격적인 방송언어로 변하고 있다는 것을 알 수 있다. '총리직 1월 사임'이라는 제목을 붙인 기사이다.

> 앵커: 여기서 다시 김대중 대통령과 김종필 총리 간의 만찬 회동이 있은 삼청동 총리공관을 연결해서 오늘 논의 내용 알아봅니다.
> 기자: 김대중 대통령은 오늘 회동에서 김 총리의 연내 당 복귀 의사를 확인한 뒤에 국회 예산안 처리 등 각종 현안을 감안해 1월 중순까지 총리직을 계속 맡아줄 것을 요청했습니다.
> 이에 대해서 김 총리는 그때까지 총리직을 계속 수행하겠다고 김 대통령의 제의를 받아들였습니다.
> 두 사람은 또 국민회의와 자민련은 국민에게 약속한 바와 같이 앞으로 남은 임기동안 확고한 공조체제를 유지하되 국정 현안뿐만 아니라 내년 총선에서도 철저히 공조체제를 유지하기로 의견을 같이했습니다.
>
> KBS 9시 뉴스, 1999. 12. 6.

이 기사에서는 스트레이트 뉴스에서는 잘 사용하지 않은 구어체 용어가 사용되고 있다. ① '두 사람'이라는 표현도 스트레이트 뉴스에서는 잘 쓰는 표현이 아닐 뿐더러, 과거에는 국가원수에게 쓰지 않았던 표현이다. 두 사람이라는 표현은 격식체의 문장으로는 적당하지 않지만 상당히 친근감을 주는 표현이기 때문에 발표문에서 일부러 사용한 용어일 수도 있을 것이다. 두 사람이라는 말은 과거 노태우 대통령이 내세운 보통사람이라는 말과 비교하면 재미있는 기호학적인 해석도 가능할 것이다.[20]

---

20) 두 사람이라는 말은 과거 권위주의 시대에는 감히 사용하지 못한 용어

구어형태로 구성된 리포트 뉴스보다 스트레이트 뉴스는 한층 더 격식체를 사용한다. 반 다이크에 의하면 대부분의 뉴스는 그 사회의 엘리트 집단이 만들어낸 의견과 그들의 견해로 쓰인 것이 지배적이다. 하지만 이 뉴스가 전달자와 수신자 모두에게 적합하고 이해 가능한 표현이라고는 할 수 없다. 우리가 일상에서 대하는 뉴스는 대부분이 어떤 사안에 대한 단언의 형태를 사용하는 것이 일반적이다(Van Dijk, T.A., 1988: 83). 그래서 리포트 뉴스보다 더욱 격식체를 사용하며, 일종의 권위적인 표현을 할 수밖에 없을 것이다. 다음의 스트레이트 뉴스는 격식체로 구성됐기 때문에 '두 사람'과 같은 표현을 쓰지 않고 있다. 이번 기사는 '여 수뇌부 회동'이라는 제목을 붙이고 있다.

김대중 대통령은 오늘 김종필 총리와 박태준 자민련 총재와 연쇄회동을 갖고 김 총리의 조기 당복귀 문제와 내각개편, 공동여당 간 공조방안, 그리고 합당 문제 등 정국현안에 대해 의견을 조율했습니다.
김대통령과 김 총리는 이와 함께 그동안 공동정부를 운영하면서 국가위기를 극복한 점을 긍정적으로 평가하고, 앞으로도 공조를 강화해 내년 총선은 물론, 새로운 세기에 대비해야 한다는 데도 의견을 같이한 것으로 전해졌습니다.
오늘 회동에서 김 대통령과 김 총리는 합당문제에 관해서도 의견을 나눴으나 구체적인 논의 내용은 알려지지 않고 있습니다.
KBS 9시 뉴스, 1999. 12. 6.

로서 기호학적인 분석이 가능할 것이다.
기호학에서 가장 중요한 개념은 역시 '기호'이다. 기호란 우리들의 삶 속에 늘 존재하면서, 우리들의 삶의 근간을 이루고, 우리들의 의식과 이데올로기를 반영해 주고 있는 것이다. 바로 이와 같은 관계들에 의해 '기호'는 인간의 삶 자체를 반영하게 되거나 투영하게 되는 것이다. 그리하여 '기호'에 이어 수반되는 주요 개념들이 '의미', '의식' 및 '이데올로기(이념)' 등이다. 기호란 그 자체로서 의미가 생성되는 것이 아니라, 사회와의 관계 속에서 의미를 낳게 되는 것이므로, 사회의 제반관습, 규범, 법 및 문화와 깊게 연계된다(백선기, 1995: 5~6).

방송보도에 있어서 구어체라고 하는 것은 말하듯이 하는 뉴스를 말하는데, 말하듯이 하는 것이야말로 대단히 어려운 전달형태라고 할 수 있다. 거기에는 언어적인 기술뿐만 아니라 비언어 커뮤니케이션적인 기술이 동원되어야 한다. 아울러 전달력이 뛰어난 전문 방송인은 시청하는 대상이 다수의 대중이란 생각을 버려야 한다. 스튜디오를 향해 시선을 집중하고 있는 수많은 사람들을 의식하면 메가폰으로 뉴스를 읽어 주거나 선언문을 낭독하는 말투의 뉴스가 되고 만다. 시청자의 수에 관계없이 이들과 커뮤니케이트하는 비결은 마치 한 사람에게 말하는 것처럼 기사를 쓰고 말하는 것이다. 이왕이면 상대방이 상급자나 자신이 싫어하는 사람이기보다, 자신이 알고 좋아하는 사람이라고 생각하면 보다 도움이 된다. 친절한 사람을 연상하면 말이 쉽게 풀리며, 인간적인 관계를 좁혀 주고, 어색한 말투를 피할 수 있다. '청중을 향해(at the audience)' 말하는 것이 아니라 '청중에게(to the audience)' 말하도록 목표를 정해야 한다.

커뮤니케이션에서 가장 중요한 기술은 상대방의 수준에 맞추되 글을 읽어버리는 것이 아니라 대화하듯이 전달하는 것이다. 대화를 하더라도 상대방을 무시하는 말투로 얘기하는 것이 시청자를 가장 화나게 만드는 일이며, 상대방이 이해하기 어려운 내용을 말할 때 시청자는 가장 빨리 싫증을 느낀다. 방송이란 단어 'broadcasting'에서의 'broad'처럼 사회의 각계각층에 있는 광범위한 집단의 사람들을 상대로 하는 것이므로, 자신이 말하는 내용은 이들을 동시에 만족시킬 수 있어야 하는 것이다.

(2) 객관적 표현에 장애로 작용하는 비유법의 증가

방송뿐만 아니라 신문에서도 객관적인 사실을 보도하기 위해서는 직유나 은유와 같은 비유법의 사용을 피하는 것이 일반적인 관례가 되어왔다. 그러나 최근 리포트를 비롯한 방송보도에서 비유를 사용한 기사를 많이 발견할 수 있다. 다음의 기사는 KBS 9시 뉴스 '총리 자민련서 추천'이라는 제목의 리포트 기사이다.

> 새 천년을 앞두고 이번 주가 꼬인 정국의 실타래를 푸는 분수령이 될 것 같습니다.
> 김대중 대통령은 오늘 김종필 총리 박태준 자민련 총재와 잇따라 만나서 후임 총리 인선 문제와 선거구제 문제 등 정국 현안을 폭넓게 논의했습니다.
> 김 대통령은 부인 이희호 여사와 함께 오늘 저녁 이례적으로 삼청동 총리공관을 방문해서 김 총리 부부와 만찬을 함께 했습니다.
> 김 대통령과 김 총리는 만찬이 끝난 뒤에 배석자 없이 화기애애한 분위기 속에서 별도 회동을 가졌습니다.
>
> KBS 9시 뉴스, 1999. 12. 6.

'꼬인 정국의 실타래를 푸는 분수령'이라는 말은 일반적으로 스트레이트 뉴스에서는 쓰지 않는 말이다. 더구나 '꼬인 정국'은 속어로 분류할 수 있는 표현이다. '실타래'와 '분수령'이라는 말은 은어로서 방송보도의 객관성 유지라는 원칙에 맞지 않은 표현으로 일반적인 의미의 뉴스에서는 사용하기 어려운 말이다. 그러나 꼬인 정국이 빨리 풀렸으면 하고 바라는 사람이라면 실타래를 푸는 분수령이 다가오기를 기대하고 있을 수도 있으리라. '화기애애한 분위기'라는 말도 지나친 수식어로 보아야 한다.

은유적인 표현의 또 다른 예를 들어본다. 다음은 조폐공사 파업유도 사건에 대한 특검의 조사와 관련한 보도로 '고위급 잇달아 소환'이라는 제목을 붙인 기사이다. 이 기사에서는 수사의 진전 과정을 표현하면서 '급류'라는 표현을 하고 있다. 이것은 앵커가 자의적으로

작성한 앵커멘트일 가능성이 있지만 최근의 뉴스문장의 흐름으로 주
목해야 할 부분이다.

> 앵커: 옷로비 사건이 한 고비를 넘자 이번에는 조폐공사 파업유도 사건
> 에 대한 특검 팀의 수사가 급류를 타고 있습니다.
> 기자: 송인준 대구 고검장이 특검 사무실에 소환됐습니다. 송 고검장은
> 지난해 조폐공사 파업 당시 대전지검장이었습니다.
>
> KBS 9시 뉴스, 1999. 12. 6.

스트레이트 뉴스라면 이 경우에 '마무리 돼가면서', 혹은 '끝나가
면서' 정도로 표현할 것이다. '수사가 본격화하고 있습니다.' 정도로
충분한 표현이지만, '급류를 타고 있다'고 표현함으로써 역동적인 느
낌을 주고 있다. 은유적인 표현이 사용된 대표적인 예이다. 기자 리
포트의 두 문장은 스트레이트 뉴스에서는 당연히 한 문장으로 압축
된다. 다음의 스트레이트 뉴스와 비교하면 리포트 뉴스의 특성을 더
잘 알 수 있다.

> 조폐공사 파업유도 사건과 관련해 당시 대전 지검장이었던 송인준 대
> 구 고검장이 오늘 참고인 자격으로 특별 검사 팀에 소환됐습니다.
> 오늘 오후 3시쯤 특검 팀에 출석한 송인준 대구 고 검장은 당시 상황
> 을 언론에 밝히는 것은 바람직하지 않으며 특별검사 팀에 모든 것을
> 성실하게 밝히겠다고 말했습니다.
> 특별검사 팀은 대전지검 압수수색을 통해 확보한 '검사장 업적 보고서'
> 와 '일일 정보 보고' 등을 근거로 대전지검이 업무범위를 벗어난 활동
> 을 했는지 등을 집중 추궁하고 있습니다.
>
> KBS 9시 뉴스, 1999. 12. 6.

이 스트레이트 뉴스에서는 '송인준 대구 고검장이 오늘 참고인 자
격으로 특별검사 팀에 소환됐습니다.'처럼 '소환됐습니다'로 표현한

데 비해, 리포트 뉴스에 나타난 것처럼 '특검 팀은 오늘 당시 대전 지검장을 소환 조사한 데 이어서 정부 고위관계자들도 금명간에 부를 방침입니다.'에서처럼 '부를 방침입니다'와 같은 표현은 나오지 않고 있다.

방송보도의 공정성, 정확성, 객관성은 내용뿐만 아니라 언어표현을 어떻게 하느냐에 따라 차이가 난다. 일반적으로 방송보도에서는 형용사나 동사의 형용사적인 용법을 쓸 때 조심하도록 하고 있다. 또한 부사어 중에서도 객관성을 결여할 만한 표현은 자제하도록 하고 있다. '전경련 회장실 점거' 관련기사의 리포트 뉴스를 예로 들어본다.

> 앵커: 노동계의 겨울투쟁이 본격화하고 있습니다. 한국노총과 민주노총이 노조 전임자 임금지급 등을 요구하면서 경쟁적으로 농성에 들어갔습니다.
> 기자: 한국노총 대표 10여 명도 오늘 오후 국민회의 당사를 방문해 노조 전임자 임금지급의 자율성 보장과 전력산업 분할매각 중단 등을 요구하며 철야농성에 들어갔습니다. 이 요구가 받아들여지지 않을 경우 노사정위원회 탈퇴와 23일 총파업도 불사하겠다는 입장입니다.
>
> KBS 9시 뉴스, 1999. 12. 6.

KBS 보도국 편집 팀에서 붙인 제목은 '동투(冬鬪)'로 나와 있다. '본격화하고 있다'는 표현도 투쟁을 긍정적으로 보고 작성한 것으로 볼 수도 있다. 객관적인 표현에서 약간 주관적으로 흐른 느낌을 받을 수 있다. 스트레이트 뉴스에서는 '불사하겠다는 입장을 보이고 있습니다.' 정도로 간접적인 표현으로 작성할 경우가 많다. 다음은 '민주노총, 한국노총 동투'라는 제목의 스트레이트 기사이다.

> 노동계의 겨울 투쟁이 본격화되고 있습니다.
> 민주노총은 오늘 오후 국회 앞에서 농성 투쟁 선포식을 열고 노동시간 단축 특별법 제정과 공기업 민영화 중단 그리고, 노조 전임자 임금 지

급에 따른 처벌 조항 삭제 등 10가지 개혁입법을 이번 정기 국회 회기 안에 통과시키라고 요구했습니다.

한국노총도 오늘 성명을 내고 이번 정기국회에서 근로 시간 단축 등 5 개 요구사항이 입법화되지 않을 경우 노사정위원회를 탈퇴하고 오는 23일 총파업을 벌이겠다고 밝혔습니다.

KBS 9시 뉴스, 1999. 12. 6.

스트레이트 뉴스이지만 요즘은 이렇게 짧은 리드 문장을 작성하는 경우가 가끔 보인다. 그러나 이것은 뉴스 형식을 잘 모르고 있거나, 스트레이트 뉴스가 아니고 바로 리포트 뉴스로 사용하기 위해 작성한 기사의 경우로 볼 수도 있다. 위의 리포트 뉴스에서는 '총파업도 불사하겠다고 밝혔습니다.'로 표현했으나, 여기서는 '벌이겠다고 밝혔습니다'로 부드럽게 표현했다.

자유주의 언론에서는 보도의 객관성이 대단히 중요한 기준이 된다. 하지만 모든 보도 행위자들이 말하는 모든 단어에 대한 완벽한 통제는 이루어지기 힘들다. 보도 행위에 참여하는 사람들, 즉 기자나, 인터뷰 당사자, 또는 어떤 다른 방식으로 참여하는 사람이든 상관없이 실제적인 점에서의 완전한 통제는 이루어질 수 없다.

세계 유수의 공영방송들은 시청자와의 약속을 통해 객관적인 보도를 비롯한 프로그램 가이드라인을 지키겠다고 공언하고 있다. 영국의 BBC도 '우리는 모든 BBC 프로그램 제작자들이 BBC 제작 가이드라인에 따라 제작활동을 해주기를 기대하고 있습니다.'로 시작되는 시청자와의 약속을 내놓고 있다. 이 제작 가이드라인은 제작 및 편집상의 광범위한 이슈에 관한 구체적인 지침서이다.[21]

---

21) · 정확한 정보를 제공할 것: 여러분은 신뢰할 수 있는 정보를 얻게 될 것입니다. 만일 BBC가 사실 보도에 큰 오류를 범할 경우, 우리는 이를 깨끗이 그리고 솔직하게 인정할 것입니다.

· 공평하고 공정할 것: BBC의 프로그램은 논란의 소지가 있는 이슈를

(3) 설명형 구조에서 서사구조(story telling)로의 이행

리포트 뉴스는 구체적인 사실을 이야기(storytelling)하듯이 엮어나가는 형태, 즉 담론분석에서 말하는 서사(narrative)구조적인 경우가 많으며, 스트레이트 뉴스는 설명(presentation) 형태의 기술이 많다. 스트레이트 뉴스는 구조자체가 추상성을 띠면서 사건의 개요만을 전달하는 데 비해, 리포트는 심층취재처럼 자세하게 구성하면서 이야기처럼 단계를 밟아 기술하는 경우가 있다. 이렇게 이야기하듯이 엮어나가는 뉴스기술 방법은 우리나라의 초창기 신문이나 방송기자들이 문인출신들이 많았기 때문에 더욱 그러했을 것이다. 사건의 개요만을 전달하는 스트레이트 뉴스에 비해 이야기식으로 엮어나가면 기자의 주관이 개입되면서 자칫 왜곡될 가능성도 없지 않을 것이다.

앵커: 그동안 옷 로비 의혹 특검 팀에 집중됐던 국민적 관심이 파업유도 특별검사 팀으로 이동할 것 같습니다. 파업유도 특검 팀이 당시 공기업의 구조조정 개획을 입안한 정부부처가 적극 개입한 혐의를 밝혀낸 것으로 전해졌습니다.

보도함에 있어서 치우침이 없이 균형을 기함으로써 견해와 논쟁을 공정하게 다룰 것입니다. 우리는 프로그램 제작자들에게 열린 마음으로, 그리고 경외심을 갖고서 진실에 공정하게 접근하도록 하여 시청자들이 BBC 프로그램에 대한 신뢰와 전망을 갖도록 할 것입니다.
· 사회 각계각층을 대변하고 편견의 증폭을 피할 것: 편견과 불이익이 있는 곳에 대해서 BBC는 프로그램을 통해서 이를 보도하고 지적해야 하겠지만 편견과 불이익을 지속시키는 그 어떤 행위도 하지 않을 것입니다. 나아가 BBC에 참여하는 사람과 진행자들은 영국의 다양한 사회와 문화를 대변해 줄 것입니다.
· TV의 저녁 9시 분리시간대(The 9.00pm Watershed)를 지킬 것: 분기시간 이전의 모든 프로그램과 프로그램 예고편은 어린이를 포함한 모든 시청자들에게 적합해야 합니다. 저녁 9시 이후의 프로그램은 성인 시청자들의 다양한 취향과 관심사에 맞춰나갈 것입니다. 그러나 불쾌감을 유발시킬 수도 있는 저속한 프로그램은 결코 방송하지 않을 것입니다.

기자: 파업유도 의혹 사건의 강원일 특별검사가 수사의 진전이 있었다
며 ① 오랜만에 입을 열었습니다. 강 특별검사는 검찰이 기소한 것은
사건의 아주 일부일 수도 있다며 수사 결과를 발표하기 전에 기소를
하겠다고 밝혔습니다.

KBS 9시 뉴스, 1999. 12. 5.

위의 기사에서 ① '오랜만에 입을 열었습니다.'와 같은 말들은 스
트레이트 기사에서는 거의 나오지 않은 표현으로 이야기 형태 표현
의 대표적인 것이다. 이 표현은 구어체 언어의 대표적인 표현으로
스트레이트 뉴스가 문어체 형태의 언어표현을 즐겨 사용하는 것과
대조적인 것이다.22) 스트레이트 뉴스에서는 '오랜만에 밝혔습니다.'
정도로 표현할 수 있는 말이다. 이렇게 리포트 뉴스에서는 문어체보
다 구어체 형태의 말이 많이 사용되고 있다. 다음은 '소금에 극약성
분'이라는 제목의 기사이다. 이 기사는 현장의 자료화면을 보면서
묘사하듯이 구성하고 있다.

앵커: 인체에 해로운 성분이 함유된 가공소금을 시중에 대량으로
팔아 온 사람이 검찰에 구속됐습니다.

기자: ① 호주산 천일염을 가공하는 경남 양산의 업체입니다. 이 공장
에서 지난해 7월부터 1년여 동안 가공한 소금에는 인체에 치명적인 청
산가리와 중금속인 카드뮴이 함유됐었다고 검찰은 밝혔습니다. 검찰의

---

22) 사회언어학(sociolinguistics)에서는 사회적, 지역적, 경제적 상황에서의
차이와 일치하는 언어의 다양성을 연구하여 사회와 언어를 재연결시키
고 있다. 예를 들어 중간계급과 로동자 계급의 어린이들이 사용하는
말의 차이가 있다고 분석한다. 중간계급의 어린이는 구어와 문어를 같
이 사용하면서 명사를 주로 사용한다. 반면에 노동자 계급의 어린이는
구어를 사용하면서 대명사를 주로 사용한다. Bernstein은 제한된 부호
를 사용하는 노동자 계급의 사람들은 정신적 역량도 정교한 부호를 사
용하는 중산계급보다는 한정돼 있을 것이라고 보는 결손 가설(deficit
hypothesis)을 제시하고 있다.

성분분석 결과 이따이 이따이병의 원인이 되는 카드뮴이 허용기준치의 두 배 넘게 검출됐습니다. ② 또 청산가리 성분도 나왔다고 밝혔습니다. 업주 명씨는 이렇게 만든 소금을 부산과 경남 일대의 김치 어묵공장 등에 팔아왔습니다.

KBS 9시 뉴스, 1999. 12. 6.

①의 경우는 현장 취재 기사의 경우로 바로 자료화면을 보면서 설명하는 형태이다. ②의 문장은 스트레이트 뉴스에서는 앞의 문장에 붙여서 한 문장으로 만들 수 있는 문장이다. 그러나 이야기하듯이 엮어 가는 리포트의 특성을 살려 짧은 문장으로 엮어가고 있다. 이야기 형태의 구성은 리포트 기사에서 예외 없이 많이 나타나고 있다. 이럴 경우 대개는 문어형태의 언어보다 구어형태의 말이 많이 사용되고 있음을 알 수 있다.

다음의 스트레이트 뉴스를 보면 리포트와 다른 모습을 볼 수 있다.

부산지검 형사3부는 오늘 호주산 천일염을 제대로 정제하지 않아 카드뮴과 청산염이 들어 있는 가공 소금을 식품업체 등에 판매한 경남 양산시 모 업체 대표 50살 명모씨를 식품위생법 위반혐의로 구속했습니다. 명씨는 호주산 천일염을 수입해 이를 분쇄해 가공소금을 만드는 과정에서 제대로 처리하지 않아 ① 청산염 등 맹독성 물질이 함유된 소금만 6천톤, 시가 19억 6천만원어치를 지난해 7월부터 지난 10월까지 미역과 어묵제조업체 등 20여개 업체에 납품한 혐의입니다. ② 검찰은 이번에 적발된 소금에서 인체에 치명적인 중금속인 카드뮴이 기준치의 배 이상 검출됐고 청산가리의 원료인 시안칼륨도 검출됐다고 밝혔습니다. 검찰은 카드뮴의 경우 천일염 자체에 들어 있는 것을 제대로 정제하지 않은 것으로 보고 있으며 청산염은 소금을 정제하는 과정에서 방습제로 사용된 물질에서 유입된 것으로 추정하고 있습니다.

KBS 라디오 뉴스, 1999. 12. 6.

① 이 문장은 제조와 관련한 부분으로 '맹독성 물질이 함유된 소금 만 6천 톤, 시가 19억 6천만 원 어치를 제조하여'라는 말 중 '제조하여'를 생략한 문장이다.

2) 북한 방송보도의 문체적 특성

(1) 직접적인 선전 · 선동 방송

남한의 방송을 비롯한 자유주의국가의 어떤 방송에서도 보고들을 수 없는 직접적인 선전·선동 방송도 북한의 방송에서는 일반화돼 있다. KBS '남북의 창'에 소개된 북한 조선중앙방송 TV (1989. 11. 19.)의 선거 캠페인 방송은 자유주의적 방송의 기본적인 상식과 방송언어의 기본적인 원칙이 완전히 무시된 공산주의식 선전·선동의 대표적인 예이다. 이것은 인민을 끊임없이 동원하고 운동을 하게 유도함으로써 선전자에 의해 의도적으로 심어지고 강화된 체제이념에의 신앙이 견고하게 지탱될 수 있다는 인식에서 방송을 이용한 대표적인 예이다.

공산주의자들은 개인이 스스로 생각하고, 비판하고, 의문을 제기할 여유를 가지면 그 유일사상의 신앙에 회의가 올 수 있기 때문에 대중 동원이나 군중집회, 행군 등에 개인이 여유 없이 휩쓸려 들어가도록 만든다. 그래서 의식이나 자주적 판단능력을 빼앗긴, 정신적으로 박제화된 인간군상들이 권력자들의 보이지 않는 조작의 끈에 이끌려 다니는 모습은 전체주의 사회의 선전이 빚어놓은 특허품인 것이다(방정배, 1995: 18).

남·여 방송원(아나운서)이 교대로 외치는 방송내용은 다음과 같다.

남: 11월 19일은 도·시·군 인민회의 대의원 선거의 날이다. 모두 다 선거에로.

여: 모두 다 선거에로.

남: 이번에 실시되는 대의원 선거는 우리 인민의 불패의 통일 단결을 과시하는 뜻깊은 정치적 사업이다.

여: 도·시·군 인민회의 대의원 선거를 높은 정치적 열의와 빛나는 로력적 성과로 맞이하자.

남: 사회주의 건설에서 끊임없는 앙양을 일으킴으로써 혁명 주권을 더욱 굳게 다져나가는 것은 주권의 주인인 우리 선거자들의 영예로운 의무이다.

여: 우리는 당과 수령에 대한 충성심을 높이 발휘하여 사상, 기술, 문화의 3대혁명을 다그쳐 올해의 인민경제 계획을 앞당겨 수행하여 사회주의 건설에서 새로운 보다 높은 앙양을 이룩함으로써 우리 인민 의무궁무진한 힘과 우리나라 사회주의 제도의 불패의 위력을 다시한번 힘있게 시위하여야 한다.

남: 모두 다 도·시·군 인민회의 대의원 선거에 참가하여 혁명주권을 반석같이 다지자.

여: 전체 선거자들이여, 도·시·군 인민회의 대의원 선거에 참가하여 찬성 투표하자.

조선중앙텔레비죤, 1989. 11. 19.

마지막 말 '선거에 참가하여 찬성 투표하자'라는 구절에서 극단적인 공산주의식 선전·선동의 대표적인 예를 볼 수 있다. 남한의 방송이 '말하듯이 자연스러운 방송'을 지향하고 있다면 북한의 방송은 대개가 '선동투로 하는 입말투'에 기초하면서 정치적 영향력을 극대화하고 있다. 즉 '전달, 설명, 설복, 호소'등의 다양한 말투로 배합해 나가다가 호소하는 부분에서 힘을 주는 것이 일반적인 선동 방송의 유형이며, 주로 이런 선동 방송은 '근로자들을 사회주의 건설에로 부르는 글이나, 남반부 인민들을 반미구국 투쟁에로 불러일으키는 선동해설, 호소문, 격문, 미제의 만행 또는 놈들의 침략 책동을 폭로 단죄하는 기사'들이 이에 속한다고 규정하고 있다(리상벽, 1989: 340 ~341).

이러한 선전·선동은 북한방송의 주요기능으로 볼 수 있는데, 이것은 선동을 수반할 수밖에 없는 정치 커뮤니케이션이라는 것을 감안하더라도 지나치게 호전적이라는 것을 알 수 있다.

(2) 장황한 수식어 사용에 의한 장식문체

장식문체에는 일상 언어에서 흔히 쓰지 않는 한자어나 예스러운 말, 혹은 인상을 강화하는 말이 풍부하게 사용된다. 또한 장식문체는 고상하고 감동적인 제재를 다루는 데 어울린다. 즉 위기의 순간, 심각한 쟁점, 기념할 만한 국가적 업적, 위대한 인물을 다루는 데 장식적 문체가 사용된다(이대규, 1998: 142). 그러나 이렇게 거창한 방향으로 사용되기도 하지만 하찮은 제재나 사소한 경험을 과장하는 데 사용되기도 해서 문장의 격을 떨어뜨리기도 한다.

북한방송보도의 언어표현은 고전적인 수식어의 모범적인 사례를 보여주고 있으며, 수사학(修辭學, rhetoric)23)의 이론에 철저한 문장

---

23) 수사학에서 분류한 수사법은 다음과 같이 분류할 수 있다.
　　1. 직유(直喩, simile) 은유(隱喩, metaphor) 환유(換喩, metonymy)
　　2. 활유(蛞蟻, personification) 과장법(誇張法, hyperbole) 돈호법(頓呼法, apstrophe) 현재법(現在法, historical present)
　　3. 대조법(對照法, antithesis) 점층(漸層, climax) 반복(反復, repetition) 도치(倒置, inversion) 반어법(反語法, irony) 완곡법(婉曲法, periphrasis, circumlocution) 수사의문(修辭疑問, rhetorical question) 영탄법(咏嘆

이라고 할 수 있다. 수사학은 그리스로마에서 정치연설이나 법정에서의 변론에 효과를 올리기 위한 화법의 연구에서 기원한 학문이다. BC 5세기경 주로 아테네에서 수사학의 지도를 담당한 사람들을 소피스트(Sophist; 그리스어로 성인의 뜻)라 불렀고, 시민생활에 있어서 계몽적 역할을 했다. 그중에는 궤변을 늘어놓고, 단순히 입신출세의 방법을 말하는 자도 있었다(동아 원색세계 대백과사전, 1988).

북한의 방송언어 이론서인 방송원화술에서는 어휘력을 높이는 것은 궁극적으로 체제와 지도자에 대한 찬사를 위해서라고 설명하고 있다(박재용·김영황, 1988: 494~495).

방송원화술은 '아는 것만큼 말한다'고 전제하고 다음과 같이 제시하고 있다.

"어휘는 단어나 성구 또는 그것들의 전체를 통틀어 이루는 말이다. 말이나 글은 어휘들이 일정한 규칙에 의하여 결합될 때 이루어진다. 따라서 어휘가 없으면 말이나 글이 이루어질수 없으며 언어의 기능도 수행할수 없다.

화술은 다양한 어휘들을 말로 형상하는 솜씨라고도 말할수 있다. 방송원이 풍부한 어휘와 그 뜻을 깊이 체득하면 하는것만큼 화술형상에 반영된다. 방송원으로 되였을 초기에는 뛰여난 목소리, 정밀한 발음, 섬세한 형상력, 류창한 독보력으로 하여 사람들을 경탄시키고 또 무한히 발전할것 같이 보이던 방송원이 꼭 예견한대로 되지 않고 몇 해후부터는 답보하거나 퇴보하는 경우가 있다. 물론 여기에는 여러가지 원인이 있겠지만 중요한 원인의 하나가 바로 어휘지식의 빈곤에 있다. 즉 화술의 규범적인 요구는 몇해사이에 일정한 정도로

法, exclamation) 등이다. 이상의 명칭은 반드시 고정되어 있는 것은 아니며, 또한 그 구분도 단순히 편의적인 것이다. 이 중에서 가장 중요한 것은 은유이다.

습득하였지만 어휘지식의 빈곤으로 하여 5~6년 지나면서부터 일생을 담보하는 방송원이 적지 않다. 이런 이유로 인해 경험자들의 말에 의하면 방송원의 화술은 목에서 나오는것이 아니라 궁극에 가서는 머리에서 나온다고 한다.

현실적으로 우리나라의 이름난 방송원들가운데는 목소리나 발음같은 기초조건이 별로 우월한것도 없지만 훌륭하게 방송을 하는 사람이 많은데 그 원인의 하나가 어휘지식이 풍부하여 남들이 느끼지 못하는 사상과 감정을 깊고 폭넓게 체현하고 있기 때문이다.

그러면 어휘지식을 풍부하게 습득하기 위해서는 어떻게 하여야 하는가. 첫째로, 어휘지식학습은 매 시기 발표되는 위대한 수령님과 친애하는 지도자동지의 불후의 고전적 로작들을 깊이 연구학습하고 로작의 사상적 내용과 새로운 어휘들을 자기의것으로 만드는것이다.

례를 들어 위대한 수령님과 친애하는 지도자동지의 수많은 불후의 고전적 로작들에는 <석탄은 검은금>, <철과 기계는 공업의 왕>, <일당백>, <이신작칙24)>, <속도전>, <정치적 생명> 등 실로 헤아릴수 없이 새로운 어휘들이 많다.

둘째로, 경애하는 수령님과 친애하는 지도자동지에 대한 흠모와 충성의 마음을 나타내는 어휘와 표현들을 깊이 연구하여 자기의 것으로 만들어야 한다. 우리가 자주 쓰는 <끝없는 경모의 마음>, <솟구쳐오르는 경모의 정>, <다함없는 흠모의 마음>, <열화와 같은 충성심>, <가장 높은 열도의 충성심>, <불타는 충성의 한마음>, <불보다 뜨거운 충성심>, <충성의 피가 가슴마다에 맥박쳐흐른다>, <세월은 흐르고 강산은 변해도 충성의 한마음은 변함없으리>, <천만년 흘러가도 하늘땅이 변해도 수령님 한분만을 모시렵니다>와 같은 어휘

---

24) 以身作則: 실지 행동으로써 모범을 보이는 것. 곧 언제나 군중의 앞장에 서서 자기의 실천적 모범으로 사람들을 교양하며 이끌고 나아가는 것 또는 그러한 공산주의적품성이나 사업작풍(사회교육출판사, 1992).

와 표현들은 아무 때이고 말할수 있도록 그 참뜻을 깊이 파악하고
자기의 것으로 만들어야 한다."

　이 글에서는 절대권력자 앞에 붙이는 수식어로 '끝 없는 경모의
마음, 솟구쳐오르는 경모의 정, 다함없는 흠모의 마음, 열화와 같은
충성심, 가장 높은 열도의 충성심, 불타는 충성의 한마음, 불보다 뜨
거운 충성심, 충성의 피가 가슴마다에 맥박쳐흐른다, 세월은 흐르고
강산은 변해도 충성의 한마음은 변함없으리, 천만년 흘러가도 하늘
땅이 변해도 수령님 한분만을 모시렵니다'와 같은 어버이를 모시는
인민들의 마음을 표현하는 말들을 예로 들고 있다.

　자유주의 언론의 이론에서는 기사문장에서 수식어는 가능한 한 사
용하지 않는 것이 바람직하다는 견해가 지배적이다. 하지만 수식어
를 절대로 사용하지 않아야 된다는 주장은 아무도 하지 않고 있다.
가능한 한 사용하지 말라는 의미는 꼭 필요한 경우에만 사용하라는
뜻으로 해석해야 한다.

　피부를 아름답게 하기 위해서 화장품이 사용되지만 매혹적인 자태
는 타고난 자연미에서 나온다. 마찬가지로 문학적 장식의 기능은 담
론을 치장하는 것으로 표현의 날실 역할을 하며, 언어의 형식은 생
각을 표현하는 씨실이다. 날실이 곧아야 씨실이 제대로 짜질 수 있
다. 생각, 즉 표현의 씨실이 분명해야만 비로소 언어표현이 의미 있
게 된다(Liu Hieh, 1959: 박우수, 1999: 263 재인용)

　수식어란 체언을 꾸미는 관형어와 용언을 한정하는 부사어를 가리
킨다. 관형어에는 관형사와 관형형 어미를 가진 용언들과 관형격 조
사를 가진 체언이 포함되고, 부사어에는 부사와 부사형 어미를 가진
용언과 부사격 조사를 가진 체언이 포함된다.

　남한의 방송에서는 신문의 영향을 받아 수식어가 많이 줄어들고
있는데, 이석주는 신문기사에서 과거보다 많이 줄어들고 있는 수식

어 사용상황의 변화를 표로 만들었다(이석주, 1990: 353).

〈표 13〉 수식어 사용상황 (1행 13자 기준 100행당 개수)

	형용사	부사	계	비 고
1896. 5. 2 독립신문	9.6	23	32.6	조사대상 73행
1928. 12. 29-31 동아 머리기사	16.5	17.5	34	〃 90행
1958. 2. 5 조선 머리 및 중간머리기사	5(관형사)	14	19	〃 100행
1973. 8. 2 조선 머리 및 중간 머리기사	7.8	6.3	14.1	〃 196행
1990. 7. 18 동아 머리기사	3(관형사)	2	5	〃 100행

6. 남북한 방송보도의 비언어 커뮤니케이션 차이

1) 방송보도와 관련한 비언어 커뮤니케이션의 개념

인간 커뮤니케이션에 대한 초기의 관심은 언어 현상에만 국한되어 오다가 연구가 계속됨에 따라 비언어적 커뮤니케이션(nonverbal communication)의 중요성이 새롭게 인식되고 이에 대한 관심도 점점 높아지고 있다. 비언어적 메시지는 숫자와 몸짓 같은 신호(sign)언어, 걷고 뛰고 먹는 것 등의 움직임으로 나타내는 행위(action)언어, 그리고 물체를 통해 의미를 전달하는 대상(object)언어 등으로 분류되고 있다. 또한 커뮤니케이션은 전달, 통신, 연락이라고 번역하고 있지만 매스(mass)와 결합하지 않고 언어나 비언어와 결합하면 표현이라고 해도 좋겠다.

한국방송은 아나운서나 기자, 리포터 등 방송 진행자들에게 방송에 임해서는 시청자에게 꽃다발을 안긴다는 마음으로 방송하도록 해서 부드러운 분위기를 유지하기를 바란다. 맥루한에 따르면 미디어에만 핫 미디어와 쿨 미디어가 존재하는 것이 아니라 사람에게도 '핫 이미지'와 '쿨 이미지'의 소유자가 있다. 그가 주장하는 핫 이미지와 쿨 이미지의 사람을 비교한다면, 먼저 핫 이미지의 사람은 표현이 정확하고, 논리적이고, 원칙을 중요시한다. 따라서 자칫 여유가 없는 사람처럼 보일 수 있다. 또 신체적으로는 키가 크고, 몸매도 매우 균형 잡힌 사람이다. 따라서 타인의 참여를 필요로 하지 않는 사람이다. 예를 들어 정치인으로는 루즈벨트 대통령, 히틀러, 닉슨 대통령을 들 수 있고, 연예인으로는 마릴린 몬로, 리타 헤어워스 등을 들 수 있다(김정탁, 2000: 350~351).

쿨 이미지의 사람은 표현이 부정확하고, 비논리적이지만 여유가 있는 것처럼 보이는 사람이다. 원칙에 구속되지 않고 유연하게 행동하는 사람이다. 따라서 임기응변에도 강하고 순발력이 있다. 신체적으로는 키가 크지 않거나, 체격이 왜소하거나 하는 등의 결함이 있지만 그것이 매력적으로 보이는 사람이다. 따라서 타인의 참여를 유발하는 사람이다. 예를 들어 정치인으로는 케네디 대통령을 들 수 있다.

아나운서 세계에서도 맥루한이 말하는 기준에서 '핫 아나운서'와 '쿨 아나운서'가 있을 수 있다. 스피치만을 기준으로 해서 보면 '핫 아나운서'는 메시지를 논리적으로 전달하는 데 익숙한 반면 '쿨 아나운서'는 메시지를 감성적으로 전달하는 데 익숙하다. 즉 '핫 아나운서'는 머리로서 의미를 전달한다면 '쿨 아나운서'는 가슴으로서 의미를 전달하는 사람이라고 말할 수 있다. 즉 핫 아나운서는 냉철한 이성의 소유자로 비추인다면 쿨 아나운서는 뜨거운 감성의 소유자로

비추인다. 한국의 방송, 특히 방송에서는 유창한 낭독도 중요하지만
시청자에게 포근한 느낌을 주는 전달자의 자세 또한 중요하다고 강
조하고 있다. 가장 좋은 전달은 전체적으로 뉴스 전달에 생기가 돌
고 기교를 부리기보다 자연스런 낭독을 통해 전달자의 따뜻한 인간
미를 느끼게 해야 한다는 것이다(박경희, 2000: 34).

다음은 비언어적 커뮤니케이션의 특징과 그것이 갖는 언어와의 상
관관계, 인체에 의한 메시지의 전달은 어떤 것이며, 어떤 유형이 있
는지 살펴본다. R. Adler 등은 비언어적 커뮤니케이션의 특징을 다음
과 같이 설명하고 있다(Adler, R.B., 1980: 홍기선, 1987: 429 재인용).

첫째, 모든 메시지는 비언어적 커뮤니케이션을 포함한다.
둘째, 비언어적 커뮤니케이션은 감정(feeling)을 송신해 준다.
셋째, 비언어 커뮤니케이션은 메시지가 모호한 데가 있다.
넷째, 언어커뮤니케이션보다 문화적 영향을 크게 받는다.

한편 J. A. Devito는 그 특징을 다음의 다섯 가지로 제시했다.

첫째, 상호작용에서 비언어적 행위는 의미를 주고받는 수단이 된다.
둘째, 상황의 제약을 받는다.
셋째, 때로는 언어적 커뮤니케이션보다 믿을 만하다.
넷째, 종합적이고 전체적인 형태로 나타난다.
다섯째, 모든 언어적 비언어적 진술에 대해 확인하는 기능을 가진다.

언어적 커뮤니케이션과 비언어적 커뮤니케이션의 관계를 살펴보면,
비언어적 행위는 언어적 표현을 되풀이해 주는 반복(repeating), 언어
적 표현을 대신하는 대체(substituting), 그리고 언어적 메시지의 불분
명한 점을 보완(complementing)해 주고, 글자 아래 밑줄을 치는 것과

같은 효과를 주는 강조(accenting), 언어적 행위를 규제(regulating)하는 효과 등이 있으며, 언어적 표현과 때로는 갈등을 일으키는 상반(contradicting)의 작용도 있다.

비언어 커뮤니케이션의 연구 분야로는 첫째 키네식스(kinesics)가 있다. 키네식스는 소위 신체 언어(body language)에 대한 과학적 연구를 말한다. 다시 부연하면 키네식스는 비언어적 행동 양식에 기초함으로써 극히 고의적인 것으로부터 무의식적인 것에 이르기까지 모든 신체의 움직임을 통한 커뮤니케이션의 유형에 대한 연구라고 할 수 있다.

비언어적 커뮤니케이션 또한 개인의 성향에 의해 영향을 받는다. 예를 들어 외향적인 사람들은 몸짓의 사용에 더욱 개방적이라고 한다. 또한 비언어적 커뮤니케이션의 사용에 따른 성적인 차이 또한 관심의 대상이 되고 있는데, 예를 들어 몇몇 연구들은 대화 시 여성들이 남성에 비해 서로 신체적 접촉을 더 많이 하는 경향이 있음을 보여주었다고 한다(James Watson & Anne Hill, 1997: 44).

다음에 프록세믹스(proxemics)로서 이것은 인간의 공간 확보나 공간에 대한 반응으로 의미를 전달하는 공간 반응을 연구하는 학문이다. 이 연구에서는 근접 공간(intimate distance), 개인 공간(personal distance), 사회 공간(social distance), 공공 공간(public distance)으로 나누어 이를 실험적으로 처리해 구체적 거리를 제시한다.

노스웨스턴 대학 인류학 교수인 홀(Hall) 박사는 '보이지 않는 차원'(The Hidden Dimension)에서 커뮤니케이션의 유형에 따른 거리를 제시하고 있다(최선, 1988: 834~839).

첫째, 근접 공간은 실제로 접촉하는 가까운 것일 수도 있고 6~18인치(15~45cm)의 거리일 수도 있다. 근접 공간의 좁은 형태는 연인이나 친구, 자녀들의 경우에 작용한다.

둘째, 개인 공간은 최소가 1.5피트에서 2.5피트(45~75㎝)의 범위이다. 이 거리는 상대방의 손을 잡을 수 있는 거리이다. 그리고 최대의 거리는 2.5~4피트(75~120㎝)의 거리로 잡으며 이것을 육체적 지배의 한계라 부른다.

셋째, 사회적 공간은 최소가 4~7피트(1.2~2.1m)이며 일반적으로 이 거리는 업무를 처리하는 공간이다. 따라서 사업상 찾아온 고객과 상담할 때 상사에게 결재를 받을 때, 주부가 집에 온 배달원과 이야기할 때 유지해야 할 공간이다. 그리고 넓은 공간은 7~12피트(2.1~3.6m)로써 이것은 보다 형식적인 사회적, 사업적 관계에 이용된다.

넷째, 공공 공간은 우리들의 영토유대가 가장 멀리 확장된 것이다. 최소 공간은 12~25피트(3.6~7.5m)로써 교수와 학생의 강의 공간, 사장과 사원의 훈시 공간 등이다. 25피트(7.5m) 이상은 정치가들 사이의 안전 공간이며 동물과의 사이에도 역시 안전 공간 역할을 한다. 특히 이 공간은 진실과 거리가 먼 언어가 가능하다.

비언어 커뮤니케이션 연구 분야의 세 번째 분야는 크로네믹스(chronemics)이다. 크로네믹스란 시간의 개념이 나타내는 커뮤니케이션적 의도를 파악할 수 있다는 것이다. 문화적 차이에 따라 시간의 장단에 대한 인식에 차이가 있으나, 특정 시간에 만나기로 했을 때 상대방이 늦게 나타나면 기다린 사람은 무시당하는 느낌을 갖게 된다는 것이다. 이밖에 이상의 세 가지에 포함되지 않은 목소리나 인공적 기호로서 의복, 화장품, 소지품을 비롯한 인공적 환경 등이 대상이 된다.

비언어적 커뮤니케이션의 유형으로는 의상(clothing), 얼굴과 눈(face and eyes), 자세(posture), 몸짓(gesture), 접촉(touch), 목소리(voice), 공간과 지역성(proxemics and territoriality), 환경(environment) 등으로 언

어적 커뮤니케이션에 못지않은 효과를 가지고 있다.

비언어적 커뮤니케이션 효과를 높이기 위해서는 방송 전달자의 역할도 중요하다. 한국방송의 진행자를 위한 교과서인 아나운서 방송인 되기에서는 방송 아나운서들이 빼어난 미남·미녀일 필요는 없으나, 시청자에게 호감을 줄 수 있고 단정하고 신뢰감이 느껴지는 외모를 요구하고 있다. 뉴스 앵커가 하는 말이 진실이어야 함은 물론 말하는 버릇, 속도, 억양, 표정 등에서 그의 인간됨이 은연중에 나오기 때문이다(표영준, 2000: 46).

방송 메시지의 기본은 음성언어이며 음성언어의 가장 중요한 조건은 호감을 주는 음성이다. 따라서 음성과 발성훈련은 방송인의 기본이다. 목소리의 주요 특질은 음질, 울림, 발성에 있다. 물론 그 목소리가 사용되는 방법 또한 중요하다.

인간은 공급되는 공기를 들이마시고 날숨을 조절하는 같은 방식으로 소리를 만들어낸다. 공급된 공기는 폐로 흡수되고 인후 내부의 기관(氣管)이라는 관으로 배출된다. 기류는 발성주름과 같은 부드러운 부분, 혀와 같은 근육 그리고 뼈와 연골 등의 단단한 표면을 통과하는 과정에서 모양이 다듬어지거나 조절된다. 자신의 목소리를 녹음해 보는 것은 좋은 소리를 위한 평가에 도움이 된다.

사람이 만들어내는 소리는 반복 가능하고 일관성 있게 인식될 수 있는 경우에만 의미를 지니는 음절이 된다. 모음과 같은 부드러운 소리는 보통 기쁨을 의미하며 비명과 같이 거슬리는 소리는 불쾌함을 나타낸다. 언어는 음성에 의미부여를 하는 데서 유래된다. 의미와 소리를 만들어내기 위한 기술은 모방을 통해 전달된다. 어린이는 부모, 친척, 이웃, 선생님의 언어를 모방한다. 따라서 인간의 언어는 그를 둘러싸고 있는 사람들을 모방한 결과이다. 발음은 음절이나 소리를 정확히 내는 것이다. 발음은 분절(articulation), 발음법(pronunciation), 의사소통(communication)의 세 가지 개념으로 생각해 볼 수 있다. 언어적인 효과를 극대화하기 위해서는 비언어적인 효과가 뒷받침이 되어야 한다(Hawes, 1991: 24).

비언어적인 커뮤니케이션 효과에 장애를 초래하는 것은 갑작스럽게 화장 패턴을 바꾼다든가, 지나친 노출 의상을 입어 변화를 꾀하는 등, 본인은 무심코 하는 사소한 일이 은연중에 시청자의 신뢰를 잃게 되는 일이 종종 있다. TV는 분장의 변화 요소인 색의 변화 방법을 동시에 작용시킬 수가 있어 그 표현방법이 다양하다. 그리고 사물을 보다 아름답게 표현하는 데 효과적으로 활용할 수 있으며, 색채의 효과적인 조화를 통해 시청자의 눈에 착시 현상을 일으키게 해서 기대 이상의 효과를 높일 수도 있다. 분장은 프로그램의 종류에 따라 그 특성을 달리한다. 텔레비전 프로그램의 내용이 예술적 허구 위에서 성립하는 드라마나 오페라, 발레나 뮤지컬과 같은 분장은 배우의 성격 창조에 목적이 있지만, 일반적인 프로그램인 보도나 교양 프로그램의 분장은 출연자를 돋보이게 하고 그 매력을 높이는 것이 중요하다. 텔레비전의 분장은 출연자의 결점을 덮어주며 개성적인 인물로 부각시켜 언어적, 비언어적 커뮤니케이션의 효과를 높이기 위해 필요한 또 하나의 예술적 행위라 할 수 있다.

2) 남한 방송보도의 비언어 커뮤니케이션 특성

(1) 시청자에게 호감을 주는 부드러운 뉴스

전달자의 개성에 따른 뉴스의 효과도 소홀히 할 수 없는 비언어적 고려사항이다. 비언어적 고려사항은 라디오 뉴스에서보다 텔레비전에서 더 많은 비중을 차지할 것이다. 라디오 뉴스에 비해 TV의 초기 발전단계의 뉴스는 그림이 있는 라디오와 같았다. 그것도 뉴스의 자료화면이 매우 적을 뿐만 아니라 15분 이상 방송되는 경우가 없었으며, 뉴스를 진행하는 앵커에게 카메라는 고정되어 있었다. 따라서 이런 형식은 사람들의 관심을 끌지 못했으며, 1940년대 후반과 1950년대 초반까지는 TV가 라디오보다 못하다고 생각했을 정도였다.

오늘날의 TV방송은 실험들을 통해 이룩된 것인데, 1960년대 후반을 거치면서 지역뉴스는 성의 없이 다루어지면서 불과 한두 개의 짧은 영상이 앵커의 낭독과 함께 배열되는 수준이었다. 이 무렵 방송국의 고위 간부들은 방송보도가 방송국의 수입원이 될 수 있다는 사실을 깨닫기 시작했다. 아울러 방송국 간부들이 시청자를 끌 수 있는 새로운 방법을 찾으면서 시청자 확보 경쟁은 창의력과 혁신을 일으켰다. 이렇게 1960년대 이후 뉴스를 변화시킨 여러 가지 발전적 요소는 필름 카메라를 보완한 휴대용 비디오 장비, 선명한 그래픽, 정보제공자와 연기자, 그리고 Personality로 주목받는 앵커에 대한 관심의 증가라 할 수 있다. 이후 대부분의 뉴스 프로그램에서 아나운서, 캐스터 등 앵커로 불리는 Personality는 대단히 중요한 위치를 점하기 시작했다(Lewis B. et al., 1996: 182~183).

일반적으로 뉴스 진행자들이 인정받는 이유는 그들의 외모 때문이 아니라 시청자들에게 이해하기 쉬우면서도 흥미롭고, 정확하게 뉴스를 전달하기 때문이다. 뉴스 전달자에게 있어서 매우 중요한 조건은 믿음성, 에너지, 권위를 포함하여 개성이 있어야 한다. 이러한 요소를 포함한 개성적이면서 다양한 스타일은 많은 저널리스트들의 성공 비결이 됐다고 할 수 있다.

(2) 메시지 전달과 해독(解讀)의 편의를 위한 문장의 길이와 표현속도

전달의 효과를 높이고 해독의 편의성을 증가시키기 위해서는 문장의 길이도 중요한 역할을 한다. 방송뉴스의 1문장 평균 음절수는 88음절로 측정됐다(KBS 한국어연구회, 1991: 7). 일본 신문기사의 평균이 86자, 남한의 신문은 62자로 측정되고 있는데, 이것을 근거로 남한은 50자 내외의 신문문장을 권장하고 있다.

문장의 길이는 서두문과 본문의 길이가 달라야 하는데, 방송뉴스의 서두문은 남한의 경우 40에서 60까지를 권장하고 있다. 영어뉴스의 경우에도 본문보다 리드 문장은 짧게 하도록 권장하고 있다. 또한 영어권 뉴스에서 방송뉴스의 리드는 신문기사의 리드보다 일반적으로 더 짧다. 이것은 방송뉴스가 독자가 아닌 청자를 위해 쓰인 뉴스이기 때문에, '누가, 무엇을, 어디서, 언제, 왜, 어떻게'라는 뉴스문장의 조건을 다 충족시켜서 방송뉴스의 서두문에 이 모든 것이 포함돼 있다면 청자는 그것을 이해하기 매우 힘들 것이다(Lewis B. et al., 1996: 152).

이렇게 시조와 창가의 음수율에 맞춰 방송뉴스의 서두문(lead)은 고시조 중 평시조의 음수율인 43음절 내외로 구성하고, 본문(body)은 창가의 음수율인 60음절 내외를 적용한다면 음절수나 음수율에 무리가 없을 것이다.

본 연구자는 방송문장의 음절수를 평시조에서부터 창가까지의 음절수를 모범으로 제시한 바 있다. 평시조는 '3·4·3·4, 3·4·3·4, 3·5·4·3'의 3장, 합계 43음절 구성을 기본으로 하고 있다. 그리고 개화기의 운문인 창가는 '4·4·4·4, 4·4·4·4, 4·4·4·4, 4·4·4·4'의 4행 64음절의 구성을 기본으로 하고 있는데, 64음절은 방송뉴스의 본문 길이로 적절한 것으로 제시할 수 있을 것이다. 창가는 시조보다 더 후기의 운문이지만 4·4·4·4의 4행으로 기본을 이룬 이 정형시는 시조보다 더 엄격한 정형시의 율격을 가지고 있다. 그러나 실제로 낭독을 해보면 시조와 같은 맛이 살아나지 않으며 암송도 어려운 편이다. 그렇더라도 시조나 창가의 정형적인 율격을 가지고 있다면 산문에 비해 훨씬 쉽게 우리의 정서와 맞아떨어질 수 있다고 생각한다. 이렇게 시조와 창가의 음수율에 맞춰 방송뉴스와 서두문(lead)은 시조의 음수율인 40음절 내외로 구성하고, 본문(body)은 창가의 음수율인 60음절 내외를 적용한다면 음절수나 음수율에 무리가 없을 것이다(김상준, 1996: 88~89).

그러나 방송보도 문장은 외래어나 수의 표현 등 음절의 확장요인이 많기 때문에 평시조의 길이인 43음절보다 약간 긴 10음절 내지 20음절의 확장도 인정해서 리드문장은 40 내지 60음절도 인정해야 하고, 본문은 창가의 길이인 64음절에서 20음절까지 확장된 80음절 길이의 문장도 인정해야 할 것이다. 스트레이트 뉴스보다 리포트 뉴스는 음수율이나 리듬에 별로 신경을 쓰지 않고 생동감 있는 뉴스를 지향하기 때문에 문장의 길이가 비교적 짧고 박진감 있게 구성되는 편이다. 다음은 방사능 피해를 입은 청소년들이 병치료를 받는다는 '옥광산이 치료실'이라는 기사이다.

앵커: 지난 86년 우크라이나의 체르노빌 원전 방사능 누출 피해를 입은 청소년들이 강원도 춘천의 한 옥광산에서 병치료를 받게 됐습니다. 옥광산 갱내 산소를 마시는 자연요양이 치료법이라는데 그 효험이 어떨지 주목됩니다.
기자: ① 체르노빌 원전사고 때 방사능에 누출됐던 우크라이나 청소년들입니다. 그동안 갑상선 이상과 면역기능 저하로 고통받고 있는 이들 청소년들이 병을 고치기 위해 찾은 곳은 춘천의 옥광산입니다. ② 하루 4시간씩 옥광산 안의 산소를 들이마시고 내뱉는 이른바 기 수련이 주된 치료법입니다. 이들 청소년들에겐 현대의학을 동원한 치료법에 한계

를 느꼈기 때문에 신경통 등에 효험이 있는 것으로 알려진 춘천 옥에 희망을 걸고 있습니다. ③ 이번 체르노빌 방사능 피해의 청소년 요양은 옥광산 측의 초청으로 이루어졌습니다. 이들은 이곳에서 앞으로 20일 동안 요양을 받은 뒤 요양기간 어떤 변화가 있었는가를 검사받게 될 계획입니다.

KBS 9시 뉴스, 1999. 12. 6.

이상의 리포트는 한 문장의 길이가 30여 자밖에 되지 않는다. 뒤에 나오는 스트레이트 기사의 평균 음절수와 비교해서 훨씬 적은 음절로 이뤄져 있음을 알 수 있다.

① 체르노빌 원전사고 때 방사능에 누출됐던 우크라이나 청소년들입니다.(29)
② 하루 4시간씩 옥광산 안의 산소를 들이마시고 내뱉는 이른바 기 수련이 주된 치료법입니다.(37)
③ 이번 체르노빌 방사능 피해의 청소년 요양은 옥광산 측의 초청으로 이루어졌습니다.(34)

다음은 위의 리포트와 같은 내용의 스트레이트 기사이다. 이 스트레이트 뉴스는 평균 70여 음절의 길이로 구성되어 있어서 비교적 교과서와 같은 문장구조를 이루고 있다.

지난 86년 우크라이나 체르노빌 원전 방사능 누출 피해를 입은 청소년 50여 명이 오늘부터 춘천시 동면 옥광산에서 요양을 하고 있습니다.(58) 14세에서 18세에 이르는 이들 청소년들은 건강검진을 마친 뒤 오늘부터 춘천시 동면 옥광산에서 하루 두 차례 두 시간씩 갱내의 산소를 마시고 기수련 등을 하며 신체 변화가 있는지를 체험하게 됩니다.(82) 방사능 피해로 갑상선과 면역기능 이상을 보이는 이들 청소년들의 옥광산 생활은 오는 24일까지 계속되며 이들 방문에는 우크라이나 보건

성 차관 등도 동행했습니다.(69)

KBS 9시 뉴스, 1999. 12. 6.

아래 제시한 1999년 12월 6일 KBS 뉴스의 서두문의 평균 음절수는 45개이다. 최소 22음절에서 57음절까지의 문장만 선정했기 때문에 방송뉴스 전체 리드문의 평균 음절수에 비해 훨씬 적은 수이다. 그러나 각종 문헌이 제시한 보도문장 서두문의 평균 길이에 근접한 수치이며, 평시조 한 수의 길이인 43음절과 비슷하다.

① 한국·루마니아 방송협력 체결한국과 루마니아는 오늘 방송협력 협정을 맺었습니다.(22)
② 부총리, 전경련회장 등 회동재계가 정권 교체기를 맞아 정부와 정치권에 의견 개진을 적극적으로 할 움직임입니다.(35)
③ 태국정부, 수친다 사퇴에 합의(방콕에서 AFP-연합)태국의 친군부 연립정부가 오늘 수친다 총리를 가능한 빨리 사퇴시키기로 합의했습니다.(36)
④ 제일교포작가 이양지 씨 별세 재일교포 여류작가 이양지 씨가 오늘 오전 일본 도쿄의 자택에서 심장마비로 별세했습니다.(37)
⑤ 증권사 주주총회 개시전체 31(삼십일)개 증권회사 가운데 27(이십칠)개 상장증권회사의 정기주주총회가 오늘 일제히 열렸습니다.(41)
⑥ 미망인 고의낙태 상속권 상실남편이 사망한 뒤 임신 중인 태아를 고의로 낙태했다면 부인에게 재산 상속권이 없다는 대법원 판결이 나왔습니다.(46)
⑦ 중국 핵실험 시인(북경에서 AFP·로이타-연합)중국은 오늘 강력한 지하 핵실험을 최근 실시한 것을 시인하는 한편 핵실험이 대규모였다는 미국 측 주장을 일축했습니다.(49)
⑧ 지하철 2호선 연장구간 개통 신도림역과 양천구청을 연결하는 서울 지하철 2호선 연장구간 3㎞(킬로미터)가 완공돼 오늘 오후부터 운행을 시작했습니다.(50)
⑨ 아프칸 회교 강경파 전투재개(카불에서 AFP-연합)아프가니스탄의

강경파 회교세력은 지난 20일 밤 전투를 벌인데 이어 어제도 포격
전을 계속하는 등 평화를 위협하고 있습니다.(52)

⑩ 일기예보주말인 오늘 서울, 중서부 지방은 구름이 많이 끼고 밤 한
때 소나기가 오는 곳이 있겠고, 영동과 남부 지방은 흐리고 비가
내리겠습니다.(53)

⑪ 러시아, 자원 개발 차관어제 모스크바에서 열리고 있는 한·러시아
경제 협력 실무회의에서 러시아 정부는 자원 개발을 위한 차관 제
공을 우리나라에 요청했습니다.(56)

⑫ 대구 경산대 학생회 간부 징계(대구방송총국의 보도)기부금 편입생
문제로 학내 분규를 빚고 있는 경북 경산대학 기부금 편입 부정 의
혹을 밝힐 것을 주장하는 학생회 간부들을 중징계 했습니다.(57)

방송문장은 가능하면 짧고 단순해야 한다. 그리고 거기에 담긴 내
용은 일문일개념(一文一概念)이 되도록 해야 한다. 한 문장에 여러
가지 개념이나 사실을 담게 되면 자연히 복잡하고 어렵게 된다.

영어뉴스의 경우 문장의 길이는 R. Flesh의 가설에 의하면 17개
단어 이하가 되어야 가독성을 지닌다. 영어 뉴스문장의 길이와 가독
성의 관계를 도표로 보면 <표 14>와 같다(Blankenship, 1968: 박갑
수, 1987: 312 재인용).

일본의 경우 문장의 길이는 신문기사가 86.1자, 논문 60.5자 소설
44.5자로 나타난다. 남한의 경우는 신문기사 62.3자, 논문 50.8자, 소
설 31.2자로 나타난다. 이에 대해 TV뉴스는 74자로 알려지고 있다.

〈표 14〉 영어 뉴스문장의 길이와 가독성

단 어	이해도
8 (및 그 이하)	매우 쉬움
11	쉬 움
14	꽤 쉬움
17	보 통

단　어	이해도
21	꽤 어려움
25	어려움
29 (및 그 이상)	매우 어려움

　한편 신문의 경우 기사의 길이는 현대로 오면서 점차 길어지고 있다(이석주, 1990: 357). 기사가 길어진다는 것은 기사 속에 많은 내용을 담고 있다는 것인데, 그러자니 자연히 단락이 많아진다. <표 15>에서 '조선일보' 1920년 5월 12일자의 긴 기사의 글자수가 특히 많은 이유는 해설까지 포함시킨 기사이기 때문이다. 1920년대의 머리기사들은 이런 이유에서 긴 경우가 많다. 이석주는 기사의 길이와 단락을 표로 만들어 제시하고 있다.

〈표 15〉 기사의 길이와 단락(사회면)

	긴 기사			짧은 기사		
	글자수	문장수	단락수	글자수	문장수	단락수
독립신문(1896. 4. 7.)	387	3	2	27	1	1
황성신문(1898. 9. 5.)	404	1	1	66	1	1
만세보 (1906. 6. 17.)	602	1	1	54	1	1
매일신보(1912. 3. 28.)	644	1	1	67	1	1
조선일보(1920. 5. 12.)	3050	4	1	108	1	1
〃　(1940. 7. 13.)	841	9	4	176	1	1
〃　(1950. 6. 26.)	989	7	2	108	1	1
〃　(1962. 6. 7.)	882	8	3	64	1	1
〃　(1978. 2. 1.)	1004	14	8	150	3	3
〃　(1984. 2. 1.)	1400	17	14	238	4	2
〃　(1990. 8. 5.)	789	8	8	198	2	2

　문장의 길이에 못지않게 방송보도의 전달속도도 비언어 커뮤니케이션에서 중요하게 여겨야 한다. 성악에서는 노래를 말하듯이 부르

라고 주문한다고 한다. 마찬가지로 '말은 노래하듯이 해야 된다'고
하면 지나친 비유라 할지 모르겠으나, 듣기 좋은 말 한마디는 노래
보다 어렵다는 것을 생각하면 노래하듯이 말을 해야 한다는 주장을
소홀하게 넘길 수 없을 것이다.

노래를 말하듯이 부르라는 것은 자연스러워야 한다는 말과 통할
것이다. 말을 노래하듯이 하라는 것도 역시 자연스럽게 물 흐르듯이
해야 된다는 뜻이다. 우리들의 일상 언어와 마찬가지로 방송뉴스도
특별한 성대, 즉 가성대를 사용하여 가성으로 꾸며서는 안 된다. 자
연스런 성대, 즉 진성대를 사용한 지성이라야 한다. 그리고 물 흐르
는 듯한 운율이 나오기 위해서는 문장의 구성이 거기에 맞아야 한다.

우리말은 모음의 장단에 따라 뜻이 달라지는 음장언어(音長言語)
이다. 음장언어는 의미론적인 특징뿐 아니라 낭독에서 장단음의 구
분을 잘 지키면 스스로 가락이 생기고 리듬이 생겨서 듣기에 좋아진
다. 우리말의 장단음이나 악센트, 억양을 잘 지키면서 문장이 호흡에
맞게 구성된 뉴스를 낭독하면 그 자체로 음악에 가까워질 것이다.
호흡에 맞게 구성된 문장이라는 것은 시와 같은 운문이며, 그것도
정형시라야 한다. 이러한 정형시라야 우리들의 음성표현에 정서적으
로 합치될 수 있다.

한국인의 음성표현의 기본어절은 시조에서 유추해 보면 3·4·5음
절이라 할 수 있다. 시조의 음수율은 3·4·3·4가 기본이며 3·5·4·
3 구조도 있다. 민요시의 대표작이라 할 수 있는 소월의 '진달래꽃'
은 7·5조인데, 7은 3·4형의 변형이라 할 수 있다. 우리나라 신체시
의 모체가 된 창가는 4·4·4·4의 음수율을 가지고 있다. 이렇게 우
리들의 민족정서로 면면히 흘러오고 있는 우리말의 리듬 유형을 뉴
스기사의 작성에서도 활용한다면 작성자 자신이나 전달하는 캐스터
와 앵커에게도 훌륭한 낭독을 보장해 줄 것이다.

언어 자체의 장단음이나 리듬, 인토네이션 이외에 메시지를 수용

자에게 제대로 전달하기 위해서는 뉴스가 가진 특유의 전달을 위한 음성언어적 휴지(pause)를 적절히 활용해야 한다. 전달의 편의성을 위해서는 문자언어의 매체가 아니라 음성언어 매체인 방송의 특성을 살려 지나친 띄어쓰기보다 읽기에 편한 문장구성이 필요하다. 음성언어의 메시지를 주로 사용하는 방송에서는 시간단위의 길이(length)인 휴지(pause)와 함께 높이(pitch)인 강세(accent)에 의해 의미가 변별된다. 현행 한글맞춤법은 띄어쓰기를 많이 완화했다. 즉 복합어 형태의 말은 붙여쓰기를 허용하여 1음절이나 2음절어를 많이 줄일 수 있게 돼 있다. 그래서 방송문장을 구성할 때 띄어쓰기에 너무 구애받지 않아도 된다.

수용자의 메시지 해독에 편의성을 부여하기 위해서는 전달의 속도도 계층에 따른 조절이 필요하다. 한국 방송보도의 표현속도는 뉴스의 가장 대표적인 형태인 낭독형 뉴스(straight news)가 기본이 된다. 주로 아나운서들이 담당하고 있는 라디오의 스트레이트 뉴스는 방송의 가장 보편적이고 전통적인 정보전달 방법이다.

KBS 한국어연구회에서 측정한 우리나라의 라디오, TV뉴스의 표현속도는 1분간 평균 345음절로 나타났는데, 이것으로 성인들이 한 호흡에 표현하는 음절을 계산할 수 있다. 성인들의 1분간 호흡수는 16회 내외이다. 뉴스방송 시에는 2회 내외를 더 쉰다는 계산도 있으나, 가장 좋은 뉴스는 평상시의 호흡을 유지하면서 하는 것이라 할 수 있다. 그래서 한 호흡에 표현하는 음절수는 345÷16으로 약 22음절이라는 계산이 나온다.

각 방송사마다 정오 뉴스는 중견 이상의 중진 아나운서를 뉴스에 배정하기 때문에 정오 뉴스를 중점적으로 조사한 결과 한국 방송보도의 음성표현 속도는 평균 1분에 345음절로 나타났다. 이 수치는 평균치가 345음절이라는 수치를 제공한 것일 뿐, 위아래 20음절 정도의 차이는 뉴스 전달에 있어서 우열을 가리거나, 적어서 답답함을 느끼고, 많아서 이해에 어려움을 느낄 정도는 아닌 것으로 나타났다.

그러나 345음절 이하보다 그 이상의 수치에 경력이 풍부한 아나운서들이 분포되어 있다는 점을 감안한다면 345-20, 즉 325~345보다 345+20, 즉 345~365음절이 정보전달의 양을 많이 한다는 차원과 듣기에 유창하다는 점에서 보도 프로그램 제작자들의 요구사항일 것이다.

설명형 뉴스는 아침 8시대와 오후 2시, 7시대에 각 방송의 라디오에 많이 편성돼 있는데, 이 뉴스의 특징은 취재기자들이 자신이 취재한 기사를 직접 출연하여 방송하기 때문에 문장구성이 자신의 호흡에 맞게 돼 있다는 것이다. 그렇기 때문에 낭독도 자신감이 있어서 속도가 빨라질 수도 있다.

남한의 방송은 정보전달의 양을 많게 하고 생동감 있게 하기 위해 속도가 북한보다 상대적으로 빠르다. 1975년 이전 리상벽의 측정과 비교한다면 80 내지 100음절의 차이가 난다. 남북한 방송언어의 전달속도는 남한이 북한의 320~340, 평균 330보다 빠른 330~370, 평균 350음절을 방송하여 1분에 평균 20음절 정도를 더 발음하고 있다.

3) 북한 방송보도의 비언어 커뮤니케이션 특성

(1) 화술형상으로서의 비언어 커뮤니케이션

북한방송의 각종 이론과 실제에 관한 서적들은 방송원들의 화술형상을 전투적으로 해야 한다는 주문을 끊임없이 하고 있다. 방송의 혁명적 본질은 방송으로 하여금 현실의 관조자나 비관적 전달자가 아니라 대중을 혁명과 건설투쟁에로 불러일으키는 돌격의 나팔수로, 시대의 앞장에서 전진하는 사상적 기수로, 적과의 투쟁에서 예리한 공격무기로 될 것을 요구한다. 그러기 위해서는 '방송원의 말에서 높은 격조와 전투적 기백이 발양될 때 실현될 수 있다'고 강조한다.

전투적 기백이 없는 방송화술은 혁명하고 투쟁하는 시대의 요구에 따라갈 수 없으며 인민들에게 투쟁의식을 고취할 수 없다는 것이다. 또한 전투적 분위기를 조성하여 온 사회에 전투적 분위기를 조성하기 위한 방송을 하더라도 폭로기사를 방송할 때는 매혹적인 소리로 하라고 요구하고 있다(박재용·김영황, 1988: 297).

"폭로기사에서 격조를 높이려면 웨치거나 힘으로 우겨대지 말고 론조에서 높낮이를 크게 하고 흥분된 감정으로 해설설복하는 수법을 써야 한다. 주의할 것은 녀성방송원들이 적들을 폭로하는 기사라 하여 거세고 거치른 목소리로 말하거나 남성적인 투박한 어조를 닮는 것은 좋은 인상을 주지 않는다.

아름다운 녀성적인 목소리에 녀성다운 어조로 말하되 계급성이 날카로우면서도 매혹적이여야 한다. 이것은 매우 어려운 요구이므로 자칫하면 소리만 높이거나 저조해질수 있는 좌우경25)을 범할수 있다. 그러므로 소리는 높이지 않으면서도 어조에서 계급성의 날을 세우는 수법을 써야 한다."

북한에서도 여성 방송원들에게는 부드러운 표정과 소리를 주문하면서 '날카로우면서도 매혹적인 소리'라는 어려운 요구를 하고 있다.

---

25) 로동운동안에 나타난 부르죠아 및 소부르죠아 사상인 '좌경기회주의'와 '우경기회주의'를 아울러 이르는 말. 두 극단에서 로동계급의 혁명리론의 혁명적진수를 외곡하며 혁명에 막대한 해독을 끼친다(사회과학출판사, 1992)

한편 방송원화술은 '텔레비죤보도에서는 자기의 특성을 살려야 한다'고 강조하고 '일반적으로 방송보도화술에서는 기사에 담긴 사실, 사건과 내용을 정확히 알려주는것을 기본사명으로 하고있으나, 사실은 사건과 내용을 정확히 알려주는것이라 하여 완전히 객관적인 립장에 서서 사실을 전달만 할것이 아니라 화술에서 우리 인민의 사상과 감정을 깊이 있게 체현하여야 한다.'고 요구하고 있다. 객관적인 입장이 아니라 인민의 사상과 감정을 깊이 있게 표현하라는 얘기이다. 방송보도에서는 자기의 특성을 살려야 하는데, 자기의 특성을 살리는 것은 객관적인 입장이 아니다. 또한 일반적으로 방송보도에서는 기사에 담긴 사실이나 사건, 그리고 내용을 정확히 알려주는 것을 기본사명으로 하고있으나, 사실이나 사건, 내용을 정확히 알려주는 것이라 하여 완전히 객관적인 립장에 서서 사실을 전달만 할 것이 아니라 인민의 사상과 감정을 깊이 있게 체현해야 한다는 것이다 (박재용·김영황, 1988: 343~344).

아울러 인기 본위로 말하는 자본주의 나라의 방송원과는 달리 북한방송원의 화술에는 '중립, 객관성'이 허용되지 않으며, 어떤 사건이나 사실이라도 반드시 '지지, 반대, 기쁨, 슬픔'의 뚜렷한 사상감정이 반영되어야 한다고 강조한다(리상벽, 1989: 382). 그러기 위해서는 경애하는 수령 김일성 동지의 교시와 그 구현인 당정책을 영예롭게 수행한 소식을 전할 때에는 마땅히 만족과 기쁨의 감정으로 흥분하며, 미 제국주의 원수들의 새 전쟁도발 책동을 폭로규탄하는 소식에서는 원수에 대한 불타는 증오와 적개심이 반영되어야 한다고 주장한다. 다음은 방송원화술이 지적한 비언어 커뮤니케이션적인 방송원칙에 대한 대표적인 이론이다.

"텔레비죤방송보도에서는 라지오방송처럼 방송원과 청취자가 서로 보이지 않는곳에서 말을 하고 듣는것이 아니라 시청자가 방송원을

보면서 이야기를 듣는다. 또한 텔레비죤방송에서는 라지오방송과는
달리 록화화면26)을 직접 보여주면서 새 소식을 알려주기도 한다. 그
러면 텔레비죤보도에서 자기의 이러한 특성을 살리기 위하여서는 어
떻게 하여야 하는가.

텔레비죤방송보도에서는 시청자들과 마주앉아 이야기할 때처럼 자
연스럽고 친근하게 말해야 한다.

말의 자연미와 친근감은 모든 방송보도에서 공통적인 요구이기는
하지만 한방에서 얼굴을 마주하고 말할 때와 같은 친근감을 느낄 수
있는 조건이 마련되여 있는 텔레비죤화면에서는 더욱 절실한 요구로
나선다.

그런데 문제는 시청자들이 2~3메터 안팎에서 방송원의 얼굴을 보
면서 말을 듣고 있지만 방송원은 시청자를 보지 못하면서 말하고 있
는것이다. 이것은 방송원이 시청자들을 멀리할수 있는 불리한 조건이
다. 만일 방송원이 자기앞에 앉아있는 시청자들을 마음의 눈으로 보지
않거나 원고에 매여달려 전혀 보려고 하지 않았을 때에는 기필코 시
청자를 멀리할수밖에 없으므로 말과 행동에서 그대로 나타나게 된다."

'마주앉아 이야기 할 때처럼 자연스럽고 친근하게 말해야 한다'는
등의 주장은 자유주의 방송과 다를 바 없을 뿐만 아니라 시청자들을
마음의 눈으로 보아야 한다는 주문은 비언어 커뮤니케이션의 철학적
인 접근이라고 할 수 있을 것이다.

한편 북한과 비슷한 이데올로기적 기반을 가지고 있는 중국 아나
운서27)들의 '아나운싱'의 강조점은 다음과 같다.

---

26) 북한에서는 남한처럼 생방송이 거의 없이 뉴스를 비롯한 모든 방송을
    녹화로 하고 있다. 특히 '록화보도'는 사회정치적으로 의의 있는 사건
    이나 행사, 사실 같은 것을 녹화 테이프에 수록하여 보여주는 텔레비전
    방송보도의 한 가지로 분류하고 있다.
27) 중국에서 일반적인 아나운서는 파음원(播音員)이라고 한다. 그리고 북한

"방송원고는 아나운서의 화술을 통해 재현되는 언어예술의 자료입니다. 생활에 무감각한 사람 그리고 예술수양이라곤 빵점이여서 고리타분한 사람이 방송원고를 어느만큼 정서있게 형상할수 있을가요? 음색이 좋아서만 훌륭한 아나운서로 될수 있는것이 아닙니다. 방송예술은 말그대로 언어예술입니다. 무용에 률동이 있고 음악에 선률이 있듯이 방송에도 소리빛갈과 높낮이선, 빠름과 늦음, 탄력과 신축성이 있습니다. 방송원고의 쟝르에 따른 아나운서의 형상력은 아나운서의 생활경력, 예술수양과 보이지 않는 실로 끈끈히 이어져있다고 생각합니다. 아나운서의 독특한 기질을 엿볼수 있는 창구이지요. 이러한 형상력은 결코 음성의 억지다듬으로 '묵은 낙지 꿰듯 쉽게' 만들어 질 수 있는 것이 아닙니다(중국국제방송국 조선어부, 2000: 342)."

(2) 북한방송보도 전달자의 성별에 따른 뉴스 분류

조선중앙텔레비전의 '보도'는 남한의 뉴스보도처럼 남자 앵커가 먼저 주요뉴스를 진행한 후 여성 앵커가 보조적 뉴스를 진행하는 형태로 정형화되어 있지 않고, 남녀 순서에 상관없이 앵커가 각 단락별로 번갈아 진행하며, 남녀의 등장 우선 순위는 정해져 있지 않다. 5시 '보도'의 경우 3명의 앵커가 진행하고, 8시 '보도'의 경우 4명의 앵커가 등장하는 것이 기본적인 포맷이다(KBS 남북교류협력 기획단, 2001: 32~33).

에서는 방송원이라고 하는데, 중국의 조선족(재중국 동포)들은 그동안 북한의 직명을 사용하여 방송원이라 했다. 그러나 1990년대 초 한국방송계와 교류가 빈번해지면서 아나운서라는 직명을 주로 사용하고 있다.

〈표 16〉 조선중앙텔레비전 '보도'의 전달자별 성별 보도 건수

성 별	기사 꼭지 수
남 자	930(50.8%)
여 자	901(49.2%)
계	1.831(100.0%)

　앵커의 성별별로 뉴스기사수를 살펴보면, 전체 1.831개의 뉴스 가운데 남자가 930건으로 여자보다 29건이 더 많은 50.8%를 차지하고 있다. 즉 남자 앵커가 녀자 앵커에 비해 약간 더 많은 뉴스를 전하고 있음을 알 수 있다. 이러한 남녀 앵커의 기사 비율보다 어떠한 뉴스를 전하는가를 파악하는 것이 남녀 앵커의 역할을 좀 더 명확하게 규정지을 수 있다.

　주제별로 남녀 앵커 간 큰 차이를 보이는 기사들을 살펴보면 김일성·김정일 찬양, 생활·문화, 남북대화, 김정일 동정 등의 항목을 들 수 있다. 이 네 가지 항목 가운데 남성 앵커가 여성 앵커에 비해 높은 비율을 차지하고 있는 경우는 김일성·김정일 찬양과 남북대화 항목이며, 여성 앵커가 남성 앵커에 비해 높은 비율을 차지하고 있는 경우는 생활·문화 및 김정일 동정과 관련된 항목이다.

　우선 남성 앵커들이 여성 앵커들에 비해 비교적 높은 비율을 보이는 김일성·김정일 찬양의 경우 남성 앵커가 62.6%로 여성 앵커에 비해 15.2%가 높게 나타났다. 이는 김일성·김정일 찬양과 관련된 기사가 주로 8시 뉴스 첫 부분에 해당되기 때문에 8시 뉴스 첫 부분을 진행하는 앵커가 남성인 비율이 더 높다는 것에서 그 이유를 찾을 수 있다. 두 번째로 남북대화와 관련된 보도가 남성이 86.7%로 여성의 13.3%에 비해 무려 73.4%나 높게 나타나는 특징을 보여주고 있다.

　여성 앵커가 남성 앵커에 비해 높은 비율을 보여주고 있는 항목들은 생활·문화와 김정일 동정 항목이다. 먼저 김정일 동정 보도는

여성 앵커가 59.4%로 남성 앵커의 40.6%보다 18.8% 높게 나타났다. 특히 김정일 시찰 보도의 경우, 특정 여성 앵커가 독점적으로 진행하기 때문에 김정일 동정 보도에서 여성 앵커의 점유율이 높게 나타났다고 볼 수 있다. 그 다음으로 여성 앵커의 비율이 높게 나타난 항목은 생활/문화 뉴스로 여성 앵커가 남성 앵커보다 비교적 소프트한 뉴스를 다루는 경향이 높다는 특징을 보여주고 있다. 다만 김정일 동정에 대한 보도는 5시와 8시 '보도' 모두 여성 앵커의 비율이 상대적으로 높은 편인데, 그 이유는 김정일 시찰기사를 보도하는 앵커가 여성 앵커인 경우가 대부분이기 때문인 것으로 추측된다.

북한에서는 남한의 아나운서인 '방송원'에 대해 남한보다 상대적으로 더 많은 대우와 함께 책임도 막중하게 부여하고 있으며, 엄격한 조건을 제시하고 있다. 방송원화술에서는 여성 방송원들이 적들을 폭로하는 기사라 하여 거세고 거치른 목소리로 말하거나 남성적인 투박한 어조를 닮는것은 좋은 인상을 주지 않는다고 전제하고 아름다운 여성적인 목소리에 여성다운 어조로 말하되 계급성이 날카로우면서도 매혹적이여야 한다고 강조하고 있는 것으로 보아 북한에서는 방송에 있어서 남녀의 역할과 배치를 의도적으로 하고 있다는 것을 알 수 있다.

(3) 북한방송보도의 전달속도

전달하는 말의 속도에 대해서 '조선말화술'의 저자 리상벽은 보통 속도가 1분 동안에 260~270자라면, 체육 경기 실황 방송의 말속도는 1분 동안 260자로부터 800자에 이른다고 기술하고 있다(리상벽, 1989: 484). 또한 "축구경기가 고조되는 장면에서 매 선수들의 동작을 다 설명하자면 1분 동안에 1,000자 정도는 발음하여야 하는데,

그것은 결코 불가능한 일이 아니나, 말은 듣고 이해할 수 있어야 하기 때문에 1분 동안에 800자를 넘어가면 사실상 알아들을 수 없게 된다."고 말하고 있다. 이상은 방송언어에서의 속도이지만, 글읽기와 말하기의 기준속도를 리상벽은 <표 17>과 같이 정리하고 있다(리상벽, 1989: 132).

이 표에서 '전달하는 말'은 뉴스방송에 속한다. 어떤 현상이든지 그들의 사회주의 통제 개념에 따라 규정하고, 그 이상이나 이하를 인정하려 들지 않는 사고방식이 이렇게 말의 속도를 획일적으로 규정하고 있는 것으로 보인다.

〈표 17〉 북한에서 설정한 말하기의 속도

종 류	단위시간	글읽기	말하기
전달하는 글, 말	1분	250~260자	260~270자
설명하는 글, 말	″	240~250자	250~260자
선동하는 글, 말	″	230~240자	240~250자
예술적 산문의 글, 말	″	220~230자	230~240자
산문독보	″	240~250자	
운문 읊기	″	150~170자	
보고, 연설	″	250~260자	

스포츠 중계방송에서 1분간에 800음절을 발음할 수 있고, 그 정도의 속도에서는 알아들을 수 있다는 것은 실측을 해야 하겠지만, 뉴스방송의 실측자료는 남북한 모두 리상벽이 제시한 속도보다 빨랐다. 북한 뉴스방송의 속도는 일반뉴스가 1분에 320 내지 340음절을 전달하고 있으며, 외국의 국가원수에게 보내는 축전을 전할 때 약간 느려지고, 특수한 경우로 김일성이 만난 중국의 요인들을 나열할 때는 270여 음절까지 내려감을 알 수 있었다(김상준, 1990: 67).

리상벽이 측정할 당시가 어느 시점인지 확실치는 않다. 그러나

'조선말화술'이 편찬된 1975년 이전의 측정치라는 것은 분명할 텐데, 라디오와 TV 중 어느 것을 측정했는지 밝혀지지 않고 있어 불명확하다. 어쨌거나 북한은 김일성·김정일에게 귀착되는 정보전달 기능에 따라 속도가 느려질 수밖에 없다. 그 증거로 리상벽은 다음과 같은 이론을 전개하고 있다(리상벽, 1989: 136).

"마음이 격하였을 때는 빨라지고 진정했을 때 느려진다. 대상을 존경하는 마음이 있을 때 늦추어지며 낮추보았을 때는 빨라진다. 경애하는 수령 김일성 동지에 대한 존경과 흠모의 감정으로 일관된 말은 빠르지 않고 정중하게 발음한다."

(4) 북한방송보도의 의상과 표정

북한의 방송은 언어적 커뮤니케이션과 함께 비언어적 커뮤니케이션 분야에도 많은 관심을 기울이고 있다. 먼저 옷차림에 관해서 '방송원화술'은 많은 비중을 두고 있다(리상벽·김수희·신덕흥, 1988: 541~542).

"옷차림은 사람들의 기호와 취미에 맞게 하는 것이 원칙이다. 옷차림을 통하여 그 사람의 사상의식수준, 문화수준, 취미와 기호를 알아낼수 있는것처럼 공개장소나 무대에 나서는 방송원의 옷차림을 통하여 그 방송원의 전모를 간파할수 있다. 대중앞에 출연하는 방송원의 옷차림은 로동계급의 미학적 정서와 시대적 요구에 맞으며 방송선전 내용과 어울리도록 해야 한다. 녀자들의 옷에서 양복과 조선옷은 다같이 어울리는 기본복장이다.

어느것을 입겠는가 하는 것은 몸매에 따라 각이할수28) 있으나 몸매에 어울리지 않아도 방송선전 내용에 맞게 입어야 한다. 례하면

---

28) 각이하다: 서로 제각기 다르거나 또는 제각기 다르다(사회과학출판사, 1992)

V. 연구결과   233

사회주의대의건설의 전투장에 나가 경제선동하는 방송원이 화려한 조선옷무대복차림으로 출연한다면 전투적 분위기에도 맞지 않으며 로동계급의 감정정서를 거슬리게 할 것이다. 그가 아무리 화술이 능란하여도 직관적으로 보이는 옷차림 하나 때문에 그의 방송은 대중의 심장을 틀어잡을수 없게 된다.

사람의 옷차림은 그의 인격, 인품을 반영하는것만큼 인격인품에서 부정당하면 아무리 좋은 말도 먹지 않는다는 것을 고려할 때 옷차림이 화술형상에 주는 영향이 얼마나 큰가를 알수 있게 한다. 방송원은 옷차림과 화술의 감정을 일치시키도록 노력하여야 한다. 작업복을 입었다 하여 로동계급의 사상감정에 맞는 말이 저절로 나오는것도 아니며 적중한 양복차림을 하였다고 하여 거기에 어울리는 화술이 스스로 우러나오지도 않는다.

옷차림은 사람들의 의식적인 행동에 불과하지만 말은 사상감정의 반영이다. 로동계급속에 들어간 방송원이 위대한 수령님과 친애하는 지도자동지께 충성다하고있는 그들의 사상감정과 지향에 맞게 심장으로부터 우러나오는 말을 하여야 작업복을 입고 마이크와 촬영기 앞에 나선 보람이 있지 옷만 갈아입고 나서서는 자기의 기본임무를 수행할수 없다. 그러므로 대중앞에 나서는 방송원은 환경과 분위기에 맞게 옷차림을 할뿐아니라 화술의 사상감정을 일치시키도록 창조하여야 한다.”

몸가짐에 대한 지침은 남북한을 떠나 방송인들의 귀감으로 삼아도 좋을 것이다. ‘옷차림이 의도적인 것이라면 몸가짐은 습관에서 생기는 행동’이라는 말은 이데올로기를 떠난 하나의 인간행동 규범이라고 해야 할 것이다.

“공개방송사회에 출연할 때에도 정중한 장면에서는 몸가짐에 무게가 있어야 하며 경쾌한 장면에서는 걸음걸이도 경쾌해야 한다. 옷차림이 의도적인 것이라면 몸가짐은 습관성에서 생기는 행동이다. 사회생활에서 흔히 볼수 있는 것처럼 웃사람 앞에서 주머니에 손을 넣고 말하거나 다리를 벌리고 서서 뒤짐지고 말하는것과 같은 것은 례절이 없는 나쁜 습성이다. 방송원들이 경우에 맞지 않게 손을 흔들며 말하거나 몸을 비꼬는것과 같은것도 아무 의의가 없는것이므로 몸가짐을 방송내용에 어울리도록 의식적으로 조절하여야 한다."

이상의 몸가짐에 대한 지침과는 달리 부드러운 얼굴표정으로 방송하도록 권장하고 있는 자유주의적인 방송과 달리 '적을 치는 방송을 할 때에는 그 표정이 격분에 넘쳐야 할 것'을 주장하는 부분은 이질감으로 작용할 수도 있다.

"얼굴표정은 화술형상에 직접적으로 영향을 주는 표현수단이다. 표정과 화술이 밀착되여야 화술의 진실성이 보장된다. 일상 언어생활에서는 표정과 화술의 진실성이 보장된다. 일상 언어생활에서는 표정과 화술의 불일치란 있을수 없으나 원고에 의하여 형상하는 방송화술에서는 표정과 화술의 불일치가 자주 조성될수 있다. 엄숙하고 정중한 방송을 할 때에는 그 표정이 근엄하고 정중해야 하고 적을 치는 방송을 할 때에는 그 표정이 격분에 넘쳐야 할 것이다. 이러한 표정의 변화가 없이 무표정하게 얌전한 인상만 보여도 좋지 않으며 적들을 폭로단죄하면서 웃음어린 표정을 짓거나 기쁜 소식을 전하면서 성난 표정을 하는 것은 더욱 좋지 않다."

7. 남북 정상회담 보도에 나타난 방송언어의 특성

2000년 6·15 남북 정상회담은 6·25 이후 남북관계에서 최대의 역사적 사건이었으며, 남북한의 모든 미디어가 흥분을 감추지 못할 정도의 보도대상이었다. 분단 역사상 처음으로 열린 평양에서의 남북 정상회담은 무엇보다도 한반도 냉전구조를 해체하고 평화와 통일을 지향하는 데 결정적인 계기를 마련했다. 김대중 정부가 출범 이후 2년 반 동안 대북 포용정책인 햇볕정책을 일관되게 추진함으로써 북측을 흡수통일할 의사가 없으며, 한반도 냉전체제의 해체를 위해 남과 북이 화해하자는 의사를 지속적으로 보낸 결과로 정부는 평가하고 있다.

그동안 정상회담은 아니지만 남북 당국자 간의 합의가 도출된 역사적 만남이 두 번 있었다. 7·4 남북공동성명과 남북기본합의서가 그 대표적인 예이다. 1972년의 7·4 남북공동성명은 당시 미·소 데탕트라는 대외적 환경의 변화를 배경으로 하여 남과 북이 각각의 정권과 체제를 강화하기 위한 수단의 하나로서 취한 조치였고, 1992년의 남북기본합의서 역시 사회주의권의 붕괴라는 국제환경의 변화에 대응하여 북한은 자신의 체제유지를 도모하려는 의도에서, 그리고 남한으로서는 탈냉전 이후 새롭게 대두된 대북접근의 변화요구 때문에 빚은 결과였다. 그러나 과거의 접촉은 모두 남북한 당사자의 신뢰가 바탕이 되지 못했고, 양측의 최고지도자를 대리하여 중앙정보부장과 노동당 비서가, 그리고 양측의 총리가 서명함으로써 구속력을 갖기에는 부족한 점이 많았다.

2000년 남북 정상회담은 남과 북의 최고지도자인 김대중 대통령과 김정일 국방위원장이 직접 만나 합의하고 서명함으로써 '선언'이라는 가장 높은 수준의 형식으로 발표된 것이다. 또한 남북 정상회담은 한반도의 긴장완화를 촉진하고 남북경협과 다방면에 걸친 교류·협력을 본격화시킴으로써 국민들 사이에 깊게 뿌리내린 냉전적 대결의식이 완화됨으로써 갈라져 있던 민족이 다시 함께 살 수 있는 분위기를 조성하는 데 기여할 것으로 보고 있다.

정상회담 기간 서울 프레스센터는 국내외 287개 매체 1200여 명의 취재진들이 열띤 취재경쟁을 벌이는 장소가 되었으며, 전 세계의 이목이 집중되었다. 미국의 CNN과 ABC, 일본의 NHK, 영국의 BBC을 비롯한 173개 주요 외신 기자들에게는 수시로 브리핑이 이뤄진 서울 프레스센터가 바로 생생한 취재의 현장이 된 것이다. 당시 프레스센터에서는 외신기자들을 위해 모든 보도 자료를 영문으로도 제공했다. 외신취재진들의 평양 방북취재가 허용되지 않았던 정상회담 기간에 서울 프레스센터에는 1988년 서울 올림픽 이후 가장 많은 외신 취재진이 몰린 것으로 기록되고 있다(KBS 정책기획실 통일방송연구, 2000: 156).

KBS, MBC, SBS 등 남한의 방송 3사에서는 남북 정상회담이 진행되는 동안 '뉴스속보' 형식을 통해 회담일정과 진행상황에 대해 신속하게 보도했으며, 정상회담과 관련해서 특집프로그램을 편성해 남북문제에 대한 시청자들의 관심을 이끌기도 했다.

방송 3사 모두는 3일 동안 거의 모두 정규 프로그램을 중단하고 정상회담과 관련된 프로그램을 편성했다. 구체적인 비율은 <표 18>에서 보듯이 13일의 경우 방송3사 모두 90% 이상을 정상회담 관련 프로그램을 방송하고 있어 이에 대한 높은 관심을 드러내고 있다. 둘째 날인 14일에는 MBC에서 모두 정담 관련 프로그램으로 편성했고, KBS 1이 전체의 80.9%인 922분, SBS가 73.07%에 해당하는 833분을 정상회담 관련 프로그램으로 편성한 것으로 나타났다. 15일에

는 KBS 1과 MBC가 각각 89.12%와 94.12%의 방송이 정상회담과
관련된 프로그램인 것으로 나타났으며, SBS는 73.77%였다.

〈표 18〉 방송사별 회담관련 / 비관련 프로그램 시간 비교(분)

	13일		14일		15일		계	
	비관련	관 련	비관련	관 련	비관련	관 련	비관련	관 련
KBS1	68 (5.96%)	1072 (94%)	218 (19.12%)	922 (80.9%)	124 (10.88%)	1016 (89.12%)	410 11.99	3010 88.01
MBC	7 (0.61%)	1133 (99.39%)	0 (0%)	1140 (100%)	67 (5.88%)	1073 (94.12%)	74 2.16	3346 97.84
SBS	112 (9.82%)	1028 (90.18%)	307 (26.93%)	833 (73.07%)	299 (26.23%)	841 (73.77%)	718 20.99	2702 79.01

* 전체방송시간은 1,140분으로 일일 정규편성시간(06 : 00~01 : 00)으로 했다(KBS 정책기
  획실 통일방송연구, 2000: 168~169).

전체적으로 3일 동안 정상회담과 관련된 프로그램의 방송시간은
9,058분으로 전체시간에서 88.28%를 차지했다. 방송사별로는 MBC가
전체방송시간의 97.84%인 3,346분을 정상회담 관련 프로그램을 편성
하여 가장 높은 비중을 차지했으며, KBS1이 88.01% SBS가 79.01%
인 것으로 나타났다.

방송3사의 남북 정상회담 보도는 양적인 측면에서뿐만 아니라 북
한사회 및 김정일에 대한 보도에서도 상당히 긍정적인 방향으로 전
개되었다고 평가되고 있다. 당시 한국언론들의 평가를 정리하면 다
음과 같다(KBS 정책기획실 통일방송연구, 2000).

첫째, 김정일 국방위원장은 당당하고 자신감이 넘치는 태도를 보
여준 것으로 나타났다. 김정일 위원장은 파격적인 행동과 당당하고
자신감 있는 태도로 일관하여 당당한 지도자의 이미지를 전 세계 언
론에 공개했으며, 공항에서의 전격적인 영접과 자신에 찬 표정, 활기
찬 몸짓 등은 기존의 이미지를 불식시켰다는 것이다.

둘째, 김정일 국방위원장이 예의바르다는 점을 강조하였다. 즉 김정일 위원장이 연장자인 김 대통령 숙소에 찾아와 정중하게 예의를 표했으며, 상대에게 자연스럽게 배려하는 사람이라고 보도하고 있어 자신감이 넘칠 뿐만 아니라 상대에게 배려할 줄 아는 인물임을 강조하고 있다.

셋째, 유연하고 화기애애한 인간적인 면모를 보인 것으로 분석했다. 즉 폐쇄사회의 지도자답지 않게 거침없는 발언과 농담으로 파격적인 모습을 보여주었고, 유머를 섞어 회담분위기를 압도했다고 보도했으며, 심지어 김정일이 사용한 유머를 정리하여 보도하기도 했다.

그러나 남북 정상회담의 전 과정에 임한 그의 태도에 대한 해석에 있어서는 변화가 있다. 회담 첫날(13일)의 보도에서는 그의 환대에 대해 전면적으로 긍정적인 묘사로 일관돼 있으나, 이후의 보도에서는 그의 이러한 행동들이 국제적 이목이 집중된 상황에서 극적인 효과를 노린 정치적 행동이라는 해석이 등장했다. 또한 그에 대한 평가에 있어서 신중해야 한다는 주장과 함께 그가 다른 효과를 노리고 있다는 분석을 덧붙이기도 했다. 다시 말해서 김정일 위원장의 행동과 말이 세계언론에 보여주기 위한 의도적인 연출이었으며, 세계무대에 진출하기 위한 의도라는 지적도 있다.

이와 함께 남북 정상회담 기간에 남한의 국민들은 회담소식을 접하기 위해 모든 매체에 관심을 기울였는데, 한국 방송진흥원의 여론조사 결과에 따르면 국민들이 남북 정상회담과 관련하여 주로 방송미디어를 이용하여 소식을 접한 것으로 나타났다. 특히 조사대상자의 94.5%가 방송을 통해 정상회담에 대한 정보를 얻은 것으로 나타났으며, 신문의 경우는 4.3%에 지나지 않았다(KBS 정책기획실 통일방송연구, 2000: 194~195). 따라서 시청자들은 정상회담에 관한 태도나 의견을 형성하는 데 있어서 인쇄매체인 신문보다 방송매체에 더 의존했다고 판단할 수 있으며, 그에 따라 방송이 그려내는 여론의 흐름 또는 여러 가지 보도논조가 갖는 영향력은 더욱 커질 수밖에 없을 것이다.

정상회담 기간 중 영상 메시지가 주를 이루는 방송매체로 인해 일어난 가장 큰 변화는 김정일 국방위원장에 대한 이미지 변화라고 할 수 있다. 남북 정상회담을 전후하여 방송 3사의 시청자가 김정일 위원장에 대해 갖는 신뢰도를 조사한 결과에 따르면, 정상회담 이전 보다 그의 정치적 지도력은 43.5%, 신뢰도는 35.1%가 증가한 것으로 나타났다. 또한 북한사회의 이미지에 있어서도 정상회담 전의 부정적 입장이 63.1%에서 11.7%로 감소한 반면, 긍정적 입장은 회담 전에 11.4%에서 회담 이후에는 46.5%로 증가한 것으로 나타났다.

정상회담 전후 김정일 위원장에 대한 부정적 입장은 KBS 시청자가 54.8%에서 10.8%로, MBC 시청자가 60.8%에서 9.4%로, SBS 시청자가 62.5%에서 8.9%로 급격한 감소를 나타내고 있다. 방송 3사를 평균적으로 살펴보면 김정일 위원장에 대한 부정적인 이미지는 57.9%에서 회담 이후에는 10.3%로 감소한 것으로 나타났다.

정상회담을 전후하여 이뤄진 김정일 위원장에 대한 긍정적인 입장의 변화 정도는 KBS 시청자가 18.4%에서 50.2%로, MBC 시청자는 10.8%에서 52.0%로, SBS 시청자의 경우는 17.9%에서 46.4%로 크게 증가한 것으로 나타났다. 방송3사를 평균적으로 살펴보면 14.9%에서 50.2%로 늘어나 김정일 위원장에 대한 긍정적 이미지는 회담 이후 크게 증가한 것으로 나타났다.

그렇다면 정상회담의 보도에 있어서 남북한 방송의 보도에 나타난 언어와 표현의 차이는 어떻게 나타나는가?

국민여러분 이곳에서 뵙고 싶었습니다. 여기는 평양입니다.
김대통령은 분단사상 최초로 남북한 항공로를 여는 남측 대통령이 됩니다. 남북의 하늘길이 분단 55년만에 처음으로 열린 그야말로 우리민족에게는 역사적인 순간입니다. 김대중 대통령께서 이제 트랩을 내려오기 시작했습니다. 분단 55년만에 남북 정상이 만나는 역사적인 상봉장면입니다. 김대중 대통령께서 트랩을 내려오고 계십니다.

김정일 국방위원장과 김대중 대통령, 김대중 대통령과 김정일 국방위원장께서 역사적인 첫 상봉을 하고 있는 순간입니다. 김대중 대통령은 북쪽에서 나온 김용순 아태평화위원회 위원장 등 북측 인사들과 악수를 나누면서 이제 2박 3일 일정을 시작하고 있습니다. 이어서 이희호 여사의 모습도 보이고 있습니다.

KBS 뉴스속보, 2000. 6. 13.

위의 리포트 뉴스는 남북한 방송사에 역사적인 한 페이지를 장식할 만한 것이다. 김대중 대통령의 평양도착 뉴스로는 남북한을 통틀어 가장 먼저 방송된 내용이다. 담당 기자로서는 감동과 흥분에 사로잡힌 순간임에도 불구하고 비교적 침착하게 현장을 묘사해나갔다.

평양 순안공항 도착에 대한 방송에 있어서 위의 리포트 뉴스에 비하면 다음 스트레이트 뉴스는 수용자 중심의 언어표현을 해야 한다는 방송언어의 원칙에 리포트 뉴스보다 충실한 멘트를 하고 있음을 알 수 있다.

김대중 대통령은 오늘 오전 북한 김정일 국방위원장과 역사적인 남북정상회담을 갖기 위해 평양 순안공항에 도착했습니다.

김대통령은 오늘 오전 10시30분 부인 이희호 여사와 함께 특별기편으로 순안공항에 도착해 트랩 밑에서 기다리고 있던 김정일 국방위원장과 악수를 나눴습니다.

김대통령은 이어 김정일 국방위원장로부터 김영남 최고인민회의 상임위원장등 북한측 인사들을 소개받은 뒤 북한군 의장대를 사열했습니다.

김대통령이 도착한 순안공항에는 수천명의 환영인파가 나와 분단이후 처음으로 평양을 방문한 남측 정상을 맞이했습니다.

김대중 대통령은 공항 환영식이 끝난 뒤 김정일 국방위원장과 한차에
동승해 숙소로 떠났습니다.

KBS 라디오 TV뉴스, 2000. 6. 13.

조선중앙TV는 6월 13일 오후 7시, 8시, 10시, 10시 30분 등 4회
에 걸쳐 각각 23분 동안 집중 방송했다. 그 주요내용은 남측 대표단
평양도착 및 연도환영소식, 김대통령의 김영남 위원장 의례방문, 김
대통령의 만수대 예술극장 무용관람, 김대통령의 김영남 주최 인민
문화궁전 만찬 참석 등이었다. 남북 정상회담의 진행은 북한사회 내
부로부터 중대한 변화를 요구하는 움직임이 표출된 역사적인 사건이
다. 이러한 북한의 정책적 변화의 필요성은 남북 정상회담으로 이어
졌고, 남북 정상회담에 대한 보도태도에서 북한측의 입장을 이해할
수 있다.

다양한 의견이 존재하는 남한 언론과는 달리 북한언론들은 로동당
의 지도아래 통일된 하나의 의견만을 내놓는데, 이러한 경향은 6·15
남북 정상회담 보도에서도 계속됐다. 그리고 당의 정책을 인민들에
게 체계적으로 해설, 선전하고 교양하는 역할을 수행했다. 북한 보도
매체들은 정상회담을 김정일 국방위원장의 위대성 부각에 초점을 맞
추고 신속히 보도했다.

북한방송들은 4월 10일 정상회담 합의 발표 때 특별 중대방송을
6차례나 예고하는 등 매우 큰 관심을 보였다. '4·10 남북 합의' 공
동발표는 조선중앙TV 4회, 중앙방송 및 평양방송 14회, 조선중앙통
신 2회 등 총 21회가 보도되었다. 또한 6·15 남북 정상회담에 대해
북한언론들은 '통일과정에서의 중대한 사변'으로 평가했다.

방송언어라는 측면에서 보면 가장 큰 변화는 남북한 양측의 국가
원수에 대한 호칭을 예로 들 수 있다. 과거 북한방송은 자신들의 절
대권력자 중심의 방송언어를 구사함으로써 김일성 주석이나 김정일

위원장을 제외한 사람들에 대한 표현은 거의 하대어적인 표현을 해 왔었다.

6·15 남북 정상회담 관련 북한방송의 언어표현은 과거보다 많은 차이를 보였다. 하지만 근본적으로 김정일 국방위원장에 대한 극존칭에 비하면 김대중 대통령에 대한 언어표현은 일반적인 경어법을 지키는 선에서 그쳤다는 것을 알 수 있다.

북한언론들은 김대중 대통령의 평양도착 소식을 6시간만인 6월 13일 오후 5시 중앙방송과 평양방송에서 첫 보도를 했고, 조선중앙 TV는 오후 7시에 23분간 방송했다. 정상회담 관련 보도는 3일 동안 중앙·평양방송 32회, 조선중앙TV 17회 등 총49회였다. 이후 조선중앙TV는 6월 24일 남북 정상회담 소식을 여러 차례 방송했고, 6월 25일에는 6·25와 관련한 행사보도나 대남비방을 보도하는 대신 '위대한 령도자 김정일 동지께서 김대중 대통령과 상봉'이라는 제목의 기록영화를 방송했다(KBS 정책기획실 통일방송연구, 2000: 199∼ 204). 김대중 대통령의 평양도착 당일인 6월 13일 조선중앙텔레비죤은 23분 분량의 기획기사성 뉴스를 신속하게 제작하여 오후 5시부터 모두 다섯 차례 방송하는 기동성을 보였다. 다음은 23분간 진행된 조선중앙텔레비죤의 뉴스를 보면서 전달자와 음악 등 방송 진행표를 재구성해서 소개한다. 괄호 안의 수는 먼저 그 장면의 시간이며, 다음에는 전체 시간의 합산이며, 이 논문에 인용하는 북한 원전의 맞춤법은 북한의 문법을 그대로 살렸으나, 뉴스문장은 남한의 정서법을 사용하여 재구성했고, 력사, 로동 등의 말은 소리나는 대로 표기함으로써 북한의 정서법을 따르기도 했다.

〈표 19〉 남측 대표단 평양도착 및 연도환영 뉴스
(조선중앙 TV 2000. 6. 13.)

① 앵커멘트(22")

비디오 - 방송원 / 오디오 - 방송원

　력사적인 평양상봉과 북남 최고위급회담을 위해서 오는 남측 대표단이 오늘 평양에 도착했습니다. 위대한 령도자 김정일 동지께서 김대중 대통령을 비행장에서 따뜻이 영접하셨습니다. 그러면 지금부터 그 소식을 보내 드리겠습니다.

② 김정일 위원장 공항도착(1'09" / 1'31")

비디오 - VCR / 오디오 - 방송원 / 현장음, BGM

　력사적인 평양상봉과 북남 최고위급회담을 위해서 평양을 방문하는 김대중 대통령과 그 일행이 오늘 비행기로 평양에 도착하게 됩니다. 남홍색 공화국기가 세차게 펄럭이고 있는 비행장에는 동포애의 정과 통일의 열기를 안고 달려나온 각계층 수도29) 시민들이 운집해 있었습니다.
　우리 당과 인민의 위대한 영도자 김정일 동지께서 비행장에 나오셨습니다. 순간 비행장에서는 만세의 환호성이 터져 올라 하늘 땅을 진감30) 했습니다. 위대한 민족대단결의 경륜으로 조국통일과 민족번영의 성스러운 위업을 앞당겨 나가시는 경애하는 김정일 동지를 몸가까이 뵙게 된 군중들의 크나큰 감격과 기쁨으로 하여 넓은 비행장은 격정의 파도로 설레였습니다.

③ 김대중 대통령 공항도착 및 회동(54" / 2'25")

비디오 - VCR / 오디오 - 방송원 / 현장음, BGM

　오전 10시 30분 남측 대표단을 태운 비행기가 비행장에 내렸습니다. 환영곡이 울리는 가운데 군중들은 꽃다발을 흔들면서 남측 대표단을 환영했습니다. 위대한 령도자 김정일 동지께서 김대중 대통령과 악수하시고 인사를 나누셨습니다.
　조선민주주의인민공화국 최고인민회의 상임위원회 김영남위원장, 조선민주주의인민공화국 국방위원회 제1부위원장인 조선인민군 조명록 총정치국장, 최고인민회의 최태복의장, 조선노동당중앙위원회 김태국비서, 조선노동당중앙위원회 김용순비서, 조선민주주의인민공화국 최고인민회의 상임위원회 김윤혁서기장, 조선사회민주당중앙위원회 김영대위원장, 기타 당 정권기관31) 사회단체성 중앙기관 책임일군32)들이 비행장에 나와 있었습니다.

---

29) 평양을 말하는 것이지만 수도(首都)라는 말을 씀으로써 한반도의 심장부인 '서울'이라는 것을 은연중에 강조하고 있다.
30) 진감(震撼): 크게 울려서 뒤흔드는 것(사회과학출판사, 1992)

④ 위병대장 보고(22" / 2'47)

비디오-VCR / 오디오-위병대장 육성

조선노동당총비서, 조선민주주의인민공화국 국방위원회 위원장, 조선인민군 최고사령관동지! 조선인민군 육해공군 명예위병대[33]는 경애하는 최고사령관동지와 함께 김대중 대통령을 영접하기 위하여 정렬되었습니다. 명예위병대장 대좌 차인환.

⑤ 사열 / 꽃다발증정 / 분렬행진(2'20" / 5'07")

비디오-VCR / 오디오-방송원 / 현장음, BGM

위대한 령도자 김정일 동지와 함께 김대중 대통령은 조선인민군 육해공군 명예위병대를 사열했습니다. 어린이들이 김대중 대통령과 부인에게 꽃다발을 드렸습니다. 김대중 대통령과 함께 통일부장관 박재규, 재정경제부장관 이헌재, 문화관광부장관 박지원, 대통령 특별보좌역 임동원을 비롯한 남측 대표단 성원[34]들과 기자들이 왔습니다. 비행장에서는 조선인민군 육해공군 명예위병대의 분렬[35]행진이 있었습니다. 비행장에서 김대중 대통령은 서면으로 도착성명을 발표했습니다.

⑥ 김대통령, 김위원장 함께 이동(1'03" / 6'10")

비디오-VCR / 오디오-방송원 / 현장음, BGM

반만년의 유구한 민족사에 특기할 4·8 북남 합의서에 따라 민족분렬 사상 처음으로 개최되는 이번 상봉과 회담은 7·4 남북공동성명에서 천명된 조국통일 3대원칙을 재확인하고 민족의 화해와 단합, 교류와 협력, 평화와 통일을 앞당겨 나가는 데서 전환적 국면을 열어놓는 력사적인 계기로, 민족 주체적 노력으로 통일성업을 기어이 이룩해 나갈 겨레의 확고한 의지를 과시하는 중대한 사변[36]으로 됩니다.

---

31) 정권기관: 주권을 행사하고 집행하는 정치적인 권력기관(사회과학출판사, 1992)
32) 책임일군: (일정한 부분의) 책임적인 지휘성원(사회교육출판사. 1992). 북한에서는 표기는 '일군'으로 하지만 발음은 [일꾼]으로 하고 있음. 남한은 '일꾼'으로 표기와 발음을 일치시키고 있음
33) 명예위병대: 국가적인 큰 의식이나 또는 다른 나라의 중요한 대표를 맞거나 보내거나 할 때에 경의를 표하기 위하여 일정한 격식으로 배치되는 군인대오(사회교육출판사, 1992)
34) 성원(成員): 일정한 조직이나 잡단을 이루고 있는 사람(사회과학출판사. 1992)
35) 북한의 방송원의 발음으로는 [분녈]로 돼 있으며, 북한의 표기로는 '분렬'임. 남한은 '분열'로 표기하고 발음은 [부녈]로 하고 있음. 이밖에 규률, 대렬, 배렬은 [규율, 대열, 배열]로 발음하고 있음.
36) 북한사회과학출판사(1992)는 '사회적으로 중대한 일'로 풀이하고 용례는

⑦ **앵커멘트(30" / 6'40")**

비디오 - 방송원, 사진 / 오디오 - 방송원

위대한 령도자 김정일 동지께서 김대중 대통령과 함께 타신 자동차는 모터찌클[37]의 호위를 받으며 시내로 향했습니다. 위대한 령도자 김정일 동지께서는 김대중 대통령과 숙소까지 동행하시고 숙소에서 담화를 나누셨으며 대통령과 그 수원[38]들과 함께 기념사진을 찍으셨습니다.

⑧ **앵커멘트(20" / 7'00")**

비디오 - 방송원 / 오디오 - 방송원

평양시내 60여만명의 각계층 시민들이 수십리 연도에서 김대중 대통령과 일행을 동포의 정으로 환영했습니다. 그럼 계속해서 연도환영 소식을 보내드리겠습니다.

⑨ **연도환영(16' / 23'00")**

비디오 - VCR / 오디오 - 방송원 / 현장음, BGM

우리당과 우리 인민의 위대한 령도자 김정일 동지께서 김대중 대통령과 함께 타신 자동차가 연못동 입구에 들어섰습니다. 순간 폭풍같은 만세의 환호성이 하늘땅을 뒤흔들며 온 연도가 끝없는 감격의 파도로 세차게 설레였습니다. 녀성근로자들이 차에서 내린 김대중 대통령과 부인에게 꽃다발을 드렸습니다. 연못동 입구로부터 시내 수십리 연도에서 60여만의 각계층 시민들이 조국통일을 위해 끊임없는 심혈을 바치시며 조국통일사에 불멸의 업적을 쌓으신 경애하는 장군님께 최대의 영광과 가장 뜨거운 감사를 드리며 력사적인 평양상봉과 북남 최고위급회담을 위해 평양을 방문한 김대중 대통령과 그 일행을 동포애의 정으로 뜨겁게 환영했습니다.

외세에 의하여 강요된 국토양단의 장장 55년 민족분렬 사상 처음으로 력사적인 평양상봉과 북남최고위급회담이 마련되게 된 커다란 민족사적 사변에 접하여 통일의 열기를 더한층 덥히고 있으니 정녕 민족분단의 치욕역사를 끝장내려는 우리 민족의 통일의지를 그 무엇으로서도 꺾을수 없습니다.

'력사적~, 혁명적~, 획기적~, 새로운~, 중대한~'으로 들고 있다. 그러나 남한의 사전 금성출판사(1996)는 '①천재나 그밖의 큰 변고, ②전쟁까지는 이르지 않았으나 경찰의 힘으로는 막을 수 없어 병력을 사용하게 되는 난리. ③선전 포고도 없이 무력을 쓰는 일'로 풀이하고 있다.
37) 모터사이클(motorcycle)의 러시아어로 북한식 표기. 남한에서는 오토바이로도 통하고 있음.
38) 사업을 보장하기 위하여 함께 따라다니는 사람(사회교육출판사, 1992)

하기에 경애하는 장군님을 우러러 목청껏 만세환호를 울리며 김대중 대통령을 맞이하는 각계층 근로자들의 얼굴마다에는 위대한 장군님만 계시면 조국통일도 가까운 앞날에 반드시 실현될 수 있다는 충심으로 가슴을 불태우고 있습니다. 하늘가에 울려퍼지는 만세환호소리, 그것은 바로 어버이 수령님의 조국통일에 대한 숭고한 뜻과 염원을 실현하시기 위하여 온갖 심혈을 기울이시며 조국통일의 밝은 전망을 열어주신 장군님을 높이 모신 우리 인민의 크나큰 긍지와 반영입니다.

나라와 민족을 끝없이 사랑하며 인민대중의 자주위업에 충실하며 인민대중을 묶어세우고[39] 승리에로 이끌어 나가시는 경애하는 김정일 동지께서는 조국통일 문제의 본질과 근본성격을 명철하게 밝히시고 혁명발전의 매시기 통일운동에서 나서는 모든 문제들을 구체적으로 가르쳐주시며 민족의 통일운동이 곧바른 승리의 한길로만 나가도록 현명하게 이끌어주십니다.

총과 총이 맞부딪치는 전초선[40] 판문점을 시찰하시어 인민군 병사들에게 어버이수령님의 통일유훈을 기어이 관철할 절대적인 신념과 의지를 부어주신 것도, 해마다 진행되는 범민족대회를 전민족적인 통일대축전으로 되게 하신 것도, 민족적 화해와 단합, 통일의 총서인 민족대단결 5대방침을 제시하신 것도 다 그 무엇으로써도 꺾을 수 없는 장군님의 통일의지와 신념의 결실이었습니다.

위대한 령도자 김정일 동지를 민족의 태양으로 영원히 높이 모시려는 우리 인민의 뜨거운 충성의 마음인냥 수도의 거리마다에 펼쳐진 화려한 꽃바다는 끝없는 감격과 기쁨에 설레이고 있습니다. 그것은 정녕 경애하는 김정일 동지께서 제시하신 민족대단결 5대방침을 강력한 투쟁의 투기[41]로 받아안은 북과 남, 해외동포들이 김정일 동지의 두리[42]에 굳게 뭉쳐 반드시 조국을 통일하려는 일심단결의 대화폭입니다. 이 위대한 화폭을 보며 우리는 만사람을 한품에 안아주시는 경애하는 김정일 동지의 인간사랑의 인덕정치, 광폭통치에 대해서 가슴뜨겁게 돌이켜 봅니다.

사상과 제도, 계급과 계층에 관계없이 민족의 넋을 귀중히 여기고 나라와 민족을 사랑하는 모든 사람들을 한품에 안아주신 경애하는 장군님! 민족의 어버이,[43] 위대한 사랑의 품을 찾아 얼마나 많은 유명무명의 각계층 해외인사들과 남조선 동포들이 평양방문의 길을 걸었던가!

---

39) 묶어세우다: ① (무엇을 한데 붙어있도록 끈으로 동이다. ② (무엇을 중심으로 하여) 여러 사람 등이나 조직들을 하나의 통일된 력량으로 만들다(사회교육출판사, 1992).

40) 전초선: 전선에서 적정을 살피며 적의 기습을 막기 위하여 적의 진지를 향한 맨 앞쪽에 형성하는 경계선.

41) 투기(鬪氣): 투쟁하려는 기세(사회교육출판사, 1992).

42) (주로 ≪두리에≫ 형으로 ≪뭉치다≫와 같은 단어와 함께 쓰이여) ≪하나

이 모든 것은 위대한 장군님의 숭고한 덕망이 온 겨레를 승리를 위한 하나의 흐름에 합류시키고 단결시키는 위대한 애국, 애족, 애민의 인덕임을 실증하는 생동한 화폭이었습니다.

력사적인 평양상봉과 북남 최고위급회담을 위해서 오는 남측 대표단이 오늘 평양에 도착했습니다. 위대한 령도자 김정일 동지께서 김대중 대통령을 비행장에서 따뜻이 영접하셨습니다. 그러면 지금부터 그 소식을 보내 드리겠습니다.

참으로 우리 민족의 통일운동은 경애하는 장군님의 위대한 신념으로 차넘치고 장군님의 위대한 영도로 전진하며 장군님의 도량으로 승리하고 있는 것입니다.

경애하는 김정일 동지께서는 수도시민들의 열렬한 환영을 받으시며[44] 김대중 대통령과 함께 보통문을 가까이 하고 있습니다. 예로부터 평양8경의 하나로서 금수강산 내나라와 민족의 역사를 자랑하며 세월과 더불어 자기의 모습을 더욱 빛내이는 보통문. 한 나라 한 강토에서 찬란한 문화, 유구한 역사와 순박한 미풍양속을 꽃피우며 화목하게 살아온 우리 민족이 과연 누구 때문에 이렇듯 가슴아픈 분단의 비극을 강요당한단 말입니까? 헤어져 못살아 만나면 한 형제, 한 동포요 가고 싶어서 가는 길 그 누가 막았더냐? 오고 싶어 오는 길에 그 누가 장벽을 쌓았더냐? 만나면 이렇듯 혈육의 정으로 뜨거운데 그 누가 우리 민족의 핏줄을 갈라놓았습니까?

이 지구상에서 유일하게 분열된 강토에서 사는 단일민족으로서 세월의 이끼덮인 분열의 비극을 기어이 끝장내야 할 것입니다. 하기에 뜨거운 격정을 안고 경애하는 장군님을 우러러 목청껏 만세를 부르는 군중들의 가슴마다에는 장군님의 통일을 높이 받들고 끊어진 혈맥을 다시 잇고 이 땅 위에 통일조국을 일떠세울[45] 불같은 결의가 한껏 넘쳐나고 있습니다.

위대한 수령님께서 이십성상 항일의 혈전만리 눈보라 수만리 길을 헤쳐오신 그 피어린 자욱자욱에 새겨진 조국광복의 이념도, 개선광장에서 온 겨레에게 하신 호소도 갈라진 조국도 아니라 통일된 부강조국이었습니다.

로 뭉치게 되는 중심의 둘레≫의 뜻을 나타낸다(사회교육출판사, 1992).

43) ① ≪아버지와 어머니≫를 아울러 이르는 말. ② ≪인민대중에게 가장 고귀한 정치적 생명을 안겨주시고 친부모도 미치지 못할 뜨거운 사랑과 두터운 배려를 베풀어주시는분≫을 끝없이 흠모하는 마음으로 친근하게 높이여 이르는 말(사회교육출판사, 1992). 남한에서는 ①의 의미로 주로 사용하지만 북한에서는 주로 ②의 뜻으로 사용하며, 김일성·김정일 부자에게만 사용하고 있는 것으로 보인다.

44) '경애하는 김정일 동지께서는 수도시민들의 열렬한 환영을 받으시며'로 표현한 것은 '환영'을 받는 주체가 김대통령이 아니라 김정일이라는 것을 확실하게 하고 있다.

그래서 조국개선의 그날부터 언제나 남녘땅을 잊지 못하시며 수많은조국 통일방안을 제시하시고 그 실현에 온갖 심혈을 다 바쳐오신 우리 수령님! 갈라져 사는 민족의 아픔을 한몸에 안으시고 낮이나 밤이나 민족의 통일 과 번영을 위해 심장을 불태우신 분! 우리 민족에게 줄 수 있는 최대의 선물은 조국통일이라고 하시면서 조국통일을 위해 그처럼 마음쓰신 분이 우리 수령님이셨습니다. 조국의 독립과 통일을 위한 애국위업에 한생을 바치시었으며 생애의 마지막 그 순간에도 조국통일을 위해 역사의 필치 를 남기신 위대한 수령님!

어버이수령님의 한생의 노고가 깃든 조국통일위업을 실현하는 것을 조 국과 민족, 시대와 력사앞에 지닌 자신의 숭고한 사명으로, 임무로 간주 하신 경애하는 장군님께서 수령님의 생전의 염원을 풀어드리고 겨레에게 통일된 조국을 선물하시려는 것이 경애하는 김정일 동지의 절대불변의 의지였습니다.

위대한 수령님께서 제시하신 조국통일 3대원칙과 전민족대단결 10대 강령, 고려민주연방공화국 창립방안을 조국통일 3대헌장으로 정립하시고 민족대단결 5대방침을 발표하심으로써 조국통일의 역사적 위업을 앞당길 수 있는 확고한 지침을 마련해 주신 경애하는 장군님을 우러러 만세의 환호소리로 격정을 터치는 환영군중들!

조국통일의 주체는 전체 조선민족 자신입니다. 위대한 김정일 동지께서 조국통일위업을 진두에서 현명하게 령도하시기에 조선인민은 7.4북남공동 성명에서 제시된 것처럼 외세에 의존해서가 아니라 자기의 신념과 의지로 끊어진 민족의 혈맥을 다시 잇고 기어이 조국을 통일할 것이며 백두에서 한라까지 한 지맥으로 잇닿아 있는 아름다운 우리 조선을 통일 강성대국 으로 그 위용을 세계에 떨치게할 7천만겨레의 마음을 담아 환영군중들은 꽃바다를 펼칩니다.

북에 있건 남에 있건 해외에 있건 나라를 사랑하고 민족의 운명을 걱 정하는 조선민족이라면 사상과 제도, 신앙과 이념의 차이를 초월하여 조 국통일 3대헌장과 민족대단결의 5대방침의 기치 아래 굳게 단결하여 조 국통일위업을 위해 한몸 다바쳐 나갈 맹세로 끊어번지는 이 통일열기는 삼천리강토에 굽이쳐 갑니다. 인류가 2천년대에 들어선 새로운 역사적 시 대에 우리 인민은 민족의 태양이신 위대한 김정일 동지의 령도밑에 통일 만세를 높이 부를 그날을 반드시 안아올 것입니다.(끝)

조선중앙텔레비죤, 2000. 6. 13.

이상의 뉴스에서 우리는 60년 가까운 세월에 걸쳐 진행되어 온

---

45) 일떠서다: 힘차게 일어서다(사회교육출판사, 1992).

사회주의 이데올로기 아래서의 북한의 방송보도가 독특하게 형성해 온 언어표현과 문체론적인 특징으로 나타난 장식문체에 담긴 수많은 수식어의 기호들을 발견할 수 있다. 절대권력자에게 붙이는 수식어의 대표적인 예는 남북 정상회담을 위해 평양에 도착한 김대중 대통령을 환영하기 위해 나온 김정일 국방위원장에 대한 존경을 나타내는 말들일 것이다. 이 뉴스는 6월 13일 오후 4회에 걸쳐 각각 23분 동안 진행된 남측 대표단 평양도착 및 연도환영소식으로 김정일 위원장에 대한 표현이 30여 회 등장한다.

등장할 때마다 다양한 표현이 나오고, 문장의 길이도 후반으로 갈수록 길어지면서 북한방송언어의 특징인 만연체, 화려체, 강건체로 꾸며진 장식문체의 전형적인 모습을 볼 수 있다.

① 우리 당과 인민의 위대한 영도자 김정일 동지께서
② 조선노동당총비서, 조선민주주의인민공화국 국방위원회 위원장, 조선인민군 최고사령관동지!
③ 경애하는 최고사령관동지와 함께
④ 우리당과 우리 인민의 위대한 령도자 김정일 동지께서
⑤ 조국통일을 위해 끊임없는 심혈을 바치시며 조국통일사에 불멸의 업적을 쌓으신 경애하는 장군님께
⑥ 경애하는 장군님을
⑦ 위대한 장군님만
⑧ 나라와 민족을 끝없이 사랑하며 인민대중의 자주위업에 충실하며 인민대중을 묶어세우고 승리에로 이끌어 나가시는 경애하는 김정일 동지께서는
⑨ 만사람을 한품에 안아주시는 경애하는 김정일 동지의
⑩ 사상과 제도, 계급과 계층에 관계없이 민족의 넋을 귀중히 여기고 나라와 민족을 사랑하는 모든 사람들을 한품에 안아주신 경애하는 장군님!
⑪ 민족의 어버이, 위대한 사랑의 품을 찾아

⑫ 참으로 우리 민족의 통일운동은 경애하는 장군님의 위대한 신념으로 차넘치고 장군님의 위대한 영도로 전진하며 장군님의 도량으로 승리하고 있는 것입니다.

⑬ 경애하는 김정일 동지께서는

⑭ 뜨거운 격정을 안고 경애하는 장군님을 우러러 목청껏 만세를 부르는 군중들의 가슴마다에는 장군님의 통일을 높이 받들고 끊어진 혈맥을 다시 잇고 이 땅위에 통일조국을 일떠세울 불같은 결의가 한껏 넘쳐나고 있습니다.

⑮ 통일의 위대한 구성이신 경애하는 장군님에 대한

⑯ 어버이수령님의 한생의 노고가 깃든 조국통일위업을 실현하는 것을 조국과 민족, 시대와 역사앞에 지닌 자신의 숭고한 사명으로, 임무로 간주하신 경애하는 장군님께서

⑰ 위대한 수령님께서 제시하신 조국통일 3대원칙과 전민족대단결 10대강령, 고려민주연방공화국 창립방안을 조국통일 3대헌장으로 정립하시고 민족대단결 5대방침을 발표하심으로써 조국통일의 역사적 위업을 앞당길수 있는 확고한 지침을 마련해 주신 경애하는 장군님을

⑱ 위대한 민족대단결의 경륜으로 조국통일과 민족번영의 성스러운 위업을 앞당겨 나가시는 경애하는 김정일 동지를

⑲ 민족의 태양이신 위대한 김정일 동지의 령도밑에

이상은 김정일 위원장에 대한 존경을 담은 언어표현인데, 가장 긴 수식어는 ⑰의 목적어에 붙은 것으로 밑줄 친 부분의 104자에 달한다. 북한방송에서 지도자에 대한 경의를 표시하기 위한 수식어는 대개 주어로 사용되는 것이 많으나, 이 뉴스에서는 목적어구가 가장 길고 주어구로는 ⑯ '어버이수령님의 한생의 노고가 깃든 조국통일위업을 실현하는 것을 조국과 민족, 시대와 역사앞에 지닌 자신의 숭고한 사명으로, 임무로 간주하신 경애하는(장군님께서)'로 무려 63자의 수식어가 붙어 있다.

위의 뉴스 중 ⑨ '연도환영'의 중간 부분에서 김일성의 동상이 한

눈에 들어오는 만수대 언덕에 가까이 이르자 방송은 갑자기 애조를 띠면서 김일성에 대한 업적을 나열하기 시작한다.

> 조국개선의 그날부터 언제나 남녘땅을 잊지 못하시며 수많은 조국통일 방안을 제시하시고 그 실현에 온갖 심혈을 다 바쳐오신 우리 수령님! 갈라져 사는 민족의 아픔을 한몸에 안으시고 낮이나 밤이나 민족의 통일과 번영을 위해 심장을 불태우신 분! 우리 민족에게 줄 수 있는 최대의 선물은 조국통일이라고 하시면서 조국통일을 위해 그처럼 마음쓰신 분이 우리 수령님이셨습니다. 조국의 독립과 통일을 위한 애국위업에 한생을 바치시었으며 생애의 마지막 그 순간에도 조국통일을 위해 역사의 필치를 남기신 위대한 수령님!

이상에서 보듯이 김일성에 대한 표현들은 김정일에 대한 표현보다 한 단계 높은 언어서열이 적용된 경의가 담긴 것을 알 수 있다. 이것으로 보아 살아 있는 신으로서의 김일성에 대한 존경심은 김정일을 세계적인 효자로 만드는 데 일조를 하고 있다.

언어의 의미차, 즉 언어서열을 이용한 보도는 양상은 다르지만 북한뿐만 아니라 남한에서도 존재하고 있다. 언어의 의미차를 이용한 수사적 언어사용은 의미의 '변별성'을 이용한 명백한 이데올로기적 언어사용의 예라고 할 수 있는데, 남북한 방송보도에서는 서로 많은 차이를 느낄 수 있다. 예를 들어 남북 정상회담에 즈음한 북한신문의 기사에서 '김대중 대통령과 부인'이라는 칭호를 보면 남한에서는 이질적으로 느끼게 될 것이다. 남한방송의 관례로는 '클린턴 대통령과 힐러리 여사'라는 식으로 부인을 '여사'로 표현하고 그 앞에 이름을 거명하는 것이 일반적이기 때문이다.

이렇게 언어의 의미차를 이용한 표현양태를 유선영은 '언어서열화'라고 표현하고 있다(유선영, 2000: 90). 김대중 대통령의 평양도착에 대한 평양방송의 기사를 통해서 우리는 북한의 방송언어가 김일

성·김정일 두 사람의 절대권력자 중심의 경어법을 쓰고 있음을 다
시 한 건 확인할 수 있다. 2000년 6월 13일 조선중앙TV 뉴스에서
김정일 위원장을 주어로 한 서술어는 'ㅡ시였습니다' 형태의 경어법
을 사용했는데, 김대중 대통령에 대한 표현은 모두 '사열했습니다.
발표했습니다' 등의 평어체로 썼다. 또한 양측의 국가원수를 수행
한 사람들에 대한 호칭도 의미차를 사용한 차별화, 즉 언어서열화를
통한 일종의 편가르기를 했음을 알 수 있다. 북측의 수행원은 다음
과 같이 이름 뒤에 직함을 붙이는 형태로 표현하고 있다.

상임위원회 김영남 위원장 / 조선인민군 조명록 총정치국장 / 최고
인민회의 최태복 의장 / 조선노동당중앙위원회 김태국 비서 / 조선노동
당중앙위원회 김용순 비서 / 최고인민회의 상임위원회 김윤혁 서기장
/ 조선사회민주당중앙위원회 김영대 위원장

그러나 남한측 수행원들은 냉정한 편가르기를 통해 직함 뒤에 이
름을 붙이는 공고문 형태의 직함을 사용하고 있다.

통일부장관 박재규 / 재정경제부장관 이헌재 / 문화관광부장관 박지
원 / 대통령 특별보좌역 임동원

단지 김대중 대통령에게만 '대통령 김대중'이라 하지 않고, 이름을
직함보다 앞에 두는 '김대중 대통령'이라는 호칭을 사용하여 방송언
어의 대우법에서는 북측의 수행원과 동급으로 취급하는 듯한 느낌을
주고 있다. 대통령 부인 이희호 여사에 대한 표현은 위의 기사에서
는 '부인'이라는 호칭을 하고 있다. 여사라는 호칭은 북한에서는 김
일성의 처 김정숙, 김일성의 모친 강반석 등 대단한 여성들에게만
붙이는 호칭이기 때문에 사용하지 않고 있다.

  이러한 현상은 북한신문의 구문에서도 나타나고 있는데, 김정일 위원장과 김대중 대통령은 대우법의 관점에서 확실하게 구분된다.

  김대중 대통령이 연회를 차렸다.

로동신문, 2000. 6. 15.

  김정일 동지께서 오찬을 마련하시였다.

로동신문, 2000. 6. 16.

  김대중 대통령 내외분이 선물을 드리었다.
  김정일 지도자동지께서 선물을 주시었다.

로동신문, 2000. 6. 17.

  '드리였다'는 아랫사람이 윗사람에게 바치는 것이며, '주시였다'는 평교간에 물건을 주고받거나, 윗사람이 아랫사람에게 내리는 것을 의미한다. 이렇게 북한의 언론에서는 단어선택에 있어서도 치밀하게 계산된 선별적인 어휘가 사용되는 것을 발견하기 어렵지 않다. 위와 같은 경우를 보면 보도에서 사용되는 언어가 위계에 따라 확실하게 차별적으로 사용되는지를 잘 드러내준다(유선영, 2000: 91). 남한의 경우에는 어떤 경우에도 '○○○가 선물을 주셨습니다'는 형태의 표현은 하지 않고 있으며, '선물을 주었습니다'도 잘 사용하지 않으면서 '선물을 증정했습니다.' 혹은 '선물을 기증했습니다'라는 표현 정도로 주는 사람이나 받는 사람을 동시에 고려하는 중립적인 언어표현을 하는 것이 일반적이다.
  평양방송에서는 김정일에 대한 표현으로 '그'라는 호칭을 거의 사용하지 않는다. 하지만 김대중 대통령과 김영남 상임위원장과의 최고위급 회의 관련 뉴스에서는 김대중 대통령에 대해서 '그'로 표현한 곳이 다섯 번 나타나고, 인민문화궁전 만찬 관련 뉴스에서는 6회

정도 '그'라는 대명사를 사용하고 있다. '그'라는 말은 '그 무엇으로
서도 꺾을 수 없습니다. 그 누가 막았더냐, 그 누가 장벽을 쌓았더
냐, 그 누가 우리 민족의 핏줄을 갈라놓았을까'라는 표현이 나오는
것으로 보아 긍정적인 면보다 부정적인 면을 강조할 때 사용하는 말
로 보인다. 김정일과 대비해서 김대통령을 '그'로 표현한 것 중 대표
적인 부분은 다음과 같다.

> 그는 김정일 국방위원장께서 직접 비행장에 나오시리라는데 대하여 상
> 상하지 못하였으며
>
> 조선중앙텔레비죤, 2000. 6. 14.

한편 만찬사를 한 김영남에게는 9차례 '그'로 표현하고 있다. 특이
한 것으로 김일성에 대한 표현으로 '그'라는 표현을 했으나, 받드는
표현으로 '그이'라는 표현을 하는 것으로 보아 철저하게 검증절차를
거친 뉴스문장이라는 것을 알 수 있다. 김정일 위원장에게는 주격조
사 '께서'를 붙이고, 존대를 나타내는 선어말 어미 '시'를 넣어 '비행
장에 나오시리라는데'로 표현한 부분에도 관심을 기울여야 한다. 김
영남이 김대중 대통령을 맞이해서 이뤄진 회담을 북남 '최고위급회
담'으로 표현한 것도 정치외교적인 분석이 있어야 할 것이다.
    김대통령의 만경대 학생소년궁전 방문 뉴스에서는 김대통령 부부
에 대한 표현 중 서술어 부분에서 최초로 존대말을 사용하고 있다.
행위의 주체가 소년단원들과 서예소조실과 수예소조실의 소조원들이
기 때문이겠지만, '꽃다발을 주었습니다. 기념으로 주었습니다'가 아
닌 '드리였습니다'로 표현하여 변화를 주고 있어 주목되고 있다.

> 소년단원들이 대통령과 부인에게 인사를 올리고 꽃다발을 드리였습니다.
> 소조원들은 대통령과 부인에게 서예품 <조국통일> 등을 기념으로 드

리였습니다.

조선중앙텔레비죤, 2000. 6. 14.

김대통령 주최 만찬관련 뉴스에서는 김대통령에 대한 인칭대명사로 '자기'라는 표현도 나온다.

그는 김정일 국방위원장께서 얼마전 중국을 방문하시였을 때 조선반도 문제는 조선민족끼리 해결하여야 한다고 말씀하신데 대하여 깊이 공감하였다고하면서 자기도 우리 민족의 운명은 민족스스로 열어 나갈수 있다고 믿고 있다고 지적하였습니다.

조선중앙텔레비죤, 2000. 6. 14.

이밖에도 중요한 뉴스거리를 보도하는 북한의 언론보도 태도를 보면 노동신문의 표현들이 북한방송의 문장과 일치함을 알 수 있다. 동일한 어휘의 사용은 사회적으로 일치된 관용적인 표현법에 따른 표현이라고 하겠으나, 문장전체가 신문과 방송이 일치한다는 것은 북한의 신문방송을 비롯한 모든 매체가 국가적으로 중요한 기사는 동일 생산라인에서 나오고 있음을 알 수 있다. 북한의 '로동신문'과 '민주조선'은 물론이고, 조선중앙텔레비죤까지도 같은 기사를 내보내고 있다.

남홍색 공화국기가 세차게 펄럭이고 있는 비행장에는 동포애의 정과 통일의 열기를 안고 달려나온 각계층 수도 시민들이 운집해 있었습니다. 우리 당과 인민의 위대한 영도자 김정일 동지께서 비행장에 나오셨습니다. 순간 비행장에는 (폭포같은) <만세!>의 환호성이 터져 올라 하늘 땅을 진감했습니다.

로동신문, 2000. 6. 14.

이 기사는 6월 13일 조선중앙텔레비죤에 보도된 내용과 같다. 북한언론이 엄격한 통제 아래 있다는 사실은 동일한 사안에 대한 동일한 기사의 공급양상이 잘 증명하고 있다.

북한에서 김일성이라는 한 개인에 대한 절대적인 복종이 가능한 것은 전통적 권위주의, 가부장주의, 가족주의, 그리고 집합주의 같은 문화적 특성들에 기인하지만 동시에 이는 수령을 절대적 존재로 규정하는 언어인 은유의 반복적 사용에 의해 고착되기도 한다(유선영, 2000: 20).

절대권력자에 대한 찬사를 보내기 위해서는 수용자들이 쉽게 해독할 수 있는 기호를 사용해야 한다. 그래서 북한 김일성 주석이나 김정일 위원장에 대한 은유적 표현은 진부할 정도로 귀에 익은 표현을 많이 하고 있음을 볼 수 있다.

남북 정상회담 관련 북한의 방송보도 자료에 나타난 은유에서도 북한방송의 은유의 사용양상과 그 특징이 잘 나타난다. 은유는 목적성을 지닌 의사소통 양상의 하나로 볼 수 있으며, 한정된 어휘를 극복하고 다양한 표현을 실현해 내기 위해 생성된 의사소통 양식이다. 북한방송언어의 은유적 표현을 면밀히 관찰하는 것은 북한의 문화적인 특징을 이해하는 데 큰 도움을 줄 수 있을 것이다. Lakoff & Johnson(1980: 22~24)은 은유와 문화적 정합성(Metaphor and Cultural Coherence)에 대해서 설명하면서 어떤 문화의 가장 기본적인 가치들은 그 문화 속의 가장 근본적인 개념들의 은유적 구조와 정합성을 가진다고 했다.

박영순(2000)에 따르면 은유란 언어의 문자적 의미가 아닌 다른 새로운 의미로 사용되는 말이라고 정의하고 있다. 또한 Marcel Danesi(2000)에서는 은유는 하나의 단어나 구를 다른 의미를 가진 단어나 구 등에 적용시킴으로써 새로운 의미를 창출해 내는 것이라고 설명하고 있다. 결국 은유란 서로 다른 의미를 지닌 두 대상 간의 연결을 통한 유사성의 발견으로 새로운 의미를 부여해 내는 것이라 정리할 수 있다.

은유는 표현해야 할 대상의 많은 특성을 하나씩 나열하기보다는 보다 함축적으로 드러내기 위해서 사용하는 양식이다. 은유는 또한 언어의 경제성을 살리는 측면과 함께 서술로 얻어내기 어려운 정감적인 측면이나 복합적 이미지의 의미를 전달하는 데 있어서도 탁월한 방법이 된다. 그러므로 이러한 은유는 언어의 발생 당시부터 사용됐다고 볼 수 있으며, 사회가 복잡해진 현대에 이르러서는 그 사용빈도가 더욱 높아지고 있다.

6·15 남북 정상회담 관련 보도에서 남한과 북한의 같은 내용의 자료를 비교해 볼 때, 북한의 경우는 수식어가 많은 만연체 문장에다 은유를 많이 사용하는 것을 볼 수 있다. 이렇게 은유를 많이 사용하는 것은 남한에서 통용되고 있는 방송언어의 요건의 하나인 객관성과 간결성을 위해서는 배치되는 현상이다.

자유주의 언론과 달리 북한언론의 보도에서는 중립성이나 객관성이 허용되지 않는다. 북한에서는 어떤 사건이나 사실을 불문하고 반드시 지지와 반대 의사를 분명히 해야 하며, 기쁨과 슬픔뿐만 아니라 뚜렷한 사상과 감정이 정확하게 반영되어야 한다. 북한에서는 심리적 전달은 방송원의 사상적 준비 정도와 실연수준에 의존하는 것이기 때문에 끊임없이 자기교양을 쌓아야 한다고 권유하고 있다. 이렇게 뚜렷한 사상이나 감정을 반영하기 위해서는 많은 미사여구와 함께 은유를 사용하게 되는데, 이것은 사실적인 전달보다 과장을 통한 자신의 감정을 극대화하여 표현하고자 하는 의도를 가지고 있는 것으로 해석할 수 있다.

북한방송언어의 은유는 절대권력자에 대한 은유표현과 그 밖의 보도대상들에 대한 은유적 표현으로 엄격하게 나눌 수 있다. 이 두 가지 유형의 은유적 표현이 결과적으로는 모두 같은 목적을 가지고 쓰인 은유로 귀착되는 데 오로지 목적은 하나, 절대권력자를 신격화하기 위한 수단으로 사용되고 있다.

절대권력자에 대한 은유도 김일성에 대한 은유와 김정일에 대한 은유가 약간 다른 형태로 분류할 수 있는데, 이것도 면밀한 계산에 의해 나누고 있다는 것을 알 수 있다. 북한 언론들은 계획적인 의도 아래 김일성에 대해서는 '어버이, 수령님, 장군님' 등의 은유 호칭을 사용하고 있고, 김정일에 대해서는 '민족의 태양' 등의 은유 수식을 하고 있다. 이렇게 부모의 무한한 사랑에 빗댄 어버이라는 용어와, 집단의 우두머리나 군의 우두머리를 의미하는 '수령'이라는 용어도 김일성에게만 사용하고 있다.

이와 같은 북한언론의 특수한 은유 사용은 일반적인 은유 사용과는 많은 차이점을 지니고 있는데, 북한언론에서 사용하는 은유는 청자의존도가 높은 은유라고 할 수 있다. 북한의 김일성·김정일 두 절대권력자를 칭하는 은유는 청자의존도가 높을 뿐만 아니라, 화자의 의도성이 더욱 많이 반영된 의사소통의 한 양식이라고도 할 수 있다. 다시 말해 북한언론이 사용하는 그들의 절대권력자에 대한 은유는 일반적인 언어사회에서 관습적으로 사용하는 은유와는 달리, 교육을 통해 인위적으로 관습화한 것으로 볼 수 있기 때문에 일반적인 은유의 생성과 정착에 관한 특징 등을 적용하기는 어렵다.

은유의 해독을 위해서는 청자의존도가 높아야 하는데, 이것은 비유되는 대상 간의 결합도가 낮고 창조성이 높기 때문이다(Lakoff, G., 1987: 12). 하나의 은유가 선택되고 이것이 관습적인 요소로 남기 위해서는 단어의 개념적인 이해가 사회적 언중 간에 자연스러운 동질성 획득의 과정을 통해서 가능하다. 북한의 은유는 이러한 과정을 인위적인 학습을 통해서 하기 때문에 일반적인 관습적 은유의 정착화와는 차이점을 지니고 있으나, 오히려 은유를 형성한 대상들 간의 결속력은 더 강하다고 볼 수 있다.

〈표 20〉 남·북한 은유 비교

남한방송에서의 은유	북한방송에서의 은유
1. 남북한 항공로를 여는 남측……	1. 순간 폭풍같은 만세의 환호성이 하늘땅을 뒤흔들며 온 연도가 끝없는 감격의 파도로 세차게 설레였습니다.
2. 하늘길이 분단 55년 만에 처음으로 열린	2. 통일의 열기를 더한층 덥히고 있으니
3. 예상을 깨고 평양 순안 비행장에……	3. 충심으로 가슴을 불태우고 있습니다.
4. 극진한 영접이라고 입을 모았습니다.	4. 수도의 거리마다에 펼쳐진 화려한 꽃바다는 끝없는 감격과 기쁨에 설레이고 있습니다.
5. 55년 분단의 벽이 결코 극복할 수 없는 장벽이 아님을 보여 주었습니다.	5. 조국을 통일하려는 일심단결의 대화폭입니다.
	6. 혈육의 정으로 뜨거운데 그 누가 우리 민족의 핏줄을 갈라놓았습니까?
	7. 끊어진 혈맥을 다시 잇고
	8. 빈터 위에 건국의 첫 삽을 뜨실 때도
	9. 이 땅위에 천리마의 나래를 펼쳐주실 때도 어버이 수령님의 마음속엔 언제나 남녁땅 인민들이 안겨 있었습니다.
	10. 격정을 터치는 환호소리는

  은유를 생성하는 두 대상 간의 결합양상을 살펴보면 사회적으로 통용되는 의미를 찾을 수 있는데, 북한에서 '태양'에 비유되고 있는 김정일은 자연스럽게 절대권력자라는 사실을 나타내고 있다. 북한의 문화어는 자연발생적으로 만들어진 언어규범이 아니라, '발전된 사회'의 '근로 대중을 위해 목적의식을 가지고' 만들어지고 다듬어진 것이다. 이렇게 '특정한 목적의식을 가지고 만들어지고 다듬어진' 문

화어는 그동안 정책적 손질을 비교적 덜했다고 볼 수 있는 남한의 표준어와 어쩔 수 없이 많은 차이가 나타나게 됐으며, 이러한 특징은 결국 은유의 사용상의 차이에서도 발견되는 것이다.

북한의 경우 절대권력자에게 바치는 헌사(獻辭)로서의 은유를 제외한 일반적 은유 표현들은 언어적인 형태로 보아서는 남한의 은유 표현들과 큰 차이가 없다. 남·북한 방송보도에 나타난 은유의 차이점을 비교해 보면, 남한은 관습화된 은유, 즉 다의어(多意語)로 정착된 것이며, 북한의 은유는 단순한 사실 설명이 아닌 과장적인 표현을 이용해 민중의 충성심을 더욱 강하게 표현하면서 이를 통해 절대권력자를 신격화시키는 결과물로 이용하고 있다.

또한 그들의 절대권력자가 어버이나 태양으로 은유화되면서 북한의 인민들은 당연히 어버이 김일성이나 태양인 김정일의 자식이 되고 있으며, 남한의 국민들까지도 어느덧 김일성·김정일이라는 '어버이의 자식' 위치에 놓여진 사실을 발견할 수 있다.

다음의 '만사람'은 '만백성'과 같은 말로 우리 한민족뿐만 아니라 온세상 사람을 말한다. 또한 '어버이 수령님의 마음속엔 언제나 남녘땅 인민들이 안겨 있었다'는 표현으로 남한 사람 모두가 김일성·김정일의 자식이 되어 두 사람의 품에 안겨있다고 표현하고 있음을 발견할 수 있다.

> 우리는 만사람을 한품에 안아주시는 경애하는 김정일 동지의 인간사랑의 인덕정치, 광폭통치에 대해서 가슴뜨겁게 돌이켜 봅니다.
> 이 땅위에 천리마의 나래를 펼쳐주실 때도 어버이 수령님의 마음 속엔 언제나 남녘땅 인민들이 안겨 있었습니다.
> 위대한 령도자 김정일 동지를 민족의 태양
> 인민대중을 묶어 세우고 승리에로 이끌어 나가시는 경애하는 김정일 동지께서는
>
> 조선중앙텔레비죤, 2000. 6. 13.

이상과 같은 사례분석의 결과 남·북한 방송보도의 은유사용 양상
은 다음과 같이 정리할 수 있다.

첫째, 남한은 정치지도자에 대한 수식어구나 특칭의 은유사용을
자제하면서 객관적인 사실을 표현하는 데 반해 북한은 절대권력자에
대한 많은 수식어구와 특칭의 은유가 존재하고 있다.

둘째, 북한 지도자에 대한 이러한 은유는 일반적인 은유의 정착
방법과는 달리 교육에 의해 인위적으로 정착된 것이다.

셋째, 남한의 방송언어에서는 가능하면 은유를 자제하되, 사용하더
라도 관습화되어 일반단어로 정착된 은유를 사용하는 데 비해 북한
에서는 시적인 은유를 많이 사용하고 있다.

넷째, 북한방송언어에서 사용되는 은유는 하나의 확실한 목적성,
즉 절대권력자를 높이고자 할 때 주로 사용하기 때문에 인민들의 지
도자에 대한 찬사와 행동을 과장되게 비유하여 효과를 극대화하고
있다.

다섯째, 은유의 사용형태를 살펴보면 김일성·김정일을 자연물로
비유할 때는 인간, 즉 인민보다 우위에 있는 대상으로 상징함으로써
절대권력자의 신격화를 확실히 하고 있다.

전체적으로 조선중앙TV는 정상회담 자체와 군중들의 환영상황 보
도보다는 '수령' 김일성과 '위대한 령도자' 김정일에 대한 위대성 부각
에 더 많은 시간을 할애했는데 북한방송보도에 담긴 메시지는 다음과
같이 해독할 수 있다(KBS 정책기획실 통일방송연구, 2000: 220~222).

첫째, 김정일 위원장의 평양공항 등장과 함께 터져나온 평양주민
들의 환호성과 평양시내에서의 환호소리는 김정일 위원장의 통일위
업에 대한 긍지 때문인 것으로 분석했다.

둘째, 군중들의 환호성에는 김정일 위원장을 직접 대면할 기회가 거의 없는 상황에서 '몸가까이 뵙게' 된 기쁨의 발로인 것으로 분석했다.

셋째, 남북 정상회담을 김정일 위원장의 '승리'로 보도하면서, 김정일은 '민족의 통일운동'을 주도하고 있는데, 이것은 '인덕정치·광폭정치'의 산물인 것으로 선동하고, 김정일 위원장을 연방제하의 '초대 연방대통령'으로 옹립해야 한다고 주장하고 있다.

넷째, 남북분단을 놓고 '누가 장벽을 쌓았느냐'는 의문을 던짐으로써 분단책임이 미국을 비롯한 열강에 있음을 은연중 표출했다.

다섯째, 통일의 주체는 전체 조선민족이고 조선인민은 김정일 위원장의 영도에 따라 '조국통일 3대헌장'과 '민족 대단결 5대 방침'하에 '통일만세'를 부를 날이 있을 것임을 강조했다.

여섯째, '위대한 수령님'을 계속 강조함으로써 김일성 주석의 사망에도 불구하고 향후에도 김일성 노선이 지속될 것임을 시사했다.

일곱째, 김정일의 환담, 농담, 건배 등의 모습을 방송하면서 육성을 삽입하지 않아 북한주민들은 김정일의 육성을 청취할 수 없었는데, 이는 김정일의 목소리를 숨김으로써 더욱 신비로운 존재로 승격시키는 절대권력자를 위한 이미지 메이킹 정책 때문인 것으로 보인다.

6·15 남북 정상회담의 보도는 남북한 언론이 같은 사실을 놓고 가장 오랜 시간 보도한 것이기 때문에 자료적인 가치가 많다. 위에서 23분 분량의 '김대중 대통령 평양도착' 기사는 이미 소개했기 때문에 여기서는 조선중앙텔레비죤의 '남북공동선언문 합의', 그리고 '김대중 대통령 주최 만찬', '김대중 대통령의 평양 출발' 기사를 참고자료로 수록한다.

① 공동선언 관련 보도내용

조선민주주의인민공화국 국방위원회 위원장이신 위대한 김정일령도자께서 김대중 대통령과 함께 14일에 서명하신 북남공동선언 전문은 다음과 같습니다.

북남공동선언,

조국의 평화적통일을 념원하는 온 겨레의 숭고한 뜻에 따라 조선민주주의인민공화국 김정일 국방위원장과 대한민국 김대중 대통령은 2000년 6월 13일부터 6월 15일까지 평양에서 력사적인 상봉을 하였으며 최고위급회담을 가지였다.
북남수뇌들은 분단력사상 처음으로 열린 이번 상봉과 회담이 서로 리해를 증진시키고 북남관계를 발전시키며 평화통일을 실현하는데서 사변적인 의의를 가진다고 평가하고 다음과 같이 선언한다.

1. 북과 남은 나라의 통일문제를 그 주인인 우리 민족끼리 서로 힘을 합쳐 자주적으로 해결해 나가기로 하였다.

2. 북과 남은 나라의 통일을 위한 북측의 낮은 단계의 련방제안과 남측의 련합제안이 서로 공통성이 있다고 인정하고 앞으로 이 방향에서 통일을 지향시켜 나가기로 하였다.

3. 북과 남은 올해 8·15에 즈음하여 흩어진 가족, 친척방문단을 교환하며 비전향장기수문제를 해결하는 등 인도적 문제를 조속히 풀어 나가기로 하였다.

4. 북과 남은 경제협력을 통하여 민족경제를 균형적으로 발전시키고 사회, 문화, 체육, 보건, 환경 등 제반 분야의 협력과 교류를 활성화하여 서로의 신뢰를 다져 나가기로 하였다.

5. 북과 남은 이상과 같은 합의사항을 조속히 실천에 옮기기 위하여 빠른 시일 안에 당국사이의 대화를 개최하기로 하였다.

김대중 대통령은 김정일 국방위원장께서 서울을 방문하시도록 정중히 초청하였으며 김정일 국방위원장께서는 앞으로 적절한 시기에 서울을 방문하기로 하였다.

2000년 6월 15일 조선민주주의인민공화국 국방위원장 김정일 대한민국 대통령 김대중

조선중앙텔레비죤, 2000. 6. 15.

② 김대통령주최 만찬

평양을 방문하고 있는 김대중 대통령은 방문일정이 끝나는 것과 관련하여 14일 목란관46)에서 연회를 차렸습니다. 조선로동당 총비서이시며 조선민주주의인민공화국 국방위원회 위원장이신 위대한 김정일령도자께서 연회에 초대되시였습니다. 또한 조선민주주의인민공화국 최고인민회의 상임위원회 김영남위원장, 조선민주주의인민공화국 국방위원회 제1부위원장인 조선인민군 조명록총정치국장, 조선로동당 중앙위원회 김국태비서, 김용순비서, 조선민주주의인민공화국 최고인민회의 최태복의장, 조선민주주의인민공화국 최고인민회의 상임위원회 양형섭부위원장과 김윤혁서기장, 조선사회민주당 중앙위원회 김영대위원장, 천도교청우당 중앙위원회 류미영위원장과 당, 정권기관, 사회단체, 성, 중앙기관 책임일군들, 과학, 교육, 문화예술, 보건, 출판보도부문 일군들이 초대되였습니다.

연회에는 통일부 장관 박재규, 재정경제부 장관 리헌재, 문화관광부장관 박지원, 대통령특별보좌역 림동원을 비롯한 수원들과 기자들이 참가하였습니다. 김정일령도자께서 김대중 대통령의 안내를 받으시며 연회

---

46) 목란꽃: 목란의 꽃. 향기롭고 아름다운 흰꽃으로서 조선의 국화이다. / 목란꽃! 그것은 경애하는 수령님께서 몸소 지어주신 꽃이름이다.

장에 나오시자 전체 참가자들은 우렁찬 박수로써 열렬히 환영하였습니다. 연회에서는 김대중 대통령이 연설하였습니다. 대통령은 연설에서 자기와 일행을 따뜻이 영접해 주시고 환대하여주신데 대하여 김정일 국방위원장께 심심한 감사의 인사를 드린다고 하면서 이번의 만남은 민족모두가 함께 기뻐하여야 할 큰 경사이며 분단 55년만의 력사적쾌거의 하나이라고 지적하였습니다.

그는 김정일 국방위원장께서 김일성주석의 서거이래 우리 민족 전래의 륜리에 따라 3년상을 치른 그 지극한 효성에 감동되였다고 하면서 정치적안정을 이룩하고 대외관계와 경제발전을 위해서 많은 노력을 하고 계시는데 대하여 경의를 표한다고 말하였습니다. 그는 우리 민족은 력사속에서 많은 시련을 겪었다고 지적하고 이제는 우리 민족이 흘린 눈물을 거둘 때이라고 말하였습니다. 그는 김정일 국방위원장께서 얼마전 중국을 방문하시였을 때 조선반도문제는 조선민족끼리 해결하여야 한다고 말씀하신데 대하여 깊이 공감하였다고 하면서 자기도 우리 민족의 운명은 민족스스로 열어 나갈수 있다고 믿고 있다고 지적하였습니다. 그는 이번 남북 정상회담이 7천만 겨레의 숙원인 평화와 통일의 출발점이라는것을 확신한다고 말하였습니다.

다음으로 김영남위원장이 연설하였습니다. 그는 연설에서 55년만에 처음으로 만나 보낸 2일간은 너무도 오래 헤여져 살아 온 세월과 너무도 짧은 상봉과 회담의 순간이 동포애속에 교차되는 뜻 깊은 날과 날이였다고 지적하였습니다. 그는 이번에 김대중 대통령이 평양을 방문하여 김정일장군님과 력사적인 상봉을 하였으며 북남최고위급회담을 진행하였다고 하면서 이번의 상봉과 회담을 통하여 북과 남은 서로 갈라져 살수 없는 한 혈육이며 그 어느 이웃에도 비길수 없는 동족임을 거듭 확인하였다고 지적하였습니다.

그는 북과 남의 최고지도자들이 처음으로 직접 마주 앉아 민족문제를 동족끼리 해결할 방도를 진지하게 의논하고 서로 마음을 소통한 것은 민족단합의 좋은 모습을 겨레앞에 보여 주는 자랑스러운 일이라고 말하였습니다. 그는 조선의 정치인들에게 있어서 가장 큰 보람은 민족을 위해 헌신하는데 있다고 지적하고 우리 정치인들은 통일을 미래형으로 볼 것이 아니라 현재형으로 만들기 위하여 모든 지혜와 힘을 모아야 한다

고 말하였습니다. 그는 김대중 대통령의 이번 평양방문길이 온 겨레의
숙원인 통일의 길로 이어지게 되리라는 확신을 표명하였습니다. 연회는
동포애의 정이 넘쳐 흐르는 따뜻한 분위기속에서 진행되었습니다."

조선중앙텔레비죤, 2000. 6. 15.

③ 김대중 대통령 환송 장면

력사적인 평양상봉과 북남 최고위급 회담을 위하여 평양에 왔던 남측
성원들이 오늘 오후 평양을 출발했습니다. 위대한 영도자 김정일 동지
께서 김대중 대통령을 비행장에서 따뜻이 환송하셨습니다. 조선노동당
총비서이시며 조선민주주의 인민공화국 국방위원회 위원장이신 우리
당과 우리 인민의 위대한 영도자 김정일 동지께서는 오늘 오후 평양
비행장에 나가시어 김대중 대통령을 따뜻이 환송하셨습니다. 오늘 평양
비행장과 수도의 거리들은 뜨거운 환송분위기에 휩싸여 있었습니다. 김
대중 대통령의 이번 평양방문은 민족의 화해와 단합, 교류와 협력, 평
화와 통일을 앞당겨 나가는데서 전환적 국면을 열어놓은 력사적인 계
기로 되었으며 민족 주체적 노력으로 통일성업을 기어이 이룩해 나갈
겨레의 확고한 의지를 과시한 중대한 사변으로 되었습니다. 금성거리로
부터 연못동에 이르는 수도의 거리와 순안거리에는 수도의 각계층 시
민들이 꽃다발을 들고 남측 성원들을 환송하기 위해서 나와있었습니다.
평양비행장 국기 계양대는 남홍색 공화국 깃발이 세차게 펄럭이고 있
었습니다. 위대한 영도자 김정일 동지께서 김대중 대통령과 함께 평양
비행장에 나오셨습니다.
드넓은 비행장에서는 폭풍같은 만세의 환호성이 터져올라 하늘땅을 진
감했습니다. 위대한 민족대단결의 경륜으로 조국통일의 성스러운 위업
을 앞당겨 나가시는 경애하는 김정일 동지를 몸 가까이 뵙게 된 군
중들은 크나큰 감격과 기쁨으로 가슴 설레이고 있었습니다. 조선민주주
의인민회의 최고인민회의 상임위원회 김영남 위원장, 조선민주주의
인민공화국 국방위원회 제1부위원장인 조선인민군 조명록 총정치국장,
최고인민회의 최태복 의장, 조선민주주의 인민공화국 국방위원회 위원

이 연형묵 동지, 조선노동당 중앙위원회 김국태 비서, 조선노동당 중앙
위원회 김용순 비서, 조선민주주의 인민공화국 최고인민회의 상임위원
회 김윤혁 서기장, 조선사회민주당 중앙위원회 김영대 위원장, 천도교
청우당 중앙위원회 유미영 위원장, 그밖에 당 정권기관 사회단체성 중
앙기관 책임일군들이 비행장에 나와있었습니다.

김대중 대통령과 함께 온 남측 성원들과 기자들이 비행장에 나왔습니
다. 위대한 령도자 김정일 동지와 함께 김대중 대통령은 조선인민군 육
해공군 명예위병대를 사열했습니다. 환송 군중들은 꽃다발을 흔들면서
김대중 대통령과 남측 성원들을 뜨겁게 환송했습니다. 어린이들이 김대
중 대통령과 부인에게 꽃다발을 드렸습니다. 위대한 령도자 김정일 동
지께서는 김대중 대통령과 굳은 악수를 나누시고 뜨겁게 포옹하시었습
니다. 남측 성원들을 태운 비행기는 군중들의 뜨거운 환송을 받으며 평
양비행장을 출발했습니다.

이번 김대중 대통령의 평양방문은 민족이 단합된 힘으로 통일성업을 이
룩하고 부강조국을 건설하려는 온겨레의 지향과 염원을 반영한 것으로
조국통일의 역사적 국면을 열어나가는데서 커다란 의의를 가졌습니다.

조선중앙텔레비죤, 2000. 6. 15.

북한방송은 김대중 대통령의 평양방문기사를 유례없이 연일 자세
하게 보도했는데, 2000년 6월 13일부터 6월 15일까지의 보도는 북한
방송보도의 특성을 이해하기 위한 좋은 참고자료가 될 것이다. 북한
의 방송은 대남용인 평양방송과 대내용인 중앙 방송으로 나뉘는데
이 두 방송은 남북 정상회담 합의당시부터 이에 대해 자세히 보도했
다. 우선 「중앙방송」은 4월 10일 사전에 '중대방송'을 예고하고 정각
10시에 남북 정상회담 합의 내용을 발표했다. 전체적인 내용은 '조선
중앙통신' 보도와 대동소이하다(KBS 정책기획실 통일방송연구, 2000:
141~154). KBS가 사흘 동안의 보도를 분석한 내용을 수록한다.

① 6월 13일 보도내용

첫째, 「조선중앙방송」은 6월 13일 오후 5시 김대중 대통령의 평양 도착과 김정일 위원장의 공항영접, 평양시민의 열렬한 환영 소식을 보도했다. 자세한 내용은 조선중앙통신 내용과 같다.

둘째, 중앙방송은 6월 13일 오후 11시 1분에 김대중 대통령이 김영남 위원장을 '의례방문'했다고 보도했다. 내용은 조선중앙통신과 같다.

셋째, 중앙방송은 오후 11시 2분 김대중 대통령이 평양시 음악무용 종합공연을 관람했다고 보도했다. 내용은 ≪조선중앙통신≫과 같다.

넷째, 중앙방송은 오후 11시 5분 김영남 위원장이 김대중 대통령을 위해 환영연회를 개최했다고 보도했다. 내용은 조선중앙통신과 같다.

② 6월 14일 보도내용

첫째, 중앙방송은 6월 14일 10시 2분 김대중 대통령과 김영남 위원장간의 남북 최고위급 회담이 만수대 의사당에서 진행되었다고 보도했다.

둘째, 중앙방송은 6월 14일 10시 6분 김대중 대통령 일행이 만경대 학생소년궁전을 참관했다고 보도했다.

셋째, 중앙방송은 6월 14일 10시 9분에 이헌재 재경부장관 등이 인민 대학습당 등을 참관했다고 보도했다. 방송은 이들이 "민족적 특성을 살리면서도 현대적 미감에 맞게 훌륭히 건설되어 인민들의 문화정서 생활과 편의보장에 효과있게 이용되고 있는 기념비적 창작품들을 감명깊게 돌아보았다"고 보도했다.

넷째, 중앙방송은 10시 10분에 이희호 여사가 평양산원 등을 참관하였다고 보도했다. 방송은 "김대중 대통령의 부인 이희호는 평양시 여성들과의 좌담회 석상에서 공화국에서 여성들이 남자들과 똑같은 권리를 가지고 희망과 재능을 마음껏 꽃피우며 행복한 생활을 누리고 있는데 대한 이야기를 들었다"고 보도했다.

다섯째, 중앙방송은 10시 10분 이희호 여사가 스승인 김지한 여성과 상봉하였다고 보도했다. 방송은 김대중 대통령의 부인 이희호가 "옛스승이 고향을 떠나 북에 들어온 후 긍지있는 생활을 누려왔으며 고령에 이르렀으나 정정한 몸으로 있는 데 감동을 표시했다"고 보도했다.

③ 6월 15일 보도내용

첫째, '6·15 남북공동선언' 전문을 보도했다.

둘째, 김대중 대통령과 김정일 위원장의 남북공동선언 서명 내용으로서 역사적인 평양상봉의 "빛나는 결실"로 평가했다.

셋째, 김대중 대통령과 김정일 위원장간의 단독회담 내용으로서 단독회담이 "통일을 앞당겨 이룩하기 위한 길에 밝은 전망을 열어놓는 중요한 계기"로 평가했다.

넷째, 김대중 대통령 주최 만찬 내용으로서 "연회는 동포애의 정이 넘쳐흐르는 따뜻한 분위기 속에서 진행되었다"고 보도했다.

다섯째, 대통령 수행원들의 가금목장과 동명왕릉 참관 내용으로서 사실보도에 그쳤다.

여섯째, 김정일 위원장의 김대중 대통령을 위한 오찬 내용으로서 "오찬회는 동포애의 정 넘치는 화기애애한 분위기 속에서 진행되었다"고 보도했다.

일곱째, 김대중 대통령 평양 출발과 김정일 위원장의 환송 내용으로서 "세기가 교차되는 격동적인 시기에 민족 분렬사상 처음으로 력사적인 평양상봉을 진행하고 7천만 겨레의 지향과 념원을 반영한 북남 공동선언을 채택한것은 자주의 원칙에서 민족의 숙원인 나라의 통일을 앞당기는데서 새로운 리정표를 마련한 일대 사변으로 된다"
고 보도했다.

이밖에 조선중앙통신은 국문과 영문 등 두 종류로 보도되는데, 특
히 외국언론사들이 신속하게 소식을 접할 수 있는 유일한 통로이기
때문에 북한으로서도 가능하면 신속하게 보도하려고 노력한다. 조선
중앙통신은 비교적 객관적으로 사실보도에 치중했다. 조선중앙통신
의 보도내용을 평가해 보면 다음과 같다.

첫째, 통신은 김정일 위원장의 위대성 부각에 치중하면서 특히 김
정일의 주도로 남북 정상회담이 합의됐다. 이는 김정일의 '광폭정치'
산물임이 강조됐다.
둘째, 통신은 자주적 통일을 강조함으로써 북한의 정상회담을 통
해 자주노선이 관철되었음을 알리려 했다.

VI. 결론 및 제언

1. 결 론

지금까지 이 논문에서는 북한방송보도의 언어사용 양상이 대중들을 위한 교양 위주의 방송보도 언어와 소수의 고급독자인 이른바 엘리트들이 보는 전문적인 학술서적의 언어표현이 비슷함을 보아왔다. 마찬가지로 조선중앙텔레비죤의 언어표현이 로동신문의 언어표현과 별로 차이가 없음을 알 수 있었다. 즉 통속적, 전투적, 과장적, 직접적, 구어적인 표현방식은 방송매체나 활자매체를 불문하고 북한사회에서는 자연스럽고 일상적인 것으로 받아들여진다는 것이다. 특히 신문과 방송의 현지보도 기사에서 전형적으로 보이는 전투적 표현양식을 이해하기 위해서는 북한에서 각종 건설현장, 즉 농업과 공업을 포괄하는 일반적 의미의 건설현장이 남한에서와 같은 '생산현장'이 아니라 총칼 없는 '전투현장'이기 때문에 선전·선동을 위한다는 전제아래 획일적인 표현을 할수밖에 없다는 것을 먼저 이해해야 한다.

이렇게 남북한 언론의 존재의의라고 할 수 있는 이론적·철학적 기반의 차이는 각각의 언론의 기능, 역할, 임무에 차이를 가져오고, 이는 다시 구체적으로 각각의 보도언어 양식의 차이로 귀결된다. 북한의 언론은 마르크스·레닌주의를 북한현실에 맞게 수정한 주체사상의 이념을 구현하는 수단이자 무기로 인식하고 있다. 즉 북한의 언론기능은 '계급투쟁의 사상적 무기 가운데서도 가장 예리하고 전투적이며 기동적인 무기'로서 작동하는 것이다. 이러한 언론기능은 방송에서도 그대로 적용됨으로써 북한방송은 혁명적 사상으로 인민을 무장시키기 위한 선전·선동의 조직자이자 동원자로서의 기능을 수행한다. 또한 북한언론을 조종하는 최고기관인 노동당은 이러한 기능 수행을 위한 이데올로기적 원칙으로 계급성과 당성, 인민성과 대중성, 진실성과 전투성 등을 강조한다.

특히 방송보도의 경우 북한에서는 사람들에게 새로운 소식을 전달하려고 하는 것이 본성이라는 '보도성'을 강조한다. 보도성은 몇 가지 요소로 구성된다. 먼저 실재하는 사건과 사건을 보도하려는 본성인 실재성(實在性), 바로 오늘에 일어난, 그리고 사회정치적으로 가장 중요한 문제에 결부된 사건을 보도 전달하려는 본성을 가리키는 시사성(時事性), 시사성을 갖고 있는 사실과 사건을 환경과 조건에 맞게 보도 전달하는 시기성(時期性), 시사성과 시기성을 갖는 사실과 사건을 일정한 계기를 통해 보도 전달하는 계기성(契機性) 등이 보도성을 구성하는 요소들이다(KBS 남북교류협력 기획단, 2001: 87).

또한 북한의 방송보도에서 가장 큰 뉴스가치는 김일성·김정일 부자에 대한 찬양이라는 것을 알 수 있다. 이렇게 북한방송 보도는 그들의 보도성 원칙에 따라 김일성 부자에 대한 존경과 국제사회 내에서 자주성의 강조 및 내부적 경제개발의 촉진이라는 당의 정책을 그대로 반영하여 공산주의적 언론의 이념을 그대로 반영하고 있음을 보여주고 있다.

북한언론의 보도는 인간의 원초적인 설득효과를 높이기 위한 구두적 말문화, 즉 선전·선동의 효과를 극대화하기 위한 구어체적 언어문화 단계에 있다. 이러한 구어체적 선전·선동의 특징들을 최대한으로 동원하여 김일성·김정일 부자에 대한 북한주민의 신격화와 절대적 권위주의 체제의 유지에 주력하는 사실을 확인할 수 있다. 아울러 너무 일상적이고 원초적인 용어여서 직설적으로까지 들리는 감정의 표현방식, 격정적인 목소리와 몸짓, 강력한 일체감에 기반한 집단주의, 장황한 수사(rhetoric), 비논리적이고 비분석적인 사물인식 등이 어디에서 기인하는지를 이해할 수 있는 것이다. 그것은 총체적으로 사회체제적인 문제라기보다는 문화와 인식론의 문제라고도 할 수 있는 것이다(유선영, 2000: 148).

그래서 북한 매스미디어의 실체를 알기 위해서는 굳이 복잡한 이론적 배경을 동원할 필요가 없을 정도로 순진하리만큼 직설적으로 정리하고 있음을 알 수 있다. 그들에 따르면 언론은 '인민을 교양·개조하고 조직하는 유력한 선전·선동의 수단이며, 사상적 무기이자 공식적인 국가기관의 하나'이므로 당과 수령의 방침을 따르고 적극 옹호·관철하는 것이 당연한 임무이자 역할을 해야 한다는 것이다. 따라서 언론의 이데올로기적 기능 수행에 대한 주문도 함축적으로 이뤄질 필요가 없이 직접적, 구체적, 노골적으로 표출된다. 형식이나 격식, 품위는 오직 당과 수령, 인민에게 적용되는 것일 뿐, 적대세력으로 구분되는 대상에게는 가능한 한 온갖 극렬하고 자극적인 기호를 동원해 폭로하고 매도하는 표현을 사용한다. 그것이 그들의 시각에서는 언론의 기능을 수행하는 데 최대효과를 가져오는 방식인 것이다.

남북한 방송보도에 나타난 문장, 언어, 표현, 비언어적 차이와 언론제도적 차이에 대한 본 연구는 방송보도의 차이를 알아보기 위해 먼저 남북한 언론의 제도와 관련한 방송보도의 근본적인 차이를 고찰했는데, 이 부분에서는 체제와 관련한 남북한 언론의 명시적 차이를 알아보고, 남북한 방송언론의 이론을 비교했다.

남한의 방송언론은 보도의 기본적 기능으로서의 방송보도와 사회 부분간 연계 기능으로서의 방송보도, 비판적 보도 기능으로서의 방송보도, 불편부당의 원칙에 근거한 방송보도로 나누어 고찰했다.

북한의 방송언론은 정치·사회적 기능으로서의 방송보도로서 선전·선동기능, 조직자적 기능, 문화교양자적 기능 등을 수행하면서 긍정적 뉴스의 생산체제를 구축하고 있다. 또한 마르크스·레닌주의 언론의 일반적 기능 수행을 위해 계급성과 당성, 인민성과 대중성, 통속성, 진실성과 전투성을 강조한다. 북한언론의 속성은 구체적인 사실이나 사건 등 새로운 소식을 널리 보도 전달하는 보도성과, 사회 경제적 문제를 정치적으로 분석, 일반화하여 대중을 투쟁의 길로 고무 추동하는 정론성을 특성으로 한다.

북한 언론의 기사종류와 표현양식도 역시 체제유지를 위한 양식으로 돼 있으며, 뉴스의 구성도 북한의 절대권력자인 김정일에 대한 보도가 중심이 되는 구성으로 맞춰지면서 절대권력자에 대한 신화적 상징화를 위해 조직과 구성원들의 역량을 극대화하고 있는 모습을 확인할 수 있다.

남북한 방송보도의 언어 리론적 특성 비교를 위해 남한 방송보도의 언어이론으로 낭독과 음성언어적 표현을 전제로 한 문장, 청각적 해석의 용이성과 친근성을 중심과제로 삼고 있는 남한의 보도방송 이론을 살펴볼 수 있었다.

북한의 방송보도 언어이론은 문화어에 기초한 방송언어 이론, 공산주의 언론과 미디어 언어의 특성으로 기사종류와 대상에 따른 언어의 범주화와 당정책과 이데올로기에 의한 기사의 신화구조로서의 방송문장, 또한 전투적 표현의 일상화라는 병영국가 특유의 언어이론을 확인할 수 있다.

남북한 방송보도의 어휘적 특성 비교에서 남한 방송보도의 어휘적 특성으로는 수용자 중심의 경어체가 가장 큰 특징으로 나타났다. 북한방송의 어휘적 특성으로는 북한의 언어정책에 영향을 받아 설득우위의 화용론적 표현에 어울리는 어휘적 특성을 보이고 있으며, 특이 형태의 접미사와 어미활용에 있어서 특징적인 형태가 나타나고, 한자어와 외래어의 강력한 통제로 인해 고유어로 전환시킨 어휘들이 많이 쓰이고 있다.

남북한 방송보도 언어의 음성언어적 특성 비교에 있어서는 남한 방송보도의 음성언어적 준거(準據)와 특성으로 소리의 길이 및 자모음(子母音)의 발음, 소리의 동화에 의한 변이음(變異音) 처리에 있어서 북한과 다른 양상을 보이는 경우가 있다.

북한방송보도의 음성언어적 준거와 특성은 남북언어의 동질성 회복의 대표적 장애요소인 두음법칙의 적용에 있어서 심각한 차이를 보이고 있으며, 소리의 길이와 자모음(子母音)의 발음, 소리의 동화에 의한 변이음의 처리에 약간의 차이점이 나타나고, 방언형태의 음운탈락 현상이 일부 보이고 있다.

남북한 방송보도의 대우법(對偶法)과 언어서열적인 특성을 비교한 결과 다른 어느 항목에 비해 가장 큰 차이점을 보이고 있는 것을 알 수 있다. 남한 방송언어는 수용자 중심 경어법을 사용하고 있으나 북한은 절대권력자 중심의 언어서열을 철저하게 준수하고 있다. 그들은 김일성·김정일에 대한 호칭을 따로 정해 놓고 사용할 정도로 권력자 중심의 언어를 구사하고 있다. 호칭뿐만 아니라 김일성의 사망 이전에 이미 그에 대한 언어예절을 따로 정해 놓고 준수하고 있다.

남북한 방송보도의 문체적 특성의 비교에서도 주목할 만한 결과가 도출되었다. 남한 방송보도의 문체적 특성의 변천과정을 살펴보면 문어체에서 구어체로의 이행과정이 뚜렷이 나타나고 있으며, 과거에는 주관적 표현을 많이 사용했으나, 현대에 오면서 객관적 표현으로 이행하고 있음을 발견할 수 있다. 그러나 공정성의 삭감이 없는 범위 안에서이지만 객관성에 장애로 작용할 정도의 은유법을 주로 한 비유법의 증가현상이 텔레비전 뉴스에서 리포트 뉴스가 방송보도의 주축을 이루면서 많이 나타나고 있다. 또한 스트레이트 뉴스에서 리포트 뉴스 중심의 보도가 관행적으로 증가하면서 설명형 구조에서 서사구조(story telling)로 이행하는 현상이 늘어나고 있다.

북한방송보도의 문체적 특성은 병영국가 유지를 위한 전투적 용어가 많이 사용되고 있으며, 직접적인 선전·선동 방송형태의 방송이 노골적으로 이뤄지고, 인민들을 설득하거나 절대권력자에 대한 찬사를 위한 수식어의 사용으로 화려체와 만연체, 강건체를 혼합한 장식

문체가 많이 나타나고 있다.

남북한 방송보도의 비언어적 커뮤니케이션의 특성을 비교하는 것도 남북한 방송보도의 비교를 위해서 필수적인 작업이 되리라는 전제 아래 비언어 커뮤니케이션의 개념을 알아보고, 남한방송의 비언어 커뮤니케이션적 특성으로 권장되고 있는 시청자에게 호감을 주는 부드러운 뉴스, 메시지 전달과 해독(解讀)의 편의를 위한 문장의 길이와 표현속도에 대한 준거를 정리했다.

북한방송의 비언어 커뮤니케이션적 특성은 화술형상으로서의 비언어 커뮤니케이션적인 규범을 제시하고 있다. 이밖에 방송에 있어서 비언어 커뮤니케이션적으로 중요한 요소인 북한방송 전달자의 성별에 따른 뉴스 전달양상과, 방송언어의 전달속도를 분석하고, 북한방송에서의 의상과 표정에 대한 원칙을 문헌을 통해 살펴보았다.

본 연구의 결과에서 나타나듯이 남북한의 일상 언어와 방송언어는 그 이질화의 정도가 커져가고 있다. 남북언어의 이질화의 결정적 계기는 1964년 1월과 1966년 5월의 김일성 교시라 할 수 있다. 이 교시에서 김일성은 북한의 언어관, 언어정책, 언어학의 모든 세부항목들의 방향을 제시하고 있는데, 이는 스탈린이 전체주의적 사회체제를 구축하는데 사회주의적 인간과 의식을 함양하기 위한 언어정책을 개발하고 활용한 것과 유사하다.

김일성은 두 번째 교시에서 '문화어'라는 말을 사용하고 있는데, 이 문화어는 평양말을 기준으로 하여 발전시킨 북한의 표준어이다. 북한은 문화어의 취지에 따라 언어정책을 수립하였고 많은 학자들은 이때부터 북한의 언어시대 구분상 문화어 시대라고 명칭하고 있다.

북한의 문화어는 사회주의 이념과 노동계급의 계급적 지향을 충실히 반영하고, 그들의 생활감정을 수용했다. 또 전체주민이 문화어를 규범으로 삼고 있으며 문화어가 당과 김일성의 언어사상을 구현하고 있음을 알 수 있다. 문화어를 바탕으로 한 북한사회의 언어정책은 통합적 사회주의 인간과 의식을 형성시키고 전체주의적 정치체제를 뒷받침하는 상부구조의 한 축이 되었으며, 남북한 언어의 이질성을 급격히 확장시킨 요인이기도 하다. 하나의 언어를 사용하던 남과 북이 60여년이 가까운 분단상황 속에서 어휘, 음성, 표현, 화법, 억양, 단어의 의미 등 언어의 거의 모든 측면에서 차이와 이질성을 심화시키고 있다. 그리고 언어의 이질화는 남과 북의 사람들이 서로를 보다 친근하게 느끼지 못하고 동족간의 정신적, 문화적 거리감을 크게 할 것이다. 따라서 언어의 이질화를 극복해가는 과정이 민족의 정신적 화합이나 정서적 거리의 축소, 서로에 대한 이해와 끌어안기의 촉진제가 될 수 있을 것이다.

그러나 우리가 가장 경계해야 할 것은 남북언어의 이질성을 극복하고 동질성을 회복하는 문제에 있어서 가능성이 희박하거나 오랜 시일이 걸릴 것이라고 비관적으로 접근하는 것이다. 지금까지 이 논문에서도 남북한 언어의 차이를 방송보도 언어를 중심으로 논의해 왔기 때문에 그 간극이 큰 것으로 분석해 왔다. 그러나 남북 정상회담 당시의 방송보도에 나타난 김정일 위원장의 대화 내용을 들으면 억양을 중심으로 비언어 커뮤니케이션적인 차원의 이질감을 느낄 수 있을 뿐 의사소통에는 크게 지장이 없다는 것을 알 수 있었다.

다음은 당시 김정일 위원장의 발언내용이다(KBS 정책기획실 통일 방송연구, 2000: 187~189).

① 13일 오전 11시45분~12시12분 백화원 영빈관 접견실에서
  나눈 상봉을 겸한 1차 정상회담 대화

△ 인민들한테는 그저께(11일) 밤에 김대통령의 코스를 대줬습니다. 대통령이 오시면 어떤 코스를 거쳐 백화원까지 올지 알려줬습니다. 준비관계를 금방 알려줬기 때문에 외신들은 미처 우리가 준비를

못해서(김대통령을 하루동안) 못오게 했다고 하는데 사실이 아닙니다. 인민들은 대단히 반가워하고 있습니다. 여러분들이 와서 보고 알겠지만 부족한 게 뭐가 있습니까.

△ 자랑을 앞세우지 않고 섭섭지 않게 해드리겠습니다. 외국수반도 환영하는데, 동방예의지국이라는 도덕을 갖고 있습니다. 김대통령의 방북길을 환영 안할 아무 이유가 없습니다. 예절을 지킵니다. 동방예의지국을 자랑하고파서 인민들이 많이 나왔습니다. 김대통령의 용감한 방북에 대해 인민들이 용감하게 뛰쳐나왔습니다. 신문과 라디오에는 경호때문에 선전하지 못했습니다. 남쪽에서는 광고를 하면 잘되는지 모르지만 우리는 실리만 추구하면 됩니다. 왜 이북에서는 TV와 방송이 많이 안나오고 잠잠하느냐고 하는데 천만의 말씀입니다. ……우리가 어떤 마음으로 방북을 지지하고 환영하는지 똑똑히 보여드리겠습니다. 장관들도 김대통령과 동참해 힘든, 두려운, 무서운 길을 오셨습니다. 하지만 공산주의자도 도덕이 있고 우리는 같은 조선민족입니다.

△ 그저께 세 방송을 통해 연못동에서 영빈관까지 (김대통령의) 행로를 알려주니까 여자들이 명절 때처럼 고운 옷들을 입고 나왔습니다. 6월 13일은 역사에 당당히 기록될 날입니다.

△ 주석님께서 생존했다면(백화원 영빈관까지 오는 승용차 좌석에) 주석님이 앉아 대통령을 영접했을 것입니다. 서거전까지 그게 소원이셨습니다. (94년에) 김영삼 대통령과 회담을 한다고 했을 때 많이 요구를 했다고 합니다. 유엔에까지 자료를 부탁해 가져왔는데 그때 김영삼 대통령과 다정다심한 게 있었다면, 직통전화 한통화면 자료를 다 줬을 텐데. 이번에는 좋은 전례를 남겼습니다. 이에 따라

모든 관계를 해결할 것으로 확신합니다.

△ 지금 세계가 주목하고 있죠. 김대통령이 왜 방북했는지, 김위원장은 왜 승낙했는지에 대한 의문부호입니다. 2박 3일 동안 대답해줘야 합니다. 대답을 주는 사업에 김대통령뿐 아니라 장관들도 기여해 주시기를 부탁합니다.

② 14일 오후 3시 백화원 영빈관에서 나눈 2차 정상회담 대화 중

△ 약속한 대로 찾아뵙는 게 좋습니다. 암만 대우 잘해도 제 집보다 못하다는 말도 있지 않습니까. 평양시민들이 굉장히 환영하고 있습니다. 용단을 내리셔서 오신 것에 대해 온 인민들이 뜨겁게 마중하고 했는데 인사가 잘됐는지 모르겠습니다.

△ 남쪽 테레비 어제 오랫동안 봤습니다. 남쪽의 MBC도 보고. 남쪽 인사들도 다 환영하고 특히 실향민, 탈북자들은 눈물을 흘리며 이번 기회에 고향소식이 전달될 수 있지않나 하면서 속을 태웁니다. (옆에 앉은 김용순 당비서에게) 실제로 우는 장면이 나오더라니까.

△ 제가 무슨 큰 존재라도 됩니까. (공항 간 것은) 인사로 한 것 뿐인데. 구라파 사람들은 나보고 왜 은둔생활 하느냐, 처음 나타났다고 그러는데 나는 중국, 인도네시아도 비공개로 많이 갔다왔는데, 김대통령이 오셔서 해방됐다고 그래요.(웃음) 그런 말 들어도 좋아요. 비공개로 갔다 왔으니까.

△ 지난번에 중국 갔더니 김치가 나오는데 한국식 김치가 나와서 남쪽 사람들 큰일났다고 생각했습니다. 남쪽 사람들이 김치를 (세계

에) 소문나게 하고 다시 일본에서 '기무치'라고 하는데 북조선 김치가 없어요. 남조선 김치는 좀 짜고 북조선 김치는 물이 많이 들어가는 차이가 있어요.

③ 14일 오후 목란관의 만찬장 옆에 대형병풍으로 가려진 휴게실에서 잠시 휴식을 취하며 나눈 대화 중

△ 김대통령께서 백두산에 한번 올라가셔야 합니다. 제가 한라산에 한번 가보고요.……금강산은 자동차로 못 올라갑니다. 젊은이들이 금강산에 삭도(케이블카)를 만들자고 하는데 반대했습니다. 늙은 사람들이 얼마나 된다고 자연환경을 훼손하느냐 반대했지요. 백두산 천지만은 삭도를 냈습니다. 파괴될 것도 없어서입니다.

△ 금강산 못지않는 칠보산을 자랑 좀 해야겠습니다. 4번 갔다왔는데 아직도 채 개발이 되지 않았으며 금강산처럼 바다를 끼고 있어 절경입니다. 중국사람들이 자기네가 관광지로 개발하자고 요구하고 있지만 허락하지 않았습니다.

△ 장관나리¹⁾들도 북한답사를 바랍니다. 대통령께서 모범을 보였으니 각자가 분야별로 답사하시길 바랍니다.

이렇게 스스럼없는 언어사용으로 인해 남북 정상회담 당시 우리 언론에 비친 김정일 위원장에 대한 평가가 긍정적으로 나올 수밖에 없었다. 이 논문의 서론부분에서도 소개한 바와 같이 당시 한국 언

---

1) 나리: 낡은 사회에서 <일정한 권세를 가진자>를 대접하여 부르는 말(사회교육출판사, 1992). 북한 사전에서 '낡은 사회'라고 하는 것은 자본주의나 제국주의 사회정 도로 부패한 사회로 취급하고 있는 것으로 보아 '대접'을 해서 부른 호칭은 아닌 것으로 보인다.

론들은 김정일에 대해 '파격적인 행동과 자신감 있는 태도로 일관하여 당당한 지도자의 이미지를 전 세계 언론에 공개했으며, 공항에서의 전격적인 영접과 자신에 찬 표정, 활기찬 몸짓 등은 기존의 이미지를 불식시키고, 예의가 바르며, 상대방을 자연스럽게 배려하고, 유연하면서도 화기애애한 인간적인 면모를 가진 사람' 등으로 보도했었다.

언어체계에 의해 행해지는 상징화의 목적인 커뮤니케이션은 언어에 사회적인 성격을 부여한다(이병혁, 1986: 323). 언어를 사용하는 개인은 사회적 존재로서 동일한 언어공동체에서 타인과 교류하고 커뮤니케이션함으로써 자신을 타인과 사회의 규범과 의식, 가치에 통합시킨다고 한다. 이 말의 의미는 남북언어의 이질성을 극복하는 문제가 단순히 언어적 차원이 아닌 보다 근본적인 것으로 남북한의 사람과 사회가 상호통합성을 유발하는 결정적 요인이 되기 때문에 민족의 통합에 있어서 가장 우선적으로 고려해야 할 부분이 언어의 동질성 회복이라는 사실을 인식할 필요가 있다.

2. 제언 - 남북언어의 동질성 회복을 위한 방송의 역할

남북한 방송보도의 언어적 이질감과 차이에 주목하고자 했던 본 연구는 남북한 간의 언론과 어문의 교류, 그리고 민족어의 동질성

회복이라는 명제를 해결하기 위해 두 가지 측면을 고려해야 한다는
점을 제시하고자 한다. 하나는 인식론적 차원의 문제이고 다른 하나
는 방법론적 차원의 문제다.

　우선 남북한 저널리즘 언어가 기반을 두고 있는 인식론적, 철학적
기반의 상이함을 극복한다는 것은 가장 어렵고 본질적인 문제인데,
남북 간에는 이데올로기라고 하는 장벽이 가로막혀 여기에서부터 언
론 및 기자·기사의 역할 및 기능, 임무가 달라지고 이는 다시 구체
적으로 메시지 표현양식(writing style)의 차이가 존재하는 것이다. 따
라서 이에 대한 서로의 이해가 전제되지 않으면 그 모든 각론적인
논의가 사상누각이 될 수밖에 없을 것이며, 이러한 장애가 해소되고
나면 방법론적인 차원의 문제들은 논의의 테이블에서 쉽게 해결될
수 있을 것이다.

　남북언어의 동질성 회복을 위해서는 남북한처럼 인위적인 분단상
황을 통일로 승화시킨 독일의 경우가 하나의 모범이 될 수 있을 것
이다. 냉전당시 발생했던 독일언어의 분단에 있어서 Lewis는 근본적
질문을 던졌다. "동독의 언어는 새로운 언어인가?(Lewis, D., 1979:
신은경, 1995: 199 재인용)" 문법이나 어휘의 측면에서 봤을 때는 의
사소통에 전혀 지장이 없을 정도로 일상적인 독일어와 다를 것이 없
다. 그러나 더 깊이 들어가면 언어가 가질 수 있는 표현력에 대한
미묘한 차이 등에 대해서는 완전한 동질성을 가지고 있다는 결론을
내리기 어렵다고 한다. 실제로 서독인들은 동독의 언어 중 공식적인
언어와 비공식적인 언어 사이에 격차가 있다는 것을 발견했다.

　그러나 분단 60년 가까운 세월에 걸쳐 아직도 첨예한 대립을 벌이
고 있는 남북한과는 달리 독일분단 이후 양국은 어떤 형태이건 교류
가 긴밀하게 이뤄졌으며, 방송의 경우에는 동독주민들에게 있어서 서
독방송은 수신할 수 없는 미디어가 아니었다. 서베를린의 지리적 이
점과 국경지역의 강력한 송신시설로 일부 지역을 제외한 동독 전역

에서 서독의 라디오와 TV를 수신할 수 있었다(장호순 외, 2000: 89).

1961년 베를린 장벽이 건설되면서 서독은 DW와 DLF등 국제방송과 ARD에 이어 제2의 공영방송인 ZDF를 통해 통일관련 프로그램을 제작 방송했다. 또한 RIAS와 SFB 등도 동독국민에게 서독에 관한 정보를 제공했다(이정춘·전석호, 1991). 이러한 적극적인 방송정책으로 인해 1970년대 이후 동독주민의 약 80%가 서독 TV를 시청할 수 있었으며, 라디오방송은 동독의 전지역에서 수신이 가능했다. 또한 1980년대에는 동독 가정의 95%가 TV 수상기를 소유하고 있었으며, 동독 지역의 60%가 서독의 1·2·3 TV 프로그램을 깨끗한 화면으로 시청할 수 있었다. 극히 일부지역인 20% 정도는 화질이 좋지 않은 상태에서 시청할 수 있었고, 드레스덴(Dresden)과 그라이프스발트(Greifswald) 등의 지역에서는 시청이 불가능했다.

독일의 통일을 위해 방송이 중요한 역할을 했다면 그러한 역할에 중요한 변수로 작용한 것이 동독주민들의 대부분이 서독 텔레비전을 시청할 수 있었다는 사실이다. 또한 여러 가지 자료들을 종합한 결과 동독주민들은 동독 텔레비전보다 서독 텔레비전을 더 선호한 것으로 나타났는데, 이것은 교육과 선전·선동을 목적으로 한 동독 텔레비전에 비해 서독 텔레비전이 더 재미있었다는 점도 한 요인이었을 것이다. 이와 함께 중요한 요인으로 작용한 것은 동독주민들이 서독 텔레비전을 신뢰했다는 사실이며, 이러한 신뢰를 구축하는 데 큰 기여를 한 것이 동독주재 서독 특파원들이었다고 한다(장호순 외, 2000: 90).

서독의 텔레비전이 독일통일에 중요한 역할을 했다는 것은 결과적으로 오랜 기간에 걸쳐 형성된 서독의 방송에 대한 신뢰를 통해서였다. 서독의 방송은 단기적인 안목으로 어떤 분위기나 여론을 형성하려고 시도한 것이 아니라, 동독 주민들에게 사실 그 자체를 보도한다는 언론 본연의 자세를 보여주면서 그들의 삶에 관심을 가지고 있다는 믿음을 가질 수 있게 만들도록 노력했다. 그리고 이 신뢰와 믿음이 결국은 서독과의 통일을 선택하는 데 긍정적인 영향을 미쳤다고 볼 수 있다(장호순 외, 2000: 159).

우리는 통일 이후 한반도의 모습을 그리는 데 있어서 독일의 모습을 상상하는 경우가 많다. 동독의 정보·커뮤니케이션 정책사항 및 제법규는 공산당 정권의 종식과 통독과정에 있어서 첨예한 갈등을 일으켰다. 레닌의 고전적 표현방식에 의해 집단적 선전자, 선동자, 조직자로서 당적 성격, 과학성, 인민과의 유대성을 기본원칙으로 삼았던 동독의 언론은 그 이중성에 의해서 변화의 과녁이 되었던 것이다. 변화를 수용하지 못하고 마르크스가 주장한 것처럼 기존 상황의 모든 토대를 파내어 드러내는 기능을 하지 못한 동독의 언론은, 언론이 특정한 집단의 정치적 이익을 위한 도구로 사용될 때 철저히 파괴될 수 있다는 역사적 증명체로 기록되었다. 언론이 국민의 감시적인 기능을 하던 동독 언론은 이제 사라지고 새로운 법규에 의해서 언론은 제도적으로 자기 책임하에 여론을 조성하도록 하는 사회책임적인 언론으로 변화되었다. 즉 동독 언론은 새로운 법 및 정치세력에 의해서 국민을 통제하던 감시자에서 사회의 모든 부분을 감독하는 감독자로 탈바꿈하였다. 인쇄매체는 허가제가 아닌 등록제로 바뀌었고, 방송매체는 국영에서 공영으로 전환되었다. (송해룡, 1992: 220)

동서독이 통일되고 세계가 이데올로기를 전제로 한 동서간 냉전체제의 갈등으로부터 경제발전과 빈부격차를 전제로 한 남북문제가 세기적인 화두(話頭)가 되면서 이 시대 대표적인 분단국가인 남북한도 자신들의 갈등을 해소해야 할 역사적 당위성에 부담을 가질 수밖에 없게 됐다. 더구나 이제는 전 세계가 하나의 네트워크로 연결되면서 초고속으로 커뮤니케이션이 이루어지고 있는 지구촌 개념의 세계가 된 마당이지만 한반도는 아직도 자신들의 갈등을 해소하지 못하고 있는 나라로 분류되고 있는 것이다.

　남한의 방송언어는 방송 80년사에 걸맞게 많은 변화를 거쳤으나, 북한의 방송언어는 분단 직후의 방송 그대로 60년 가까운 세월 동안 변화의 속도가 미미해서 차이점을 발견하지 못할 정도이다. 따라서 북한의 방송에서 남한방송의 초창기의 모습을 볼 수 있을 정도로 북한의 방송보도는 언어적인 면이나 비언어적인 면에서 모두 화석처럼 변화의 물결을 타지 못하고 있다.

　언어는 사회적 산물이라고 한다. 상이한 문화권에서는 서로 다른 언어를 사용할 뿐만 아니라, 서로 다른 언어를 사용한다는 것은 서로 다른 세계에서 살고 있는 것과 다름이 없다. 의미가 생성되고 경험되는 장으로서의 문화는 이를 통해 사회적인 관계들이 구성되고 경험되며 해석되는, 결정적이고 생산적인 공간이 된다(그래엄 터너 저, 김연종 역, 1995: 27). 이를 간단히 정리하면, 언어가 현실을 구성하고 현실에 의해 언어는 그 의미를 규정받는다고 할 수 있다. 현실은 특정한 시기나 특정한 공간에서의 공동체 또는 사회라고 할 수 있다. 이런 현실과 언어가 결합되면서 만들어지는 것이 문화다. 문화는 하나의 생각이나 그것의 역사, 즉 '우리의 의미와 사고의 기록'이면서 또한 '우리의 일상적 삶을 변화시키는 조건'들의 물질적 종합 형태나 역사로서 이해된다고 윌리암스는 주장한다(Raymond Williams, 1974: 285).

　반만년의 세월을 함께 해 온 한 민족이 언젠가는 하나의 문화권으로 통일을 이뤄 교류하고 결국은 동일체제를 이룩한다는 것은 필연적인 역사적 명제라 할것이다. 동일한 체제를 이룩하기 위해 남과 북의 노력이 함께 이뤄질 날이 온다면 이질적인 요소를 가지고 있는 언어의 문제는 가장 큰 민족적인 숙제의 하나가 될 것이며, 방송언어는 다시 한번 엄청난 변화를 겪어야 할 것임이 충분히 예상된다.

　김대행(2001: 86~87)은 남북한의 통일에 따른 언어문화의 통일을 문화의 충돌로 보고 있다. 문화의 충돌은 그 어떤 충돌보다도 엄청난 어려움을 안게 된다는 것을 우리는 예상만으로도 충분히 짐작할 수 있을 것이다. 방송의 언어문화는 사회의 전 분야에 관련되는 것이기에 책임의 비중이 크고 무겁다. 정치적, 사회적 모든 문제가 방송을 중심으로 갈등을 일으키고 해결해 나아가는 일이 빈번해질 것이다. 그만큼 방송은 통일 사회의 중핵의 하나가 될 수밖에 없다.

그러나 방송언어의 문제가 단순히 규범의 문제로 한정된다면 문제는 오히려 간단할 수 있다. 맞춤법을 손질하고 거기에 부합하게 사용하도록 하면 된다. 그것을 지키도록 격려하는 것으로 모든 조치는 끝날 수도 있다. 문화의 문제는 그리 단순하지가 않다. 같은 단어의 뜻이 달라지는 것은 문화의 차이 때문이다. 이 문제는 사람들의 의식 속에 자리 잡고 있는 것이어서 쉽사리 고쳐지지 않는다. 또 어떤 것이 가치 있는 것인가를 중심으로 이루어지는 판단들이 서로 엇갈릴 수도 있다.

이때 가장 곤혹스런 상황에 처하게 될 것이 바로 방송이다. 따라서 방송은 제도적이거나 기계적인 모든 문제보다도 문화의 문제가 가장 중심이 되는 환경이라 할 수 있다. 이 상황을 방송은 슬기롭게 이끌어 갈 책임이 있다. 21세기에 올 통일은 방송의 책무를 이만큼 무겁게 느끼도록 하고 있다.

남북한 보도방송 언어의 이질성을 극복하기 위한 방안을 논의한다면 거의 모두가 남한의 언어현실은 긍정적인 방향으로 가고 있기 때문에 북한이 먼저 변화해야 한다고 주장할 것이다. 그러나 남한의 방송언어도 수많은 문제점을 지니면서 변화하고 있기 때문에 통일이 멀어질수록 함께 만나는 시점에서 남북한의 젊은이들이 상대방의 언어를 이해하지 못하는 결과를 초래하게 될지도 모른다. 왜냐하면 지금까지의 방송언어의 연구결과를 종합해보면 문제적 방송언어문화는 체계와 규범의 측면에서는 문제적이지만, 문화의 측면에서 본다면 젊음의 표상이라는 점이 일차적으로 규명되었다. 젊은이는 그러한 언어를 말하고 듣고 또 재생산함으로써 젊다는 것을 상징한다는 특성을 지니고 있음이 확인된 것이다.

이러한 문제적 방송언어문화의 표상적 성격은 젊은이와 그렇지 않은 계층과를 구분하는 정체성으로 기능하면서 동시에 이것은 주로 배타적 정체성으로 작용함으로써 사회적 관계의 차별화를 꾸준히 촉진하고 있다.

문제적 방송언어문화가 안고 있는 보다 중대한 문제점은 이것이 사회적 권력의 문제와 깊은 관련을 갖고 있다는 점인데, 사회의 모든 국면에서 권력은 보다 젊은 계층에게 있다는 사실이 젊은이로 하여금 젊음의 표상을 즐겨 채택하게 하고 그 정체성을 통한 만족감에 젖는다는 것이다.

이러한 젊음의 표상으로 기능하는 문제적 방송언어문화는 방송에 의해서 생산되고 소비되며 재생산과 사회적 조정의 국면까지 문화를 구성하는 모든 단계가 방송에 의해서 이루어진다. 오늘날 방송은 매스 커뮤니케이션의 대표적인 미디어이다.

커뮤니케이션은 곧 문화이다. 커뮤니케이션은 그만큼 포괄적이다. 커뮤니케이션의 형태와 수단에 따라 인간의 의식은 변하게 된다. 20세기 인류의 변화가 매스미디어라는 기술적 수단과 형태에 가장 큰 영향을 미쳐왔다는 사실은 부정할 수 없다. 그리고 21세기에 들어서서 더욱 진보된 정보미디어 기술의 첨단화에 따라 인류의 문화도 엄청난 변화가 뒤따를 것이라는데 이견이 없다. 문화는 우리의 인식 그 자체이기 때문에 학술적 연구의 궁극점도 문화에 머물게 되는지도 모른다(전석호, 2000). 그래서 이 논문의 언어에 관한 논의는 언어규범적인 분야는 물론 언어문화적인 차원의 접근에 더 많은 관심을 기울일 수밖에 없다.

오늘날 한국의 방송계에서 문제가 되는 문제적 방송언어문화가 단지 규범의 문제에 국한하지 않고 다양한 문화적 국면과 연합하고 있기 때문에 그에 대한 시정의 요구가 제대로 반영되지 않고 있는 것은 당연한 일이다. 그러기에 이러한 추세라면 방송의 언어문화는 앞으로도 더욱더 거듭되는 문제적 변화를 할 것이 예상되는데, 이러한 동향을 바탕으로 하여 앞으로의 전망을 한다면 앞으로 올 사회의 세계화, 통일, 개인화, 권력화2)의 예상에 비추어 볼 때에 방송의 책임이 매우 크다는 것을 알 수 있다.

이러한 권력화의 주체가 바로 그 시대의 젊은이들이라는 것은 주지의 사실이다. 그들은 방송언어를 직·간접적으로 장악하는 능력을 가지고 있다. 특히 최근에는 사이버 공간상에서의 신조어를 대량생산함으로써 한 시대의 언어를 변화시키는 주체가 될 가능성도 배제할 수 없다.

젊은이들을 주축으로 한 네티즌 인구가 2001년 하반기에 2000만을 돌파하면서 PC통신과 인터넷의 급속한 확산으로 인해 개인들 간에 이메일 주고받기, 자료검색, 온라인뱅킹 등에 이르기까지 이른바 사이버커뮤니케이션이 활성화되고 있다.

---

2) 우리말에서 권력이라는 말은 제도적 의미를 강하게 갖지만 제도가 아닌 힘의 성격으로 문화는 기능을 발휘해 왔다. 전통적인 농경사회에서는 권력의 관계가 가부장적인 질서와 사회적 위계의 질서로 인식되었다. 그러나 오늘날과 같은 다원화 사회 또는 정보화 사회에서는 정보가 곧 권력이며, 그것은 누구나 소지한 사람에 의해서 권력이 행사될 수 있게 되었다. 이러한 환경 변화 속에서 방송은 권력의 창출 기구가 되고 권력의 분배 기구가 된다는 특징을 가진다. 방송에서 시사하는 대로 사회적 권력의 재구조화가 이루어지기도 하고, 방송에서 힘을 갖는 자가 사회적 권력을 소유하게도 되었다. 즉 젊은이들의 문화가 다른 계층과의 갈등관계를 빚으면서 궁극적으로 권력을 획득하고 있는 사실을 주목해야 한다. 하루가 24시간인 것은 정해진 것이므로 이 중에서 어느 계층이 얼마만큼의 방송시간을 확보하는가 하는 것도 권력의 문제가 된다. 현재 방송의 많은 문제점이 시청률 경쟁에서 비롯된다는 진단은 시청률이 권력으로 작용하고 있음을 보여준다. 사회가 어떤 방향으로 나아가느냐에 따라서 시청률의 성격도 변하게 마련이다. 그리고 그 방향을 이끌어 가는 것은 방송이다. 방송이 시청의 경향을 만들어 내고, 시청률이 방송을 다시 조정하는 관계는 필연적이다(김대행, 2001: 88~89).

PC통신과 인터넷을 통한 사이버커뮤니케이션의 확산은 자연히 신문과 방송 등에도 영향을 미치고 있다. 다시 말해서 사이버공간에서 일어나는 각종 활동이나 정보 등은 매스미디어의 뉴스거리가 되기도 하며, 특히 방송의 경우 시청자 참여를 유도하는 수단이기도 하다. 그런데 이러한 현상들 가운데 PC통신이나 인터넷 대화에 사용되는 통신언어[3])는 이미 우리의 현실에까지 파고들고 있으며, 이는 방송매체에도 예외는 아니다. 방송에 침투한 통신언어를 유형별로 나누면 어휘를 축소하는 축약, 음절 등을 생략하는 생략, 어휘를 늘리는 장형화, 음운을 첨가하거나 형태를 변형시키는 전이, 음운을 분절시키지 않고 소리 나는 대로 적는 연철, 그리고 속어 및 은어 등으로 나눌 수 있는데, 특히 언어의 축약과 전이 형태가 많은 것으로 나타나고 있다.

축약의 예로는 '금 → 그럼 / 셔 → 쉬어 / 보져 → 보지요 / 되져 → 되지요 / 그쵸 → 그렇죠 / 안냐세요 → 안녕하세요 / 넘 → 너무 / 근데여 → 그런데요' 등이 있으며, 전이의 예로는 '엥 → 어 / 빨랑 → 빨리 / 얼릉 → 얼른 / 됐그등요 → 됐거든요 / 했거덩 → 했거든 / 안웃겼거등여 → 안웃겼거든요 / 귀엽당 → 귀엽다 / 엉님 → 형님 / 디게 → 되게 / 듣구여 → 듣고 / 보내드릴께여 → 보내드릴게요 / 알겠져 → 알겠죠 / 너쿠 → 넣고' 등이 있다(유자효, 2001: 101).

남북한 방송보도의 연구는 한반도의 미디어 언어통일뿐만 아니라 300만이라는 많은 동포를 포용하고 있는 재중국 동포 등 해외동포들의 언어에 대한 연구도 대단히 중요한 과제이다. 통계에 따르면 1995년 10월까지 중국의 25개 대학에 한국어학과가 설치됐는데, 이러한

3) 통신언어란 PC통신, 인터넷, 휴대전화에서 쓰이고 있는 문자언어와 구두언어를 포괄하는 용어라고 할 수 있다. 여기서는 화상대화, 음성대화, 그리고 휴대폰에서의 구두언어는 제외하기로 한다.

예를 보더라도 한국어의 지위가 중국사회에서 더욱 높아지고 있으며, 그 사용범위도 점차 넓어지고 있다고 한다(전학석 외, 2000: 558). 이 렇게 세계적인 언어로 부상하고 있는 한국어의 세계화를 위해 남북 한 방송이 해야 할 일에 대해 몇 가지를 함께 생각할 필요가 있다.

남북언어의 이질감을 주는 가장 큰 요인은 문법규범이 아니라 김 일성 부자의 우상화에 따른 언어서열화로서의 경어법 등의 요인이기 때문에 결과적으로 그러한 요인이 제거되면 동질성 회복은 빨라질 것이다. 그러나 이러한 요인들은 이념과 체제, 주체사상 등의 근본적 인 문제들이기 때문에 쉽게 접근하거나 제거하기 어려운 문제들이 다. 따라서 방송언어의 동질성 회복을 위한 노력은 언어 전반에 걸 쳐 각 부문별로 다양한 접근이 이루어져야 한다고 보며 여기에 따른 대책으로는, 남북한의 공동사업으로 언어학 및 국어학 관계학자, 방 송학 및 방송 전문인들의 교류가 필요하고, 궁극적으로는 학술교류 와 언어학관계 교류를 통해 한민족 공통어의 확립을 위한 노력을 기 울여야 할 것이다.

이상과 같은 실천의 전제조건은 남북한이 서로의 장점을 수용하 고, 비판에 대해 겸허해야 하며, 북한의 조선말과 남한의 한국어를 민족어로 승화시키는 노력을 기울이는 일이다. 또한 민족어의 발전 을 위한 노력으로 남북한이 다 같이 한 단계 높은 언어정책을 펴야 하며, 문헌에 의한 연구뿐만 아니라 실험 음성학적인 연구가 병행되 어 우리말의 악센트나 인토네이션의 연구를 비롯해서 말의 속도나 발성법에 이르기까지 다양한 부문의 연구가 이뤄져야 한다(김상준, 1990: 74).

아울러 남한의 국어정책 중 표준발음법을 비롯한 음성언어 전반에 대한 정책미비와 교육의 부족이 커뮤니케이션 전반에 혼란을 초래하 고 있는 현상을 시정하고, 정보전달에 장해가 되는 발음과 발성, 사 투리 억양 등을 시정하여 통일시대의 한국어의 세계화를 위해 방송의 역할을 확대해야 하며, 정보화 시대를 위해 음성언어 중심의 한국어 관리에 방송의 역량을 집중해야 한다.

언어는 사람들을 결속시키는 힘을 지니고 있다. 한 민족이나 국가가 같은 말을 쓰고 있다면 그 구성원들은 같은 언어에 의해 더 쉽게 뭉칠 수 있다. 그래서 한 민족의 성쇠는 그 민족 언어의 성쇠와 운명을 같이한다. 최근의 국제 정세와 분쟁 지역을 살펴보면 중동지역을 중심으로 한 종교의 차이로 인한 분쟁, 유고나 독립국가연합 등지의 인종 및 영토에 관한 분쟁이 있고, 거기에는 필연적으로 민족과 언어의 차이에 의한 분쟁이 이념이나 종교, 사상을 초월하는 경우가 많다.

우리의 경우는 7,500만의 단일 민족이 단일 언어를 사용하고 있다. 지금은 비록 분단돼 있지만, 2000년 6월 15일 열린 남북 정상회담 등 지금의 남북관계의 추세에 의하면 교류의 확대가 필수적으로 따를 것이며 통일에 대한 희망도 부정적인 것만은 아닐 것이다.

따라서 방송보도의 태도와 방향이 변화해야 한다는 인식을 함께하면서 방송보도의 새로운 방향을 수립하고 실행하려는 언론계와 시민사회의 노력이 절실히 필요할 때이다. 방송보도의 태도와 방향은 보도언어의 사용에 영향을 미치거나 결정적으로 작용한다. 지금까지 남북은 상호대립적이고 냉전적인 대치상황 속에서 상호 대결을 조장하고 서로를 '적'으로 간주하고자 하는 보도태도와 방향을 유지해왔다. 50년이 넘는 분단만큼이나 방송의 극단적인 보도의 양과 내용이 증가하고 첨예해졌다. 남북방송의 극단적인 보도와 보도언어가 서로를 이해할 수 없는 이상한 집단이라는 이미지와 인식을 축적시키는 큰 원인이 되었음은 자명하다. 남북 간의 차이는 이해할 수 없는 것, 곧 배제되어야 한다는 극단적 배타주의로 이어졌으며 이를 뒷받침하는 언어가 절대적 대립구조를 형성해 왔다. 남북한 언어의 절대적 대립구조가 분단구조를 고착화시키는 하나의 요인으로 작용하는 것이다.

방송이 다양성을 포괄하고 공존할 수 있는 언어를 생산하고 가다
듬지 않고 배타적이고 배제적이며 대립적인 언어를 사용하는 한 남
북 간의 대립의 구조와 이질성을 극복하기란 쉽지 않다. 따라서 방
송은 남북문제에 대한 보도의 원칙과 가치를 먼저 수립해야 하며,
이에 따라 보도윤리 및 세부 실행방안 그리고 이러한 취지에 맞는
방송언어의 정립과 사용에 노력을 기울여야 할 것이다.

마지막으로 언어학 및 언론학자들과 언론계 관계자들이 함께한 남
북한 미디어 커뮤니케이션 연구모임이 활성화되어 남북한 간 커뮤니
케이션의 상호이해를 높이고, 인적·학술적 교류의 확대를 이끌어내는
계기가 되었으면 한다. 남북한의 언론과 언어문화에 대한 상호연구와
교류를 통해 연구모임으로부터 축적되는 연구의 자료와 결과들이 남
북한 간 미디어 커뮤니케이션의 이질성을 극복하고 상호 간 이해의
폭을 넓히면서, 더 나아가서는 민족정서의 동일성을 되찾아 가는 데
매우 긍정적이고 적극적인 역할을 할 수 있을 것으로 기대된다.

분단에 의해 이질화된 언어의 단층도 통일초기에는 다소의 문화적
충돌양상을 보일 것이지만, 한글이라고 하는 문자언어를 남북한이
확실하게 공유하고 있을 뿐만 아니라, 분단 이전인 1933년에 제정한
한글맞춤법 통일안이라는 기본골격이 아직도 남아 있어서, 과거와
달리 방송이라는 사회교육적인 기능을 가진 미디어의 엄청난 영향력
을 긍정적인 방향으로 활용한다면 남북한의 언어규범은 물론이고 방
송언어를 비롯한 미디어 언어 등 언어문화적인 동질성 회복은 대단
히 빠른 속도로 진전될 것이다.

참고문헌

1. 한국어 문헌

Sibert. F. S., T. Peterson & W. Schramm., 강대인 역(1991), ≪언론의 4이론 Four Theories of the Press≫, 서울: 나남.

강상철(1995), "남북한 교과서 내용의 비교분석", ≪사회와 교육≫, 21호.

강신항(1987), "현대 국어의 특징", ≪방송언어 변천사≫, 서울: KBS한국어연구회.

강신항(1988), "통일문법 교과서의 주요내용", ≪방송언어 연구논총≫, 서울: KBS한국어연구회.

강영(1989), "언어학에 관한 김일성 교시 분석", 북한언어연구회, ≪북한의 어학 혁명≫, 서울: 도서출판 백의.

강현두(1988), "북한의 방송", ≪북한의 언론≫, 서울: 을유문화사.

강현두(1997), ≪북한 매스미디어론≫, 서울: 나남출판.

과학·백과사전출판사(1989), ≪조선문화어 문법≫, 서울: (주)탑출판사.

국어연구소(1986), ≪외래어 표기 용례집≫, 서울: 국어연구소.

국어연구소(1988), ≪표준어 규정≫, 서울: 국어연구소.

국어연구소(1988), ≪표준어 규정 해설≫, 서울: 국어연구소.

국어연구소(1988), ≪한글맞춤법≫, 서울: 국어연구소.

국어연구소(1988), ≪한글맞춤법 해설≫, 서울: 국어연구소.

국립국어연구원(1999), 표준국어대사전, 서울: 두산동아.

그래엄 터너 저, 김연종 역(1995), ≪문화연구 입문≫, 서울: 한나래.

김경용(1998), ≪기호학이란 무엇인가≫, 서울: 민음사.

김광섭, ≪신문의 문장≫, 현대신문전집.

김귀옥(2000), '남북한 텔레비전 프로그램 교류와 통합방안 모색', ≪남북한 화해·협력시대의 방송의 역할－2000 KBS 통일방송 국제심포지엄≫, 서울: KBS.

김 규(1986), ≪세계의 방송≫, 서울: 한국언론연구원.

김 규(1988), ≪비교방송론≫, 서울: 나남.

김대행(2001), "방송언어 문화의 변화 동향과 전망", ≪급변하는 사회의 방송언어 문화의 향상방안 연구≫, 서울: 방송위원회.

김민수(1989), ≪북한의 국어 연구≫, 서울: 일조각.

김민수(1989), "북한의 어학 혁명에 대하여", 북한언어연구회, ≪북한의 어학혁명≫, 서울: 도서출판 백의.

김삼오(1994), ≪한국언론 이대로 좋은가≫, 서울: 자유사상사.

김상준(1986), ≪방송과 우리말≫, 서울: 정음사.

김상준(1988), "방송언어의 경어법", ≪방송언어 연구논총≫, 서울: KBS한국어연구회.

김상준(1988), "방송언어의 새로운 인식", ≪방송언어 연구논총≫, 서울: KBS한국어연구회.

김상준(1989), "뉴스 낭독의 실제", ≪아나운서 방송교본≫, 서울: KBS한국어연구회.

김상준(1990), ≪남북한 방송언어에 관한 비교연구≫, 중앙대학교 대학원 석사논문.

김상준(1996), "고쳐야 할 기사문장사례(방송)", ≪신문방송기사문장≫, 서울: 한국언론연구원.

김상준(2001), ≪방송언어연구≫, 서울: 커뮤니케이션북스.

김석득(1987), "방송언어의 발음 교육", ≪방송언어 변천사≫, 서울: KBS한국어연구회.

김석득(1988), "창조력과 말의 순화", ≪방송언어 연구논총≫, 서울: KBS한국어연구회.

김영주·이범수 편(1991), ≪북한언론의 이론과 실천≫, 서울: 나남출판사.

김원태(1987), ≪한국과 중공 신문의 상대국 보도성향에 관한 비교분석연구≫, 연세대학교대학원 박사논문.

김일성종합대학출판사(1989), ≪조선문화어 문법규범≫, 서울: (주)탑출판사.

김정탁(1998), ≪미디어와 인간≫, 서울: 커뮤니케이션북스.

김정숙(1989), "남북한 언어비교", ≪북한의 어학 혁명≫, 서울: 도서출판 백의.

김정숙(2000), "멀티 미디어와 아나운싱", KBS 한국어연구회, ≪21세기 아나운서 방송인 되기≫, 서울: 한국방송출판.

김태근(2000), ≪방송론≫, 북경: 민족출판사.

김희경(1996), ≪한국 언론캠페인의 성격에 관한 고찰≫, 성균관대학교 대학원 석사논문.

남광우(1988), ≪정년퇴임 기념 문집≫, 서울: 도서출판 교음사.

동아출판사(1988), ≪동아 원색세계 대백과사전(12)≫, 서울: 동아출판사.

리상벽(1989), ≪조선말화술≫, 사회과학출판사, 서울: (주)탑출판사.

박갑수(1987), "방송언어의 변천 개관", ≪방송언어 변천사≫, 서울: KBS한국어연구회.

박갑수(1990), "신문기사의 문체와 표현", ≪언론연구원 연구서(2) 신문기사의 문체≫, 서울: 한국언론연구원.

Klorf, Donald W., 박명석 역(1982), ≪Cross-Cultural Communication. An Introduction to the Fundamentals≫, 서울: 한신출판사.

박영순(2000), ≪한국어 은유연구≫, 서울: 고려대학교 출판부.

박우수(1999), ≪수사학과 문학≫, 서울: 동인.

박유봉(1984), "공산주의적 언론 리론과 소련의 이론", ≪신문학보≫ 제17호.

박재용·김영황(1988), ≪방송원화술≫, 평양: 예술교육출판사.

Gaye Tuchman, 박홍수 역(1995), ≪메이킹 뉴스, 현대사회와 현실의 재구성 연구≫, 서울: 나남출판.

방정배(1989), "선전의 전체주의 체제와의 역학관계", ≪언론연구논집≫, 제8집, 서울: 중앙대학교 대학원.

방정배(1995), ≪커뮤니케이션: 변혁·사상·이론≫, 서울: 성균관대학교 출판부.

배순재·라두림(1967), ≪신문이론≫, 동경: 재일본 조선언론출판인협회.

백선기(1998), ≪언론보도와 신화적 인식≫, 서울: 커뮤니케이션북스.

사회과학원출판사 어문편집부(1973), ≪조선 문화어 사전≫, 평양: 사회과학원 언어학연구소.

사회과학원출판사 어문편집부(1988), ≪현대 조선말 사전≫, 서울: 도서출판 백의.

서방흥(1995), ≪방송원입문≫, 연변: 연변인민출판사.

서울대학교 동아문화연구소(1983), ≪국어국문학사전≫, 서울: 신구문화사.

서재원(1991), "뉴스문장의 이해와 음성표현", ≪아나운서 교본≫, 서울: KBS한국어연구회.

서지문(2001), "방송언어에 나타난 외국어 남용사례 분석", ≪급변하는 사회 의 방송언어문화 향상방안≫, 서울: 방송위원회.

서태길(1989), "북한의 언어정책 고찰", 북한언어연구회, ≪북한의 어학혁명≫, 서울: 도서출판 백의.

성광수(1989), "북한의 외래어 표기법", ≪북한의 말과 글≫, 서울: 을유문화사.

성기철(1987), "방송언어의 문법변천", ≪방송언어변천사≫, 서울: KBS한국 어연구회.

손 용(1987), ≪방송원론≫, 서울: 세영사.

손 용(1989), ≪현대 방송이론≫, 서울: 도서출판 나남.

송해룡(1992), ≪커뮤니케이션 정책론≫, 서울: 여강출판사.

신현숙(1988), "로동신문을 통해 본 북한의 언어현상", ≪한글≫, 제200호, 서울: 한글학회.

신현숙(1989), "조선어 리론 문법−형태론−을 통해 본 북한의 형태 연구", ≪ 한글≫, 제204호, 서울: 한글학회.

신현웅(1988), ≪방송저널리즘≫, 서울: 범우사.

John Paul Jones, 오소백 역, ≪The mordern Reporter's Handbook≫, 서울: 신문강화.

오토 러빈저, 김규환·원우현 역(1986), ≪설득 커뮤니케이션≫, 서울: 전예원.

유선영(1996), "현대 신문방송기사문장의 변천", ≪신문방송기사문장≫, 서 울: 한국언론연구원.

유선영(2000), ≪남북한 문화 차이와 언론≫, 서울: 한국언론재단.

유자효(2001), "통신언어의 방송언어 침투에 대한 대응 방안". ≪급변하는 사회의 방송언어문화 향상방안 연구≫, 서울: 방송위원회.

유재원(1987), "방송언어의 음성학적 특성과 변천", ≪방송언어 변천사≫, 서울: KBS한국어연구회.

유재천(1989), "북한언론의 성격과 기능", ≪북한의 언론≫, 서울: 을유문화사.

Wimmer, Roger D / Dominick, & R, Joseph, 유재천 역(1987), ≪매스미디 어 조사방법론≫, 서울: 나남.

Honenberg John, 윤대균 역(1962), ≪신문학 Professional Journalist≫, 서울: 탐구당.

이경자(1999), "언론학의 기초", 한국언론학회 편, ≪언론학 원론≫, 서울: 범우사.

Boyd, Andrew, 이경자·이인희 역(1997), ≪방송보도실무 Broadcast Jounalism≫, 서울: 한울아카데미.

Mitchell Stephens, 이광재·이인희 역(1997), ≪뉴스의 역사≫, 서울: 황금가지.

이대규(1998), ≪수사학-독서와 작문의 이론≫, 서울: 신구문화사.

이병근(1988), ≪표준어 규정 해설≫, 서울: 국어연구소.

이병혁(1986), ≪언어사회학 서설, 이데올로기와 언어≫, 서울: 까치.

이상철(1989), ≪국제정보론≫, 서울: 일지사.

이석주(1990), ≪기사문장의 변천, 신문기사의 문체≫, 서울: 한국언론연구원.

이유미(2000), ≪은유의 언어문화적 특성 연구≫, 중앙대학교 대학원 석사논문.

이은정(1990), "남북한의 발음규범 비교검토", ≪한국어 연구논문≫, 제25집, 서울: KBS한국어연구회.

이응백(1988), ≪방송과 언어≫, 서울: 일조각.

이응백(1987), "방송언어의 교육", ≪방송언어 변천사≫, 서울: KBS한국어연구회.

이응백(1987), "방송언어의 이상", ≪방송언어 변천사≫, 서울: KBS한국어연구회.

이응백(1988), "표준어와 표준발음", ≪방송언어 연구논총≫, 서울: KBS한국어연구회.

이응백(1989), "남북한 국어의 동질성 회복을 위한 대안", ≪남북한 국어교육 정책 교류로 민족 동질성회복을 위한 대토론회 논문집≫, 서울: 한국국어교육학회.

이익섭(1988), "방송에서의 표준어와 비표준어", ≪방송언어 연구논총≫, 서울: KBS한국어연구회.

이정춘(1984), ≪커뮤니케이션 사회학≫, 서울: 범우사.

이정춘·전석호(1991), ≪분단국의 통일과 방송정책≫, 서울: 청림출판.

이주철(2001), ≪연구보고서-조선중앙TV 드라마의 이해≫, 서울: KBS 남북교류협력기획단.

이주행(1983), ≪화법의 원리와 실제≫, 인천: 경문사.

이철수(1985), ≪한국어 음운학≫, 인천: 인하대학교출판부.

이현복(1987), "현대 한국어의 말소리", ≪방송언어 변천사≫, 서울: KBS한국어연구회.

이현복(1988), "한국어의 순화와 표준발음교육", ≪방송언어 연구논총≫, 서울: KBS한국어연구회.

이현복(1989), "북한말의 발음에 관한 음성학적 고찰", ≪남북한 국어교육 정책교류로 민족동질성 회복을 위한 대토론회 논문집≫, 서울: 한국 국어교육학회.

일본방송협회, 김성길 역(1988), ≪방송진행의 테크닉≫, 서울: 한국방송사업단.

장호순 외(2000), ≪남북한 언론의 정상회담 보도≫, 서울, 한국언론재단.

전석호(2000), ≪정보사회론≫, 서울: 나남출판.

전수태(1989), "북한어 화술 연구", 북한언어연구회, ≪북한의 어학혁명≫, 서울: 도서출판 백의.

전수태·최호철(1989), ≪남북한 언어비교≫, 서울: 도서출판 녹진.

전영우(1989), "북한의 화법", ≪북한의 말과 글≫, 서울: 을유문화사.

전학석·남일성·방학철·최창범(2000), ≪중국 조선족 언어문자 교육사용 상 황연구≫, 연변: 연변대학출판사.

정경일(1989), "북한의 언어정책 시행기관", 북한언어연구회, ≪북한의 어학 혁명≫, 서울: 도서출판 백의.

정진석(2001), "분단 이후의 남북한 언론보도의 양식", ≪비교, 분단 이후의 남북한 언론보도의 양식비교≫, 서울: 한국교열기자협회.

정형수(1979), "북한방송에 대한 고찰: 공산권 언론의 이론과 현황", ≪신문 연구≫, 제29호.

조선로동당 출판사(1989), "출판보도 사업에 대한 당의 방침 해설", ≪북한 의 언론≫, 서울: 을유문화사.

조선일보사(1998), ≪월간 조선≫, 서울: 조선일보사.

조영명(1985), ≪중국현대사의 재조명≫, 서울: 온누리.

중국국제방송국 조선어부(2000), ≪중국 대외 조선어방송 반세기≫, 북경: 민족출판사.

차배근(1979), ≪커뮤니케이션 연구방법≫, 서울: 세영사.

최기호(2000), '남북 정상회담의 정치담론과 한국어 통일의 과제, 함께 가야 할 남북의 말과 글', KBS한국어연구회 편, 서울: 한국방송출판.

최 선(1988), "텔레비전 메시지 전달효과에 관한 연구", ≪방송언어 연구논총≫, KBS 한국어연구회.

최윤락·서재원(2000), "방송문장", KBS한국어연구회, 《21세기 아나운서 방송인 되기》, 서울: 한국방송출판.

최진우(1983), 《신문보도기자론》, 서울: 중앙출판인쇄.

표영준(2000), "라디오 뉴스", KBS한국어연구회, 《21세기 아나운서 방송인 되기》, 서울: 한국방송출판.

한국교열기자협회, 한국언론재단(2001), 《남북 매스컴용어 사전》, 서울: 한국교열기자협회.

한국방송 70년사 편찬위원회(1997), 《한국방송 70년사》, 서울: 한국방송협회.

한국방송공사(1990), 《KBS 방송강령》, 서울: 한국방송공사.

홍기선(1987), 《커뮤니케이션論》, 서울: 나남.

홍성호(2001), "북한 출판보도물의 언어양식−대중교양잡지 <천리마>를 중심으로−", 《분단 이후의 남북한 언론보도양식 비교》, 서울: 한국어문교열기자협회.

홍연숙(1989), "남북한 언어의 비교", 《한국어 연구논문》, 제24집, 서울: KBS한국어연구회.

KBS남북교류협력 기획단(2001), 《북한 텔레비전 뉴스 프로그램 연구》, 서울: 한국방송.

KBS정책기획실 통일방송연구(2000), 《남북 정상회담 방송백서》, 서울: KBS 한국방송.

KBS한국어연구회(1991), "방송언어의 속도에 관한 연구", 《방송언어 연구논문》제31집, 서울: KBS한국어연구회.

KBS한국어연구회 편(2000), 《TV 뉴스, 21세기 아나운서 방송인 되기》, 서울: 한국방송출판.

2. 외국어 문헌

Adler, R. B.(1980), *Interplay*, New York: Holt, Rinehart and Winston.

Barthes, R.(1972), *Mythologies*, London: Jonathan Cape.

Bell, A.(1991), *The Language of News Media,* Oxford: Blackwell.

Berry, Cicely(1995), *Your Voice And How To Use It*, London: Virgin.

Blankenship, J.(1968), *A sense of Style*, Belmont; Dickenson pub. Co.

Brown, G. & Yule, G.(1983), *Discourse Analysis,* Cambridge: Cambridge University Press.

Carey, J. W.(1982), "The mass media and critical theory: An American view", *Communication Yearbook,* Vol.6.

Carroll, Victoria McCullough(1997), *Writing news for television: style and format,* Ames: Iowa State University Press.

Chomsky, N.(1965), *Aspects of the Theory of Syntax,* Cambridge: The MIT Press.

Fairclough, Norman(1995), 'Media and language: setting an agenda', *Media Discourse,* London: Arnold.

Fiske, J.(1990), *Introduction to Communication Studies(2nd Ed.),* London: Routledge.

Fowler, R.(1991), *Language in the News: Discourse and Ideology in the Press,* London: Routledge.

Fowler, R.(1991), Hodge, B., Kress, G. & Trew, T.(1979), *Language and Control,* London: Routledge and Kegan Paul.

Good, C.(1980), *Language and ideology: the political language of East Germany,* Quinquereme.

Good, C.(1982), *Further comments on the political language of East Germany,* Quinquereme.

Halliday, M.A.K.(1978), *Language as Social Semiotic: The social interpretation of language and meaning,* London: Edward Arnold.

Halliday, M.A.K.(1985), *Introduction to Functional Grammar,* London: Edward Arnold.

Hawes, William(1991), *Television performing: news and information,* Massachusetts: Butterworth-Heinemann.

Hayagawa, S. I.(1965), *Language in Thought and Action,* London: George Allen & Unwin Ltd.

Hemanus, P.(1986), "Fundamental concept of news", in U. Kivikuru and T. Varis ed., *Approaches to international communication: Text book for journalism education,* Helsinki: UNESCO.

Hong, Yunsook(1991), *A Sociolinguistic Study of Seoul Korean,* Seoul: Seoul Computer Press.

Jones, D.(1962), *The Phoneme(2nd Ed),* Cambridge: W. Heffer.

Kress, G.(1989), *Linguistic Processes in Sociocultural Practice,* Oxford: Oxford University Press.

Kress, G. & Hodge, R.(1979), *Language as Ideology,* London: Routledge & Kegan Paul.

Lakoff, G.(1987), *Woman, Fire, and Dangerous Things: What Categories Reveal about the Mind,* Chicago: University of Chicago Press.

Lakoff, G. & Johson, M.(1980), *Metaphors we live by,* Chicago: University of Chicago Press.

Lewis B. O'Donnell, Carl Hausman, Philip Benoit(1996), *Announcing,* CA: Wadworth Publishing Co.

Liu Hieh(1959), *The Literary Mind and the Carving of Dragon,* trans. by Vincent Yu-Chung Shih, New York: Columbia UP.

Lorimer, R.(1994), *Mass Communication: A Comparative Introduction,* Manchester, Manchester University Press.

Lyons, J. ed.(1970), *New Horizons in Linguistics,* London: Penguin Books.

Maloney, M.(1961), "Mass Communication Research in Radio, Television and Film," in Clyde W. Dow ed., *An introduction to Graduate Study in Speech and Theatre,* Michigan: Michigan State Univ. Press.

Marcel Danesi(2000), *Encyclopedic Dictionary of Semiotics, Media, and Communications,* Toronto: University of Toronto Press.

Masani, Mehra,(1981), "Broadcasting in India," in William E. McCavitt ed., *Broadcasting Around the World, Blue Ridge Summit,* PA: TAB Books.

NHK(1981), ≪新(アナウソス)讀本≫, 東京: NHK.

O'Sullivan, T., Hartley, J., Saunders, D., Montgomery, M. & Fiske, J.(1994), *Key Concepts in Communication and Cultural Studies (2nd ed),* London: Routledge.

Raymond Williams(1974), *Culture and Society 1780～1950,* London: Fontana / Collins.

Rich, Carole(1997), 'Preparation', *Writing and reporting news: a coaching method,* Belmont: Wadsworth Pub. Co.

Saussure, F. de(1974), *Course in General Linguistics,* Glasgow: Collins.

Shoemaker, P.J. & Reese, S.D.(1991), *Mediating the Message: Theories of Influences on Mass Media Content,* London: Longman.

Shin, Eun-Kyung(1995), *A Lexical Analysis of Linguistic Divergence In The North And South Korean Presses,* United Kingdom: Centre for Journalism Studies University of Wales College of Cardiff.

Streeter, T.(1989), "Polesemy, plurality and media studies", *Journal of Communication Inquiry,* Vol.13, No.2.

Sturrock, J. ed.(1979), *Structuralism and Since: from Levi-Strauss to Derrida,* Oxford: Oxford University Press.

UNESCO(1975), *World Communications A 200-Country Survey of Press, Radio, Television and Film,* Paris: UNESCO Press.

Van Dijk, T.A.(1988), *News as Discourse,* New Jersey: Lawrence Erlbaum.

W. Schramm, L. W. Pye ed.(1963), *Communication Development and Development Process,* New Jersey: Princeton University Press.

Walsh, M.W.(1994), 'One Germany, two languages, much confusion', *LA Times,* August 16.

Wardhaugh, R.(1992), *An Introduction to Sociolinguistics(2nd Ed.),* Oxford: Blackwell.

Watson, James and Hill, Anne(1997), *A Dictionary of Communication and Media Studies,* New York: Arnold.

White, Ted(1996), *Broadcast news writing, reporting, and producing,* Boston: Focal Press.

김 상 준

성균관대학교 국어국문학과 졸업
중앙대학교 신문방송대학원 문학석사
성균관대학교 대학원 신문방송학과 언론학박사

현 동아방송예술대학 교수
(공통기초학부 스피치커뮤니케이션 담당)
현 대한음성학회 회장
한국화법학회 부회장
YTN 시청자위원회 부위원장 역임
KBS 아나운서실장
KBS 한국어연구회장
KBS 전주방송 총국장
국립국어연구소 표준어 사정위원
정부언론 외래어 심의 공동위원
한국아나운서 연합회장
방송위원회 방송언어특별위원장
여의도클럽 방송언어분과위원장

• 주요논저 •

「방송과 우리말」
「방송언어연구」
「남북한 보도방송 언어연구」
「표준한국어 발음과 낭독」
「표준한국어발음사전」(공저)
「아름다운 한국어」(공저)
「화법교육의 이해」(공저)
「화법과 방송언어」(공저)
「아나운싱」(공역)

성균관대 2002박사 학위 논문

남북한 방송보도에 관한 비교연구
－言語表現과 文體的 特性比較를 中心으로－

• 초판 인쇄	2007년 6월 20일
• 초판 발행	2007년 6월 20일
• 지 은 이	김상준
• 펴 낸 이	채종준
• 펴 낸 곳	한국학술정보㈜
	경기도 파주시 교하읍 문발리 526-2
	파주출판문화정보산업단지
	전화 031) 908-3181(대표)·팩스 031) 908-3189
	홈페이지 http://www.kstudy.com
	e-mail(출판사업부) publish@kstudy.com
• 등 록	제일산-115호(2000. 6. 19)
• 가 격	30,000원

ISBN 978-89-534-6917-4 93070 (Paper Book)
     978-89-534-6918-1 98070 (e-Book)